Zeitschrift für Kulturmanagement 1/2017
Evaluation im Kulturbereich

Journal of Cultural Management 1/2017
Evaluation in the Arts and Culture

Die jährlich in zwei Heften erscheinende, referierte „Zeitschrift für Kulturmanagement" initiiert und fördert eine wissenschaftliche Auseinandersetzung mit Kulturmanagement im Hinblick auf eine methodologische und theoretische Fundierung des Faches. Das international orientierte Periodikum nimmt nicht nur ökonomische Fragestellungen, sondern ebenso sehr die historischen, politischen, sozialen und wirtschaftlichen Bedingungen und Verflechtungen im Bereich Kultur in den Blick. Explizit sind daher auch Fachvertreterinnen und -vertreter akademischer Nachbardisziplinen wie der Kultursoziologie und -politologie, der Kunst-, Musik- und Theaterwissenschaft, der Kunst- und Kulturpädagogik, der Wirtschaftswissenschaft etc. angesprochen, mit ihren Beiträgen den Kulturmanagementdiskurs kritisch zu bereichern.

The half-yearly published "Journal of Cultural Management" initiates and supports an extensive scholarly discourse about cultural management, in view of a methodological and theoretical foundation of the field. This peer-reviewed journal is not limited to economic concerns, but rather takes into account all the historical, political, social and economic conditions and interconnections in the study of culture. Experts from neighbouring academic disciplines such as cultural sociology and policy, art studies, theatre studies, musicology, arts education and economics are addressed in order for their contributions to enrich the cultural management discourse critically.

ZEITSCHRIFT FÜR KULTURMANAGEMENT
Kunst, Politik, Wirtschaft und Gesellschaft

JOURNAL OF CULTURAL MANAGEMENT
Arts, Economics, Policy

Volume 3 | Number 1
2017

[transcript]

Fachverband
Kulturmanagement

Editors-in-Chief
Steffen Höhne, Hochschule für Musik FRANZ LISZT Weimar, Germany
Martin Tröndle, Zeppelin Universität Friedrichshafen, Germany

Guest Editor
Bruno Seger, ZHAW Winterthur
Leticia Labaronne, ZHAW Winterthur

Journal Review Editor
Volker Kirchberg, Leuphana Universität Lüneburg, Germany

Book Review Editor
Karen van den Berg, Zeppelin Universität Friedrichshafen, Germany
Nina Tessa Zahner, Universität Leipzig, Germany

Editorial board
Dirk Baecker, Private Universität Witten/Herdecke, Germany
Sigrid Bekmeier-Feuerhahn, Leuphana Universität Lüneburg, Germany
Constance DeVereaux, Colorado State University, USA
Michael Hutter, Prof. em. Wissenschaftszentrum Berlin für Sozialforschung, Germany
Birgit Mandel, Universität Hildesheim, Germany
Adelheid Mers, School of the Art Institute of Chicago, USA
Dan Eugen Ratiu, Babeş-Bolyai University, Romania
Tasos Zembylas, Universität für Musik und darstellende Kunst Wien, Austria

Recommended citation: TEISSL, Verena (2015): Dispositive der Kulturfinanzierung. – In: *Zeitschrift für Kulturmanagement / Journal of Cultural Management* 1/1, 15-29.

Die „Zeitschrift für Kulturmanagement" erscheint in zwei Ausgaben pro Jahr, im Frühjahr und im Herbst. Sie kann als Jahresabonnement direkt über den Verlag abonniert werden. Das Abonnement umfasst alle Ausgaben eines Jahres. Die Zusendung der abonnierten Exemplare erfolgt unmittelbar nach Erscheinen. Die Rechnungsstellung erfolgt jeweils zum Versand der ersten Ausgabe eines Jahres. Das Abonnement beginnt mit dem jeweils aktuellen Heft und verlängert sich automatisch um jeweils ein Jahr, wenn es nicht bis zum 1. Februar eines Jahres beim Verlag gekündigt wird.

Weitere Informationen finden Sie unter: http://www.transcript-verlag.de/zkmm
Selbstverständlich ist die „Zeitschrift für Kulturmanagement" auch über jede Buchhandlung erhältlich.
Bitte beachten Sie, dass über unseren Webshop keine Campus-Lizenzen erworben werden können. Für den Erwerb von Campus-Lizenzen wenden Sie sich bitte an unsere Vertriebspartner. Einen Überblick über Ihre Bezugsoptionen finden Sie auf unserer Website unter: http://www.transcript-verlag.de/bezugsoptionen

Indexiert in EBSCOhost-Datenbanken

Bibliografische Information der Deutschen Nationalbibliothek
Die Deutsche Nationalbibliothek verzeichnet diese Publikation in der Deutschen Nationalbibliografie; detaillierte bibliografische Daten sind im Internet über http://dnb.d-nb.de abrufbar.

© 2017 transcript Verlag, Bielefeld
Die Verwertung der Texte und Bilder ist ohne Zustimmung des Verlages urheberrechtswidrig und strafbar. Das gilt auch für Vervielfältigungen, Übersetzungen, Mikroverfilmungen und für die Verarbeitung mit elektronischen Systemen.

Umschlaggestaltung: Hans-Dirk Hotzel, Kordula Röckenhaus
Innenlayout: Hans-Dirk Hotzel
Lektorat: Carsten Wernicke, Jana Schmülling
Satz: Stepan Boldt, Jana Schmülling, Carsten Wernicke
ISSN 2363-5525
E-ISSN 2363-5533
Print-ISBN 978-3-8376-3824-0
PDF-ISBN 978-3-8394-3824-4

Gedruckt auf alterungsbeständigem Papier mit chlorfrei gebleichtem Zellstoff.

Inhalt

GUEST EDITORIAL
BRUNO SEGER, LETICIA LABARONNE   7

Wissenschaftliche Beiträge
Research Articles

Evaluation im kulturpolitischen Wirkungsbereich
Grundprobleme und Herausforderungen
TASOS ZEMBYLAS   13

Performance measurement and evaluation in arts management
A meta-synthesis
LETICIA LABARONNE   37

Wirkung und Qualität kombiniert
Ein Qualitätsmanagementsystem für Theater
DIANA BETZLER   71

Essays und Fallstudien
Essays and Case Studies

Lernen braucht Mut
Evaluation in der kulturellen Bildung
DIETER HASELBACH, ANTONIA STEFER   103

Evaluation am Theater
Die Kunst, Kultur (nicht nur) zu messen – zu Prozessen und Methoden der Evaluation an Theatern in der südschwedischen Region Skåne
JENNY SVENSSON   113

Die Entwicklung eines
Wirkungsziel-Managementsystems
am Nationaltheater Mannheim
LAURA BETTAG 137

Means-end-Evaluation am Beispiel
des Technorama
HELGE KAUL, ROY SCHEDLER 155

De numeris non est disputandum!
Die Zahl als Rechtfertigungsargument in der
bildenden Kunst der Gegenwart
AUDE BERTRAND 167

(Wie) Kultur wirkt
Wirkungsorientierte Evaluation von Kulturarbeit und
kultureller Bildungsarbeit am Goethe-Institut
TINA LIERHEIMER, ANKE SCHAD 175

Die Potenziale, Innsbruck urban zu machen
Evaluation zu einem Förderinstrument der freien Szene
VERENA TEISSL, KLAUS SELTENHEIM 197

Rezensionen
Reviews

Irene KNAVA und Thomas HESKIA: ISO for Culture.
Qualitätsmanagement als Führungsinstrument
JULIA GLESNER 211

Thomas SCHMIDT: Theater, Krise und Reform.
Eine Kritik des deutschen Theatersystems
STEFFEN HÖHNE 213

Wolfgang ULLRICH: Siegerkunst. Neuer Adel, teure Lust
MICHAEL HUTTER 216

Judith SIEGMUND, Daniel Martin FEIGE (Hgg.): Kunst
und Handlung: Ästhetische und
handlungstheoretische Perspektiven
NINA TESSA ZAHNER 220

Guest Editorial

Wie ist es um die Evaluationskultur in der Kultur bestellt? Wie in vielen anderen Bereichen ist heutzutage auch in der Kultur die Evaluierung von Institutionen, Programmen, Projekten und von deren Wirkungen eine gängige Praxis. Spätestens mit der Einführung des so genannten ‚New Public Management' in den öffentlichen Verwaltungen in den 90er-Jahren wurde auch für Kulturförderung und Kulturpolitik das Evaluieren zu einem Steuerungsinstrument. Die Bedeutung, die Evaluationen heute für kulturpolitische Planung und Kulturfinanzierung zukommt, insbesondere der damit verbundene zunehmende öffentliche Legitimierungsanspruch an Kulturinstitutionen und -projekte, stellt für Forschung und Praxis des Kulturmanagements eine Herausforderung dar.

Für Kulturbetriebe und Kulturprojekte, die in der Regel die Rolle der Evaluierten einnehmen, zeigt sich das Thema Evaluation als ein komplexes Feld: dies zum Einen, weil bei Evaluationen verschiedene Dimensionen miteinander konkurrieren, wie z. B. das Erreichen künstlerischer Ziele, die Wirkung der ausgestellten oder aufgeführten Kunst, die Performance der Organisation, aber auch die Ansprüche unterschiedlicher Geldgeber, und zum Anderen, weil diesen Dimensionen auch unterschiedliche Rationalitäten unterliegen. Nicht zuletzt stehen Befürchtungen und Erwartungen der Evaluierten im Raum, Evaluationsergebnisse könnten für oder gegen deren Interessen in Stellung gebracht werden. Die akademische Auseinandersetzung konzentriert sich dabei vorwiegend auf instrumentelle und methodologische Aspekte. Dem Evaluationsprozess sind jedoch auch epistemologische, ästhetische, politische und ethische Fragen inhärent. Da der Evaluationsbegriff heute für die unterschiedlichsten Formen von Bewertungen benutzt wird, ist für eine vertiefte Auseinandersetzung mit dem Thema auch eine begriffliche Differenzierung erforderlich.

Evaluation war denn auch das Thema der 9. Jahrestagung des Fachverbandes Kulturmanagement, die 2016 an der Zürcher Hochschule für Angewandte Wissenschaften ZHAW in Winterthur stattfand, und ist auch Thema des Special Issue dieser Ausgabe. Die Resonanz der Jahrestagung sowie die zahlreichen Einreichungen, die in diesem und im kommenden Heft präsentiert werden, unterstreichen die Relevanz des Themas für Forschende und Praktiker. Das aktuelle Heft versammelt wissenschaftliche Beiträge sowie Fallstudien, die das Thema vorwiegend kritisch reflektierend abhandeln und über bestehende Grenzen der Praxis und Theorie hinaus weiter denken.

Der erste Artikel von Tasos Zembylas steht im Zeichen einer Reflexion auf die gängige sozialwissenschaftlich orientierte Theorie und Praxis der Evaluation. Neben grundsätzlichen epistemologischen und methodischen Herausforderungen, werden in der gegenwärtigen Evaluationsdiskussion häufig auch Abhängigkeiten und Machkonstellationen sowie ethische Dimensionen von Evaluationen zu wenig diskutiert. Gerade auch für den öffentlich geförderten Kulturbereich ist eine höhere Sensibilität für die inhärente Ambiguität und Fragilität von Evaluationsprozessen sowie ein differenzierteres Bewusstsein über die Komplexität bzw. Spezifität des Evaluationsobjektes ‚Kultur' von Nöten.

Leticia Labaronne analysiert mittels einer Meta-Synthese, die den Korpus von angelsächsischen und deutschsprachigen wissenschaftlichen Publikationen über Leistungsmessung und Evaluation im Kulturmanagement umfasst, den gegenwärtigen Stand der akademischen Diskussion. Die Ergebnisse zeigen einerseits die Heterogenität und Vielgestaltigkeit der theoretischen Diskurse und andererseits weisen sie auch eine stark am positivistischen Paradigma orientiertes Evaluationsverständnis aus. Besonders interessant sind die kulturellen Unterschiede in der Wahrnehmung von Evaluationsprozessen zwischen deutschsprachigen und angelsächsischen Publikationen. Darüber hinaus wird nach den Interdependenzen von Kulturpolitik und Kulturmanagement-Forschung in der Gestaltung des Evaluation-Diskurses gefragt.

Diana Betzler stellt die Entwicklung und Implementierung eines wirkungsorientierten Qualitätsmanagements für Theatern vor. Sie verbindet das betriebswirtschaftliche Verständnis von Qualitätsmanagements anhand theoretisch-konzeptioneller Überlegungen mit dem kreativen Kontext und der Frage der Leistungserstellung von Kulturorganisationen. Anschließend wird ein Modell für ein wirkungsorientiertes Qualitätsmanagement (Theatre Quality Frame) vorgestellt, welches an einem Schweizer Theater als Pilotprojekt entwickelt und implementiert wurde.

An den weiteren Beiträgen unter der Rubrik Essays und Fallstudien ist unter anderem bemerkenswert, dass über eine kritische Hinterfragung und Relativierung des gängigen sozialwissenschaftlichen Verständnisses von Evaluation hinaus mit neuen innovativen Konzeptualisierungen von Evaluationen experimentiert wird. Die Vielfalt der Erfahrungen eines kreativeren Umgangs mit Evaluationen in der Kultur zeigen eine, wenn auch wiederum kritisch reflektierte, Aufbruchsstimmung. Es eröffnet sich hier ein weites Feld für Kulturmanagementforschung zur Klärung von epistemologischen, methodischen und konzeptuellen Voraussetzungen für neue Forschungsparadigmen sowie für die Entwicklung entsprechender innovativer Evaluationsdesigns in enger Kooperation mit der Kulturmanagementpraxis.

Wir hoffen, dass wir mit der 9. Jahrestagung sowie diesem Special Issue einige Impulse und Kontrapunkte setzen und damit die Weiterführung der Diskussion über Kulturevaluation bereichern konnten.

Bruno Seger[1]
Leiter Zentrum für Kulturmanagement, ZHAW Winterthur

Leticia Labaronne[2]
Stv. Leiterin Zentrum für Kulturmanagement, ZHAW Winterthur

1   Email: bruno.seger@zhaw.ch
2   Email: leticia.labaronne@zhaw.ch

WISSENSCHAFTLICHE BEITRÄGE
RESEARCH ARTICLES

Evaluation im kulturpolitischen Wirkungsbereich

Grundprobleme und Herausforderungen

TASOS ZEMBYLAS*

Institut für Musiksoziologie, Universität für Musik und Darstellende Kunst Wien

Abstract

Seit dem Aufkommen des New Public Management werden als Steuerungsinstrument der Kulturpolitik regelmäßig Evaluationen eingesetzt. Die Glaubwürdigkeit des damit einhergehenden, impliziten Versprechens für sachliche, evidenzbasierte Entscheidungsprozesse bekommt jedoch Risse, sobald man Einsicht in das Zustandekommen und den interessensgelenkten Einsatz von Evaluationsstudien gewinnt. Wie ist nun dem epistemischen Geltungsanspruch von Evaluationsergebnissen zu begegnen? Und worauf sollte man achten, um die Qualität von Evaluationsstudien zu gewährleisten? Es reicht nicht aus, die Erfüllung von formalen Kriterien wie Wissenschaftlichkeit (Methodik und Systematik bei der Datenerhebung und -auswertung), Nachvollziehbarkeit (begründete Auswahl der Indikatoren, begründete Schlussfolgerung) und Transparenz (Offenlegung des Evaluationsverfahrens und der zugrundeliegenden Motive) einzufordern. Daher widmet sich der Aufsatz dem Umgang mit grundsätzlichen Problemen, Ambivalenzen und Unwägbarkeiten, die im Zuge jeder Evaluationsstudie auftauchen. Ziel ist es, eine höhere Reflexivität über die inhärente Ambiguität und Fragilität von Evaluationsprozessen zu erreichen.

Keywords

Evaluation, Kulturpolitik, Kulturverwaltung, Staat

Evaluation im Kultursektor als angewandte Sozial- und Wirtschaftswissenschaft repräsentiert ein relativ junges und heterogenes Feld, das sich aus unterschiedlichen Fachdiskursen, Methodologien und Praktiken konstituiert. Diese Tatsache impliziert einerseits eine große Vielfalt an Entwicklungstendenzen, andererseits entstehen interne Spannungen aufgrund von epistemischen Unterschieden und divergierenden Professionsauffassungen (POWEL 1999, 2000; DAHLER-LARSEN 2015). Daher möchte ich diesen Beitrag mit folgender Feststellung einleiten: Über den Sinn und die Durchführung von kulturpolitischen Evaluationen lässt sich trefflich streiten. Der Disput ist jedoch nicht bloß wissenschaftlicher Natur. Er tangiert auch unsere Überzeugungen betreffend der Rationalität des politischen Handelns. Vertrauen wir darauf, dass wissenschaftliche Erkenntnisse, argumentative Kommunikation und demokratische Grundsätze im politischen Alltag wirksam sind, oder betrachten wir den

* Email: zembylas@mdw.ac.at

gegenwärtigen Demokratiebegriff als ein ideologisches Konzept, das mit seiner Inszenierung von politischen Programmen, regelmäßigen Wahlen, etlichen Überprüfungsinstanzen und Evaluationsstudien reale Machtinteressen und hegemoniale Verhältnisse erfolgreich verschleiert (BLÜHDORN 2013)?

Um Missverständnisse zu vermeiden: Dieser Beitrag nimmt keine Position gegen Evaluationen ein, sondern strebt eine praxisnahe Reflexion über Grundprobleme von Evaluationsstudien an. Es diskutiert den Evaluationsbegriff (1) und seine Anwendung im Kontext des öffentlich-rechtlichen kulturpolitischen Handeln (2), die Motivlage von kulturpolitischen Evaluationsstudien (3), die Herausforderungen beim Formulieren des Evaluationsauftrags (4), einige methodologische Grundprobleme (5) sowie sechs spezielle Themen bzw. Probleme, die mit bereits etablierten und breit anerkannten Qualitätskriterien für Evaluationsstudien zusammenhängen (6).

1. Der Evaluationsbegriff

Der Evaluationsbegriff wird in vielfältigen Fachdiskursen gebraucht und wird mit unterschiedlichen Methodologien assoziiert. Es ist daher durchaus möglich, dass wir nicht immer dasselbe meinen, wenn wir den Evaluationsbegriff verwenden. In meinem Verständnis stellt eine Evaluation eine auf empirischen Daten beruhende, gezielte und zeitlich begrenzte, fachliche und sachgerechte Bewertung oder Überprüfung von laufenden oder abgeschlossenen Vorhaben und Maßnahmen in einem institutionellen Zusammenhang dar (DEGEVAL 2008; BIRNKRAUT 2011: 9ff.; GOLLWITZER/JÄGER 2014: 21). ‚Gezielt' bedeutet hier, dass Evaluationen eine ‚um-zu-Struktur' aufweisen: Sie werden durchgeführt, um etwas zu planen, beizubehalten, zu verändern – kurz um auf der Basis eines deliberativen Prozesses etwas Praxisrelevantes zu tun. In diesem Sinne können Evaluationen als Bestandteil des Planungs-, Steuerungs-, und Qualitätsmanagements gesehen werden (OPITZ 2004; STOCKMANN 2006; BRAUN 2008). Diese Funktion ist allerdings abstrakt gemeint, denn in der praktischen Wirklichkeit sind die Gerichtetheit, Motive und Kontexte von Evaluationen vielschichtig. Und noch etwas: Evaluationsstudien münden in Bewertungsurteile,[1] welche, sofern

---

[1] Die Zuschreibung eines Wertes beinhaltet eine deskriptive Komponente (d. i. die Beschreibung eines Merkmals) und eine evaluative Komponente (d. i. die Bezugnahme auf

sie das Attribut wissenschaftlich tragen, methoden- und kategoriengeleitet sowie argumentativ stringent zu erfolgen haben. Dass Bewertungen wissenschaftlich generiert werden, heißt keinesfalls, dass sie auch als richtig akzeptiert werden (SELINGER/CREASE 2006: 230-232; DAHLER-LARSEN 2015). Bewertungen lösen meist neue Wertungsakte aus und werden selbst Gegenstand von Bewertungen. Das bedeutet, Evaluationen sind kritisierbar und somit begründungsbedürftig.

Ich verstehe diese Definitionsmerkmale allerdings nicht dogmatisch. Evaluationsstudien können eine breite Variabilität hinsichtlich der Evaluationsgegenstände (z. B. Programme, Prozesse, Input-Output-Verhältnisse, Wirkungen), des Zeitpunkts der Evaluation (z. B. ex-ante, begleitend, ex-post), der Zielsetzung (z. B. Effektivität, Effizienz, Breitenwirkung, Peers-Anerkennung), der Durchführungsweise (z. B. interne oder externe Evaluierung; auf vorwiegend quantitativen oder qualitativen Daten beruhend) sowie auch der wissenschaftlichen Realisierung (z. B. Grad der empirischen Genauigkeit, Differenzierung der Bewertungskategorien, systematische Auswertung und argumentative Konsistenz) aufweisen (HENNEFELD/STOCKMANN 2013; KLEIN 2013; HENNEFELD 2015). Zudem überlappt sich der Evaluationsbegriff mit anderen verwandten Begriffen wie Wertung bzw. Einschätzung[2] (valuation/estimation) oder Überprüfung (audit). Daher ist es nicht sinnvoll, eine klare Grenze zum Evaluationsbegriff zu ziehen.

2. Evaluationen des öffentlich-rechtlichen kulturpolitischen Handelns

Entsprechend meines Erfahrungshintergrunds wende ich mich ausschließlich Evaluationen des öffentlich-rechtlichen kulturpolitischen Handelns zu.[3] Gerade in diesem Bereich realisieren sich Evaluationen

---

einen Maßstab, der dieses Merkmal wertvoll macht). Beide Komponenten sind reziprok aufeinander bezogen und daher nicht voneinander zu trennen.

2   Wertung (valuation) und Bewertung (evaluation) haben eine leicht unterschiedliche Bedeutung. Während Wertung im Sinne von Wertzuschreibung oft stillschweigend, subjektiviert und intuitiv erfolgt, ist Bewertung meist mit Abwägung, Vergleich von materiellen und immateriellen Wertzuschreibungen und argumentativen Begründung assoziiert (DEWEY 1949; LAMONT 2012).

3   Das Aktiv-Werden des Staates im Kulturbereich entfaltet sich innerhalb eines Spannungsbogens: Bezugnehmend auf die österreichische Rechtslage gibt es einerseits die verfassungsrechtlich gebotene Neutralität und Offenheit gegenüber den vielfältigen kulturellen Erscheinungsformen und andererseits einen meist gesetzlich formulierten Kulturförderungsauftrag. Das heißt, öffentliche Kulturpolitik und Kulturförderung hat

im Rahmen von übergeordneten, verwaltungsrechtlichen Regelungen, die das öffentliche, administrativ-politische Handeln prägen (VEDUNG 1999; PICHLER 2009; GREMELMANN 2013: 210-218). Gegenstand kulturpolitischer Evaluationen sind Regelungen, Strukturen (inkl. Ziele und Mittel), Prozesse und Verfahren (inkl. Arbeitskultur und Kommunikationsstil), Ergebnisse und Wirkungen des öffentlichen kulturpolitischen Handelns (ERMERT 2004, 2008; KLEIN 2013). Warum dieser Fokus? Ein Bereich kann über- oder unterreguliert sein. Die Ziele, die die strategische Ausrichtung und Rechtfertigung einer politischen Maßnahme repräsentieren, können präzis oder sehr allgemein und unverbindlich formuliert sein. Die Mittel der Kulturpolitik, meist verschiedene Förderinstrumente, sowie die Regelungen können zieladäquat oder inkonsistent sein. Der interne Aufbau der öffentlichen Kulturverwaltung sowie die Arbeitsprozesse können zweckdienlich und effizient sowie personell über- oder unterbesetzt sein. Die Wirkungen – intentionale wie auch nicht-intendierte Wirkungen – stehen im engen Zusammenhang mit den Zielen und Mitteln der Kulturpolitik und können positiv oder unbefriedigend sein.

Im Mittelpunkt von Evaluationen des kulturpolitischen Handelns stehen, vereinfacht gesagt, drei Fragen: Tun wir die richtigen Dinge? Machen wir die Dinge richtig? Erreichen wir die gewünschten Wirkungen? Evaluationen hängen also mit vorausgesetzten Konzepten von Effektivität, Effizienz, Legitimität, Qualität und Erfolg zusammen und bauen auf bereits existierende, durch den Auftrag vorgegebene, im Laufe der Evaluationsstudie entwickelte oder von den Betroffenen induzierte Kriterien für die Beurteilung eines Sachverhaltes (DEGEVAL 2008). Dabei spielen auch institutionelle Wertvorgaben und Rechtfertigungsordnungen eine strukturierende Rolle (BOLTANSKI/THÉVENOT 2007; FRIEDLAND 2013). Doch all diese genannten Konzepte sind semantisch offen und können daher umstritten sein. Effizienz, um hier ein Beispiel zu nennen, ist ein relationaler Begriff, dessen konkreter Sinn im kulturpolitischen Handeln erst im Zusammenhang mit anderen Gütern (z. B. Verfahrensqualität, Verteilungsgerechtigkeit, Gleichheit, Partizipation, künstlerische Innovation) beurteilt werden kann. Denn Effizienz als sparsames, wirkungsvolles Handeln verstanden hat keine abstrakte und universelle Bedeutung. Man muss stets fragen, wer spricht von Effizienz, zu wem, wozu und in welchem Zusammenhang. Man kann sparsam und

im Rahmen von Zielen und Bewertungen unter den Maximen eines kulturellen Pluralismus zu erfolgen.

rational handeln und dabei eine ganze Museumssammlung ruinieren, die Grundprinzipien der öffentlichen Verwaltung mit Füßen treten oder eine ganze Gruppe von Kulturschaffenden in die ökonomische Prekarität drängen.[4] Ebenso mehrdeutig ist der Qualitätsbegriff – etwa bezogen auf die Qualität der Leistung oder des Programms einer Kulturorganisation (ZEMBYLAS 2004: 211-219; CHIARAVALLOTI/PIPER 2011: 249f.). Objektivistische Ansätze beziehen den Qualitätsbegriff auf Objekteigenschaften, die für sie deskriptiv meist gut fassbar sind. Konstruktivistische Ansätze hingegen verstehen unter Qualität keine beobachtbaren Eigenschaften, sondern eine Bewertung der Beschaffenheit eines Objekts bzw. ein Ergebnis von Aushandlungsprozessen über den Wert eines Objektes (HEID 2000: 41f.). Diese Betrachtungsdifferenzen sind kaum auflösbar, weil sie auf verschiedenen ontologischen Vorannahmen aufbauen. Solche theoretischen Differenzen sind auch forschungspraktisch bedeutsam: Ohne Vorklärung der Art und des Zwecks der Bewertungskriterien ist für mich schwer vorstellbar, wie man methodische Fragen, die im Laufe der Evaluation auftauchen, konsistent lösen kann. Mit diesen Beispielen möchte ich darauf hinweisen, dass Evaluationen auch Weisen der Etablierung von Deutungs- und Wertungshoheit sind. Es ist folglich nicht weiter verwunderlich, dass Evaluationen konflikthaft sind, nicht bloß weil sie unterschiedliche politische und materielle Interessen tangieren, sondern auch weil sie sich auf Begriffe stützen, die nicht konsensfähig definiert werden können (GALLIE 1962). Dieser Umstand unterstreicht den meines Erachtens notwendigen öffentlich deliberativen Charakter von kulturpolitischen Evaluationsstudien.

3. Motive für die Initiierung von Evaluationsstudien

Deliberation als problemzentrierter und lösungsorientierter, argumentativer Disput über Themen des Gemeinwesens wird von vielen im Anschluss an Jürgen Habermas (1992) als Kernmerkmal für offene, liberale Demokratien erachtet (BOHMAN 1996). Ähnlich hebt das Konzept der „epistemic governance" die Bedeutung von wissenschaftlichem Wissen im politischen Entscheidungsbildungsprozess hervor und argumentiert, dass

---

4 Für eine grundlegende Kritik an Rationalitätsauffassungen in den Wirtschaftswissenschaften und Managementtheorie s. SEN (1999: 76-102).

professionals with recognized expertise and an authoritative claim to policy-relevant knowledge within a particular domain [...] influence the coordination of state policies. (ALASUUTARI/QUADIR 2014: 69)

Diese Auffassung steht im Widerspruch zum Common Sense, dass politische Macht und Legitimität über das Erlangen von Deutungshoheit stabilisiert werden. Daher habe ich mich wiederholt gefragt, was die wirklichen Motive[5] für die Anordnung oder Beauftragung von Evaluationsstudien im öffentlich-rechtlichen Wirkungsbereich gewesen sein könnten. Ich gebrauche das Adjektiv ‚wirkliche Motive', denn es ist meist offiziell von einer evidenzbasierten Politik bzw. von Entscheidungsprozessen auf rationaler Grundlage die Rede.[6] Es ist zweifelsohne denkbar, dass viele Verantwortliche in der Tat solche Überlegungen haben und an Begründungskonzepte wie Empirie und Rationalität glauben (MEYER/HAMMERSCHMID 2006), aber es ist anzunehmen, dass die praktische Gerichtetheit von Evaluationsaufträgen komplexer ist.

- Selbstlegitimität ist ein mögliches Motiv, das gelegentlich auch öffentlich zugegeben wird. Dazu gehört auch die Stärkung der Legitimität einer bereits getroffenen und implementierten Entscheidung oder einer bereits getroffenen aber noch nicht veröffentlichten Entscheidung. Mit der Evaluation hebt man also seine eigenen politischen Erfolge hervor.
- Der Staatsapparat ist jedoch kein einheitlicher Körper. Bekanntlich gibt es interne Machtkämpfe, sodass es auch denkbar ist, dass eine politische Instanz eine Evaluationsstudie in Auftrag gibt, um bestimmte kurzfristige, parteipolitische Interessen zu fördern, indem sie einen anderen Bereich delegitimiert.
- Ein weiteres mögliches Motiv ist die Durchführung interner Kontrollen, wenn etwa der Gemeinderat oder Landtag nach einer Evaluation durch den Rechnungshof oder durch externe Experten ruft.[7]

---

5 ‚Motiv' ist in diesem Zusammenhang kein psychologischer Begriff über eine mentale Entität, sondern bezieht sich auf die Gerichtetheit und den Zweckbezug des politischen Handelns.
6 Bezugnehmend auf das New Public Management spricht Christopher Hood (1991: 5f.) auch vom „business-type ‚managerialism' in the public sector in the tradition of the international scientific management movement." Dieser Managerialismus, der sich auf Kosten-Nutzen-Analysen und quantitativen Messdaten beruft, fand seit den 1980er-Jahren sukzessiv Eingang in den Diskurs der öffentlichen Verwaltung (POWELL 2000).
7 Solche Evaluationen werden nicht von Mitarbeitern des Kulturamtes durchgeführt, weil diese den zuständigen politischen Organen weisungsgebunden sind.

- Nicht auszuschließen ist auch das Vorhandensein einer genuinen Veränderungsbereitschaft, wobei die kulturpolitisch Verantwortlichen hoffen, mithilfe der Evaluation neue Ideen zu entwickeln.
- Auch der gegenteilige Motivfall ist denkbar: Gerade, weil man nichts verändern will, inszeniert man aus taktischen Gründen eine Evaluationsstudie, entweder um Zeit zu gewinnen oder um quasi ‚objektive' Argumente für die Beibehaltung des Status quo zu präsentieren.[8]
- Behörden können Evaluationen schließlich auch nützen, um den öffentlichen Diskurs entsprechend zu lenken und sich so aus ihrer Verantwortung heraus zu manövrieren – etwa wenn ein Stadttheater über mehrere Jahre größere Finanzierungsprobleme akkumuliert hat.

Die Motivlage ist für die Entscheidung und Gestaltung eines Evaluationsauftrags bedeutungsvoll, aber Motive sind keine beobachtbaren, sondern interpretativ gewonnene Konzepte, die politisches Handeln verstehbar machen. Einige Indizien für die Erschließung der politischen Motive finden wir, wenn wir die Konzeption und den Gebrauch von Evaluationsstudien analysieren. Belfiore und Bennett sprechen stellvertretend für viele anderen Politikforscher vom „tenuous link" zwischen Politik und wissenschaftlichen Forschungsergebnissen:

> In spite of the increasing popularity and acceptance of evidence-based policy within both policy theorization and practice, the pervasive perception that policy development remains largely unaffected by research is well documented in the literature. (BELFIORE/BENNETT 2010: 128)[9]

Bezugnehmend auf meine Erfahrungen in Österreich kann ich von folgender Bandbreite berichten: Manchmal werden mit einer Evaluationsstudie nur ‚Nebenschauplätze' (etwa eher kleinere und mittlere

---

8 Die Gründe für die Ablehnung von Veränderungen können verschieden sein. Es kann der Fall sein, dass man nach reichlicher Überlegung zum Schluss kommt, dass alternative Vorschläge den Ist-Zustand eher verschlechtern bzw. für die eigenen Interessen nicht förderlich sind. Aber die kritische Einstellung gegenüber Veränderungen kann auch so tief verwurzelt sein, dass man von einem konservativen Vorurteil (‚status quo bias') sprechen kann. Aus der Wirtschafts- und Organisationsforschung weiß man, dass Akteure, die mit Veränderungsprozessen konfrontiert sind, oft dazu tendieren, ihr Risiko zu minimieren, indem sie für die Beibehaltung einer auch als defizitär empfundenen Situation votieren. In einem solchen Fall kann die Bevorzugung des Ist-Zustandes auf dem Glauben basieren, das Eigene sei immer besser als das Fremde (endownment bias), oder auf die Routinisierung des Verhaltens (existence bias).
9 Diese Feststellung bleibt geltend auch wenn Politiker und leitende Beamte sich immer wieder über wissenschaftliche Studienergebnisse informieren und subjektiv den Eindruck haben, dass sie von politikbezogenen Forschungsstudien beeinflusst werden (WEISS 1995: 141).

Fördernehmer) untersucht und bewertet. Es kommt auch vor, dass Evaluationsstudien unvollständig veröffentlicht werden bzw. aus angeblich datenrechtlichen Gründen gleich nach ihrer Fertigstellung in unzugänglichen Schubladen vergraben werden. Im schlimmsten Fall werden Evaluationen nicht einmal ignoriert, wie man auf Österreichisch sagt. Aber es gibt auch Beispiele, wo Evaluationen als Initialzünder den öffentlichen Diskurs befeuerten und kurz- oder mittelfristig eine produktive Dynamik im Feld generierten.

4. Die Formulierung des Evaluationsauftrags

Die Reflexion über die Motivlage führt mich weiter zu einem neuen Thema: dem Evaluationsauftrag. Evaluation stellt keinen Selbstzweck dar, sondern ist, wie bereits erwähnt, eine gezielte, fachliche und methodengeleitete Bewertung oder Überprüfung eines Sachverhaltes. ‚Gezielt' heißt, dass sie einem praktischen Ziel dient. Daher müssen am Anfang jedes Evaluationsauftrags konkrete Fragen und Probleme, die aus der kulturpolitischen Praxis erwachsen, formuliert werden. Diese Vorarbeit ist keine triviale Angelegenheit, denn sie muss zwei Bedingungen erfüllen:

- Erstens muss eine breite Übereinstimmung unter den Beteiligten und Betroffenen bestehen, dass die Evaluationsstudie die relevanten Probleme in einem Aufgaben- oder Tätigkeitsfeld fokussieren wird.
- Zweitens müssen diese Probleme im Evaluationsauftrag präzis benannt und gewichtet werden, um eine angemessene Auftragsleistung zu erhalten (KELLER 1997: 7ff.).

Beide Bedingungen sind also maßgeblich für die Legitimität von Evaluationen. Zugleich ist es naheliegend, dass der Auftraggeber bei der Formulierung des Evaluationsauftrags einige blinde Flecken hat. Dies betrifft oft die nicht-intendierten Effekte des kulturpolitischen Handelns (z. B. kann die Förderasymmetrie wettbewerbsverzerrend und innovationshemmend wirken; die Prekarität von Kulturschaffenden kann durch die kontinuierliche Unterfinanzierung von Kulturorganisationen und die Nichtbeachtung von arbeitsvertragsrechtlichen Mindeststandards durch den Fördergeber mitverursacht werden).

Insgesamt möchte ich festhalten, dass die Auftragsformulierung und -vergabe eine verantwortungsvolle Angelegenheit ist, nicht nur weil Evaluationen viele materielle und zeitliche Ressourcen[10] in Anspruch nehmen, sondern auch weil einfach gestrickte, einseitige und reduktionistische Evaluationsstudien viel Schaden anrichten können.

5. Methodologische Grundprobleme

Alle Evaluationen, die ich kenne, operieren mit Performance- oder Wirkungsindikatoren, die durch nationale und internationale Instanzen vorgeschlagen werden und in einem metrischen System darstellbar sind – z. B. in Euro, als Anzahl von Besuchern, Aufführungen, medialen Berichterstattungen usw. Solche Indikatoren werden meist als rohe Fakten aufgefasst, die einen Sachverhalt abbilden ganz nach dem Motto ‚To measure is to know' und ‚If you cannot measure it, you cannot improve it' (nach William Thomson, britischer Physiker, 1824-1907). Mit diesen aus den Naturwissenschaften inspirierten Ansätzen geht oft ein positivistischer Anspruch[11] einher, denn Bilanzkennzahlen oder Besucherzahlen werden als macht- und wertfreie Größen betrachtet, die erst durch ihre Analyse und Interpretation Bedeutung erlangen (zu den ethischen Implikationen SALAIS 2008: 202ff.).[12] Dabei übersieht man oft, dass Evaluierende und ihr Auftraggeber unvermeidbarerweise einen selektiven Blick haben und in erster Linie nur das messen, was sie interessiert bzw. als wünschenswert betrachten (zur Axiologie des Wissens WEBER 2008: 29-33). Ob das Wünschenswerte und die entsprechenden Indikatoren überhaupt kommensurabel, das heißt in einem metrischen System darstellbar sind, ist meist Gegenstand von Disputen und anhaltendem

---

10 Die öffentliche Hand verbucht zwar das vereinbarte Evaluationshonorar, lässt jedoch den Aufwand der Evaluierten stets unberücksichtigt. Somit unterschätzen die politisch Verantwortlichen systematisch die realen Kosten von Evaluationen. In der Folge fördern Kosten-Nutzen-Analyse von Evaluationsstudien oft verzerrte Ergebnisse zu Tage.

11 Positivismus bezeichnet hier eine wissenstheoretische Auffassung verstanden, die davon ausgeht, dass Tatbestände (z. B. die reale Performance einer Kulturorganisation) mittels elementarer Beobachtungssätze (z. B. eindeutige Indikatoren) abgebildet und eine kategoriale Trennung zwischen Beschreibung (z. B. quantitative Messungen) und Interpretation bzw. Wertung (z. B. Einschätzung der Zielerreichung) konsequent durchgezogen werden kann.

12 Mit John Searle (1995: 2) kann man hier kritisieren, dass Bilanzkennzahlen und Besucherzahlen „institutional facts" sind, also durch institutionelle Praktiken hervorgebrachte Artefakte, die fälschlicher Weise als „brut facts", das heißt als ontologische Fakten aufgefasst werden. Darüber hinaus können Organisationen ihre Bilanzzahlen und Leistungsindikatoren innerhalb eines gewissen Spielraums manipulieren, ohne dass sie dabei rechtliche Vorgaben verletzen. In der Praxis tun sie es ständig, weil sie gelernt haben, auf die Erwartungen ihrer Stakeholder flexibel zu reagieren (FREY 2008: 129f.).

Streit innerhalb der Forschungsgemeinschaft. Durch einen generellen Verzicht von quantitativen Messungen, lassen sich allerdings die Bewertungsprobleme nicht lösen. Rein qualitative Evaluation riskieren hochselektive, reflexiv kaum fassbare Bewertungen, die vorhandene Vorurteile und Präferenzen bestätigen (HEID 2000: 49f.). Daher integrieren die meisten Evaluationen sowohl quantitative wie auch qualitative Daten etwa durch Experten-Interviews, Besucherbefragungen, Dokumentenanalysen u. a. (DEGEVAL 2012). Damit wird das Basismaterial erweitert und die Analyse entsprechend trianguliert.

Es ist prinzipiell anzumerken, dass jede quantitative oder qualitative Datenerhebungs- und Auswertungsmethode innewohnende Begrenzungen aufweist. Das bedeutet, es bleiben stets Aspekte, die von den verwendeten Indikatoren, Kategorien bzw. durch das jeweilige Datenmaterial nicht gemessen und nicht erfasst werden, sowie etwas, das in Zahlen oder in Worten nicht artikulierbar ist.[13] In manchen Fällen mögen die Verantwortlichen das Nichterfasste und das Unmessbare als peripher und vernachlässigbar einschätzen – was langfristig zu einer epistemischen Blindheit führen kann (FREY 2008: 127f.). In anderen Fällen kann jedoch eine große Diskrepanz zwischen der Bewertungslogik, die der Evaluationsauftrag vorgibt, und der Bewertungslogik der Evaluierten existieren. Im extremen Fall wird das Inkommensurable von den evaluierten Künstlern und Künstlerinnen als der Kern ihrer Leistung gesehen (KARPIK 2011). Dies tritt im Kulturbereich häufig auf. Ich weise also auf einen potentiellen Konflikt hin, den ich hier nicht nur als Interessens- und Machtkonflikt, sondern auch als einen epistemischen Konflikt auslege.[14] Solche epistemischen Konflikte bedürfen eines intensiven kommunikativen Austauschs, wenn sie überhaupt auflösbar sind (ZEMBYLAS 2004: 181-185). Sie zu ignorieren hieße jedoch, die Evaluation

---

13 Es gibt sogenannte immaterielle Werte, auf die sich internationale Konventionen und Verfassungsrechte beziehen: Vielfalt, Selbstbestimmung, Freiheit, Gleichstellung, Entwicklung, Innovation. Solche immateriellen Werte sind in der Regel wichtig für die gesellschaftliche und kulturelle Entwicklung des Gemeinwesens. Wenn sie im Rahmen von kulturpolitischen Evaluationen außer Acht gelassen werden, dann erscheinen sie weniger relevant als andere quantitativ messbare Ziele.

14 Der Wettstreit zwischen verschiedenen Evaluationsregimen ist auch epistemisch, denn es geht um das richtige Wissen und die richtige Bewertung, aber ebenso um eine hegemoniale intellektuelle und moralische Führung bzw. Legitimität. Gerade weil latente Konflikte zwischen der Bewertungslogik der Evaluierenden und der Bewertungslogik der Künstler und Künstlerinnen existieren, werden Kulturschaffende nicht oder nur oberflächlich in Evaluationsprozesse integriert (CHIARAVALLOTI/PIPER 2011: 257-259).

bloß technokratisch zu begreifen, was aber ihre Legitimität bzw. Akzeptanz untergraben würde.

6. Qualitäts- und Bewertungskriterien von Evaluationsstudien

Die vorangegangenen Überlegungen zu Motiven und Methoden von kulturpolitischen Evaluationsstudien gehen mit einer zentralen Frage einher: Worauf sollte man achten, um die Qualität[15] von Evaluationsstudien zu gewährleisten? Es reicht nicht bloß zu fordern, dass Evaluationen wissenschaftlich (Erfüllung der üblichen wirtschafts- und sozialwissenschaftlichen Gütekriterien wie Objektivität, Reliabilität, Validität), nachvollzierbar (begründete Schlussfolgerung auf Basis empirischer Grundlagen und Argumenten) und transparent (Offenlegung der zugrundeliegenden Intentionen und des Evaluationsverfahrens) sein müssen (DeGEval 2008: 10-13; GOLLWITZER/JÄGER 2014: 165ff.). Ausgehend von meinen Erfahrungen als Studienleiter von kulturpolitischen Evaluationen kann ich durchaus bestätigen, dass man im Laufe des Evaluationsprozesses auf Ambivalenzen und Unwägbarkeiten stößt, die folgenreiche Weggabelungen repräsentieren können. Ich meine nicht, dass die evaluative Offenheit der erhobenen Daten die Resultate beliebig macht, aber im Laufe einer Studie finden zahlreiche subtile Wertungen und Entscheidungen statt, die unterschiedliche Akzente setzen, sodass zwei Evaluationsstudien zum gleichen Fall niemals identisch sein werden (HORNBOSTEL 2008: 66, der sich auf wissenschaftliche Evaluationen bezieht). In den folgenden sechs Unterkapiteln möchte ich einige Ambivalenzen und Unwägbarkeiten näher thematisieren.

6.1 Evaluation und Governance

Welche Rolle spielen die Evaluierten bei einer Evaluation? Natürlich sind hier nur fallspezifische Entscheidungen sinnvoll, aber die Frage hat auch eine politische Bedeutung: Jede Form von Governance, das heißt jede praktisch etablierte Grundbeziehung zwischen Staat und Bürgern bzw. zwischen Kulturämtern und Adressaten der Kulturpolitik evoziert eine entsprechende Beziehung zwischen Evaluierenden und Evaluier-

---

15 Qualität ist ein relationaler Begriff. Er muss stets in Beziehung zu einer praktischen Situation im Kontext von zwischenmenschlichen Interaktionen, Aushandlungsprozessen und institutionellen Rahmungen gedacht werden.

ten. Denn betrachtet der Staat die Förderbewerbern beispielsweise als Bittsteller, dann ist es unwahrscheinlich, dass ihnen ein Kulturamt eine aktive Rolle in einem Evaluationsprozess zugesteht. Verfolgt der Staat hingegen einen kooperativen Governance-Ansatz, dann wird er die Beziehung zwischen dem Kulturamt und den Kulturschaffenden zumindest punktuell eher als eine partnerschaftliche Beziehung deuten. Unter diesen Bedingungen wird man Formen des Dialogs suchen, um im Evaluationsprozess die Perspektive der Adressaten, Anspruchs- und Einflussgruppen der Kulturpolitik systematisch zu berücksichtigen. Bleibt aber die Distanz zwischen Evaluierenden und Evaluierten zu groß, dann werden die Evaluierenden von den Evaluierten höchstwahrscheinlich als praxisferne Technokraten mit einer „toolkit mentality"[16] wahrgenommen. Daher empfehlen mittlerweile viele Evaluationsexperten die Wahl eines partizipativen Ansatzes (MEYER/RECH 2013). Allerdings kann sich die praktische Umsetzung dieses Anspruchs als schwierig erweisen. Zum einen ist die Identifikation der wichtigen Adressaten-, Anspruchs- und Einflussgruppen nicht immer leicht. Zum anderen kann der Dialog mit ihnen wenig ergiebig sein, vor allem wenn die Individuen aus den Adressaten-, Anspruchs- und Einflussgruppen einen zu engen Blick auf einen an sich komplexen Sachverhalt haben.

6.2 Bewertungskonstellation und Bewertungskompetenz

Da Evaluationen Bewertungen enthalten, ist es für die sozialwissenschaftliche Evaluationsforschung sinnvoll, die Bewertungskonstellation genauer unter die Lupe zu nehmen (LAMONT 2012). Evaluierende befinden sich in konkreten Bewertungspfaden, die sich aus auftragsbezogenen Vorgaben und epistemischen Vorannahmen ergeben (z. B. implizite Andeutungen des Auftragsgebers, etablierte Evaluationspraktiken, vorgegebene Indikatoren und Bewertungskriterien, das Vorverständnis von Kulturbetrieben und Organisationsperformanz u. a.). Die Bewertungskonstellation verweist auch auf die Position und das Blickfeld der Evaluierenden. Fragen wir also: Wie sind die Vorgaben formuliert? Wer sind die Evaluierenden? Welche legitimen Wissensbestände ziehen sie

---

16 „Historically, the toolkit approach that has resulted from this quest [the quest for measuring the worth of arts and culture, TZ] has tended to privilege quantitative approaches borrowed from the disciplines of economics and auditing, so that the humanities have found themselves squeezed out from this methodological search." (BELFIORE/BENNETT 2010: 124)

bei der Evaluation heran? Welche Haltung[17] haben sie zum Gegenstand (etwa zur Kulturpolitik, zum Kulturbereich, zur Kunstsparte, etc.) und zu den Beteiligten (etwa zu Kulturorganisationen, zu Ämtern, zu Kulturschaffenden)? Wie stellen sie sich selbst und ihre Leistung dar? Verweilen sie in der geschützten Rolle der ‚neutralen', ‚objektiven' Dienstleister[18] (Wissenschaftler oder Unternehmensberater)? In der Praxis werden solche Fragen intuitiv gestellt und früher oder später werden sich Auftraggeber, Betroffene und Anspruchsgruppen ein Urteil über die Bewertungskompetenz[19] der Evaluierenden bilden. Für eine glaubwürdige Bewertungskompetenz sind meines Erachtens neben anderen Kompetenzen auch domänenspezifische Fachkenntnisse oder ein ausreichendes Praxiswissen notwendig (zur Professionalität und Unparteilichkeit der Evaluierenden siehe auch MÜLLER-KOHLENBERG 2004: 67f.). Denn sonst bestünde die Gefahr, Indikatoren zu generieren und Schlussfolgerungen zu ziehen, die von einem breiten Teil der Betroffenen als nicht angemessen oder als zu verkürzt betrachtet werden. In diesem Sinne plädieren Gilhespy (2001: 55) und Salais (2008: 202f.) dafür, Indikatoren zu individualisieren, sodass sie maßgeschneidert zum Einzelfall passen statt kontextunspezifische, standardisierte Bewertungskategorien heranzuziehen, die in problematische Vergleiche münden.[20]

Evaluierende werden von den Evaluierten häufig mit Misstrauen beäugt werden, denn explizites Bewerten und Beurteilen sind gewöhnlich Attribute von Macht. Aus diesem Grund existiert seitens der Evaluierten eine strategisch motivierte Abwehr gegen Evaluationen, denn es geht um die Deutungs- bzw. Wertungshoheit über das eigene Tätigkeitsfeld. Eva-

---

17 ‚Haltung' meint hier eine Kombination von expliziten oder impliziten Idealen, Werten und Denkstilen, die sich als Neigungen im aktuellen Verhalten äußern. Somit ist dieser praxistheoretisch gedeutete Begriff von Haltung eng mit dem Habitus-Begriff von Pierre Bourdieu verwandt.
18 Vergessen wir nicht, dass Evaluationen als Auftragsstudien ein Geschäftsfeld darstellen. Naturgemäß beanspruchen Evaluierende eine generalisierte Wertungskompetenz. Zudem gibt es blinde Flecken mit Bezug auf die eigenen epistemischen Voraussetzungen, Objektivierungen und normativen Positionen (BOURDIEU 1998: 38-42).
19 Man könnte Bewertungskompetenz als das Ergebnis von Fach- und Methodenkompetenz auffassen. Ein solches formales Verständnis kann allerdings den Übergang vom allgemeinen, kontextunspezifischen Wissen zur konkreten Fähigkeit partikuläre, kontextbezogene Sachurteile für den Einzelfall zu treffen, nicht erklären. Daher begreife ich die Bewertungskompetenz, die im Handeln bzw. in der Forschungspraxis integriert ist, im Sinne Michael Polanyis (1958) eher als ein Können als ein Wissen.
20 „In the arts and culture the tensions arise in implementing such indicators have been rooted less in the theory that in the practice of performance indicators. This has meant that opposition has come not from disagreement in theory but from actual issues arising out of practice." (SCHUSTER 1996: 225)

luierende tragen eine allgemeine Verantwortung, die sie dazu verpflichtet, nicht nur den unmittelbaren Auftraggeber, sondern auch den Betroffenen sowie den Anspruchs- und Einflussgruppen Rede und Antwort zu stehen. Selten habe ich jedoch ein Evaluationsteam gesehen, das sich der Öffentlichkeit gestellt und gemeinsam mit dem Auftragsgeber und den Betroffenen die Studienergebnisse kritisch reflektiert hat.

6.3 Der Evaluationsgegenstand und sein Kontext

Einige Evaluationsstudien behandeln ihren Evaluationsgegenstand (z. B. eine konkrete Organisation) stillschweigend als ‚isolierte Monaden'. Sie konzentrieren sich auf die Analyse meist betriebsinterner Daten und übersehen dabei entscheidende Rahmenbedingungen, die strukturierend auf Organisationseinheiten wirken. In den Sozialwissenschaften dominiert jedenfalls die Erkenntnis, dass Organisationen bzw. ihre Strukturen, Prozesse und Leistungen in einer Reihe von Interdependenzverhältnissen zu ihrer Umwelt stehen. „Cultures cannot be understood apart from the contexts in which they are produced and consumed." (CRANE 1992: ix) Daraus folgt die logische Forderung, dass Evaluationsstudien sämtliche kontextuelle Faktoren mitberücksichtigen sollten (z. B. Konflikte mit Stakeholdern, die Lage der Mitbewerber, die Wirksamkeit gegebener Marktstrukturen und kooperativer Netzwerke, Gatekeeping-Prozesse u. a.).[21] Die Bedeutung des Kontextes kann soweit zugespitzt werden, dass man meint, „Kontext ist alles und alles ist kontextuell", so beispielsweise Lawrence Grossberg (1997: 255). Aber in jeder Evaluationsstudie ist man mit dem forschungspraktischen Problem konfrontiert, den fallspezifisch relevanten Kontext eines vorgegebenen Gegenstandes in einer sinnvollen Weise zu bestimmen. Anschließend müssen die kontextuellen Relationen präzisiert und begründet werden. Handelt es sich um kausale, konditionale oder um transitive Relationen[22] zwischen einem Gegenstand und seinem Kontext? Die gleiche Fragestellung stellt sich auch, wenn es um den Zusammenhang zwischen För-

---

21 Der hier verwendete Kontextbegriff ist semantisch offen. Daher sind andere, verwandte Analysekonzepte wie Rahmenanalyse (Erwing Goffman), Situationsanalyse (Adele Clarke), soziale Netzwerkanalyse (Harrison White, Mark Granovetter) ebenfalls mitgemeint.

22 Kausal meint eine notwendige Ursache-Wirkung-Beziehung. Konditional meint eine Existenzbeziehung, die konstitutiv (daher eine hinreichende Existenzbedingung) oder regulativ (daher eine kontingente Existenzbedingung). Transitiv meint, dass ein Attribut eines Bereichs (Sektors, Feldes, Systems) auf jedes Phänomen übertragen wird, das in diesen Bereich eindringt (z. B. erhält jeder Gegenstand, der in den Markt eindringt, einen monetären Wert).

derpolitik und den beobachtbaren Phänomenen (z. B. künstlerische Innovation, Professionalisierung, kulturelle Diffusion, Erschließung neuer Publika) geht. Ist das öffentliche Handeln Ursache des Phänomens oder bloß eine Voraussetzung unter vielen anderen oder sogar eine vom beobachteten Phänomen selbst induzierte Aktion? Darüber hinaus ist für die anstehenden kulturpolitischen Entscheidungen im Anschluss der Evaluationsergebnisse die Frage relevant, ob die einzelnen Phänomene in ihrer dynamischen Komplexität zumindest partiell beherrschbar sind, um kulturpolitische Maßnahmen zu entwerfen und zu implementieren (BRAUN 2008: 104ff.). Neben kontextspezifischen Parametern müssen fallweise auch historische Faktoren berücksichtigt werden, die oft eine gewichtige Rolle im Kultursektor spielen (KIESER 1994).[23] Diese Herausforderungen sind nicht bloß theoretisch, sondern verlangen forschungspraktische Erfahrenheit und Urteilskraft, denn die erforderlichen Lösungen für einen bestimmten Fall müssen maßgeschneidert sein und sind kaum generalisierbar.

6.4 Bewertung und Rhetorik

Der Aufbau, die Terminologie und der Sprachstil des Evaluierungsberichts werden nicht zufällig gewählt. All diese Aspekte sind zweckdienlich, das heißt sie sollen die Sachlichkeit und Fachlichkeit der Studie kommunizieren sowie den Auftraggebern und wichtige Stakeholder zufriedenstellen bzw. überzeugen (BELFIORE/BENNETT 2010: 132; ALASUUTARI/QUADIR 2014: 77). Ich greife wieder auf meine persönlichen Erfahrungen zurück, denn ich möchte die Unsicherheiten in der Bewertung und der Formulierung der Ergebnisse und Empfehlungen ansprechen.

- Erstens gibt es entsprechend der Vielzahl der kulturpolitischen Zielsetzungen mehrere Bewertungskriterien, die in Frage kommen kön-

---

23 Im Großen und Ganzen liegen die meisten Probleme der Kulturförderungspolitik auf der Allokationsebene. (Vielfach wird kritisiert, dass die Allokationspolitik verkrustet, gleichbleibend und konservierend wirkt – unter anderem wegen der massiven Ungleichheit der Mittelverteilung sowohl zwischen den Kunstsparten als auch innerhalb der einzelnen Sparten, wegen der zu niedrigen budgetären Flexibilität und zu geringen Ausdifferenzierung der Förderinstrumente.) Die Ursachen liegen oft in vorangegangenen Entscheidungen, die auf die Gegenwart wirken. Daher existieren viele Probleme (mangelnde Innovation, geringe Inklusion u. a.) unabhängig von der Performanz der Förderwerber und müssen folglich auf einer politischen Ebene diskutiert und gelöst werden.

nen – künstlerische, wirtschaftliche, soziale, kulturpolitische Kriterien.
- Zweitens sind das Verhältnis und die Gewichtung der verschiedenen Kriterien zueinander nicht eindeutig. Somit sind Kosten-Nutzen-Analysen ebenfalls polyvalent. Das soll mit Blick auf die Ziele und Grundintentionen der Kulturpolitik unterstrichen werden. Schließlich sind Bewertungen relational, denn man wertet etwas in Relation zu anderen vergleichbaren oder differenten Fällen, wobei Vergleichbarkeit und Differenz immer fragmentarisch und auslegungsbedürftig sind.

Reflexivität im Evaluationsprozess kann folglich heißen, diese innewohnenden, kaum eliminierbaren Unsicherheiten transparent zu machen (CHIARAVALLOTI/PIPER 2011: 247). Das widerspricht allerdings dem beruflichen Habitus vieler Evaluierenden, die gesicherte, stabile Ergebnisse liefern möchten.

6.5 Die Beziehung zwischen Wissenschaft (angewandten Sozialwissenschaften bzw. politiknahen Wirtschaftswissenschaften) und Politik

Während der Evaluationsauftrag intentional und zweckbestimmt formuliert wird, behaupten Evaluierende oft unparteiisch und objektiv zu sein. Diese Position der Evaluierenden ist meines Erachtens nicht glaubwürdig, weil sie evidente Einflussfaktoren[24] für das Zustandekommen der Evaluationsergebnisse negiert. Diese Problematik wird im Fall von internen Evaluationen noch größer (MÜLLER-KOHLENBERG 2004: 67). Ich meine keinesfalls, dass die Wissenschaft immer ihre Autonomie verliert, wenn sie einen öffentlichen Evaluationsauftrag bekommt (BOURDIEU 1998: 48). Es ist durchaus möglich, einen Auftrag anzunehmen und eine Vereinnahmung oder Instrumentalisierung abzuwehren. Zudem dürfen wir nicht vergessen, dass der Evaluationsauftrag (inkl. Zielen und Methoden) oft in bestimmten Punkten verhandelbar ist. Diesen Spielraum können Wissenschaftler nutzen, um so bei Bedarf einen komplexeren Zugang zum Forschungsgegenstand zu generieren

---

24 Der Evaluationsprozess ist ein interaktiver Vorgang mit mehreren Beteiligten: Auftraggeber, Evaluierenden, Evaluierten, Anspruchsgruppen. Die vorhandene Interdependenz erzeugt unvorhersehbare Situationen und unbeherrschbare Effekte, die wie Dietmar Braun (2008: 106-112) ausführlich darlegt, das Urteils- und Erkenntnisvermögen aller Beteiligten beeinflussen.

und unterschiedliche Akteure in das Projekt zu integrieren (BOURDIEU 1998: 53). Mit anderen Worten, wenn die Evaluierenden keine kritischen selbstreflexiven Wissenschaftler sind, sind sie bloß ‚geistige Fließbandarbeiter' im Prozess der Fabrikation der Epistemic Governance.

Ich habe die Positionierung der Wissenschaft bzw. der Evaluationsstudien als objektiv und unparteiisch kritisiert. Wissenschaft ist meines Erachtens politisch im Sinne einer Res publica, aber sie ist nicht Politik. Die Ausdifferenzierung moderner Gesellschaften erlaubte der Wissenschaft, eine relative Distanz zur Politik einzunehmen. Wissenschaftliche Evaluationsstudien müssen also in einem gesellschaftlichen Feld von antagonistischen Logiken und Interessen durch Abwägung und Besonnenheit zu ihren Ergebnissen kommen. Auf diesem Weg gibt es keine Landkarten und keine Wegweiser, denen man blind folgen könnte. Das Geschick und das Urteilsvermögen der Evaluierenden zeigt sich folglich primär in der Angemessenheit der Kriterien für die partikulären Urteile und ihre Formulierung (AUBENQUE 2007: 42, 107).

6.6 ‚Evaluatitis' – wenn zu viel des Guten angeordnet wird

Alles in Allem sollten Evaluationen positive Effekte auf das kulturpolitisches Umfeld haben – etwa einen Anstoß für Veränderungen liefern, eine Qualitätskontrolle ermöglichen, die Legitimation stärken u. a. (HENNEFELD 2015: 333f.). Könnten sich jedoch auch negative oder problematische Effekte auf die Entfaltung künstlerischer und kultureller Aktivitäten ergeben? Die Antwort darauf hängt mit den latenten Funktionen und ungewollten Effekten von Evaluationen zusammen.

Erstens orientieren sich Evaluierte oft zu stark an den vorgegebenen Evaluationskriterien, weil kulturpolitische Evaluationen meistens mit Allokationsprozessen verbunden sind. Dies hat die Folge, dass sie ihre eigenen kulturellen Ziele partiell vernachlässigen. Zudem sind permanente Effizienzforderungen und künstlerische Kreativität nicht immer miteinander vereinbar, so dass die Leitung einer Kulturorganisation geneigt sein könnte, ihre Zielhierarchie den Evaluationsanforderungen anzupassen (BRAUN 2008: 119). Solche nicht-intendierten Effekte fördern in erster Linie nicht die Qualitätssicherung und -verbesserung, sondern Anpassungseffekte, die den institutionellen Isomorphismus beschleunigen. Somit werden jene Organisationen, die sich den Evaluationskriterien am erfolgreichsten einfügen, zu einer Art Vorbild für alle anderen. Das kann aber zu einem Verlust von Experimentierfreudigkeit, Risikobereitschaft und Originalität zugunsten einer entsprechend der vorherrschenden Evaluationskriterien erfolgsversprechenden Programmierung führen (SALAIS 2008: 206).

Zweitens sind die Auswirkungen von regelmäßigen Evaluationen auf die Evaluierten vielfältig. Gelegentlich wurde eine Überforschung eines Bereichs beobachtet, die zu einer Evaluationsmüdigkeit führt, sodass die Responsivität und das Interesse der Betroffenen sehr gering ist. Ihre Motivation sinkt noch mehr, wenn die Ergebnisse von wiederholten Evaluationen widersprüchlich sind oder wenn die Erwartungen der Betroffenen mit Bezug auf den Aufwand und Nutzen von Evaluationen systematisch nicht erfüllt werden (BRAUN 2008: 117; HORNBOSTEL 2008: 74f.).

Drittens befriedigen standardisierte Evaluationen zwar das Bedürfnis von Kulturämtern nach evaluativen Vergleichen, aber diese können innovationshemmend wirken: Zum einem blenden einheitliche Bewertungsraster wichtige Differenzen aus und stellen daher problematische Entscheidungsgrundlagen dar. Zum anderen induzieren sie konventionelles Verhalten, wenn sich beispielsweise die Betroffenen antizipativ auf die Evaluation einrichten und entsprechend handeln, sodass sie positive Evaluationsergebnisse erzielen (GILHESPY 2001: 49, 55; SALAIS 2008: 206; BOORSMA/CHIARAVALLOTI 2010: 298).

Viertens sollen Evaluationen, wenn sie als Leistungsüberprüfungen (audit) eingesetzt werden, das Misstrauen der Führung gegenüber der eigenen Organisationseinheiten bzw. Mitarbeitern verringern. Doch Kontrollbedürfnis und Vertrauen müssen ausbalanciert sein, um kein dysfunktionales Verhalten zu induzieren – z. B. hohe Frustration zu erzeugen oder die intrinsische Motivation der Mitarbeiter zu zerstören (BRAUN 2008: 118f.; FREY 2008: 128f.).

7. Rekapitulation und Schlussbetrachtung

Evaluationen werden als Steuerungsinstrumente der Kulturpolitik angedacht. Damit sollen Effekte erzielt werden, wie Kontrolle und Rechenschaft, Professionalisierung, Qualitätssicherung, Zielanpassung u. a. In der weiteren Folge nimmt der Staat einen legitimen, aber nicht immer unproblematischen Einfluss auf Märkte und zivilgesellschaftliche Akteure. Dieser Beitrag ruft nach einer ‚kritischen' Reflexion über kulturpolitisch verordneten Evaluationen und einer Überprüfung des Glaubens an die transformative Wirkung von Evaluationen.[25] Die in den vorangegangenen Kapiteln angeführten kritischen Überlegungen sind keinesfalls neu. Es existieren beispielsweise seit Jahren wissenschaftstheoretische Bedenken hinsichtlich der fragwürdigen Relation zwischen Messergebnissen und Handlungsempfehlungen. Das unterstellte kausale Schema zwischen beiden ist meist spekulativ und selten solide begründet. Zudem sind die kulturpolitischen Probleme in der Regel weitaus komplexer als die im Auftrag formulierten Fragestellungen und realisierten Perspektiven von Evaluationsstudien (SALAIS 2008: 200ff.). Nicht zuletzt wurde hier betont, dass politische Entscheidungsbildungsprozesse weder als lineare noch als rein rationale Vorgänge gedacht werden dürfen (SANDERSON 2002). Oder anders formuliert: Das Verhältnis zwischen wissenschaftlich generierten Erkenntnissen und politischen Entscheidungsprozessen ist mehrfach komplex. Wissenschaftliche Logik und Erkenntnisse sind keine zentralen Denkkategorien für politisches Handeln (KOGAN 1999; RADIN 2006).[26] In diesem Sinne ist es naiv zu glauben, dass Evaluationsstudien die Qualität des politischen Handelns automatisch verbessern. Und dennoch repräsentieren all meine kritischen Ausführungen keine schlagenden Argumente gegen Evaluationen an sich.

Kulturpolitische Evaluationen sind – anders als Evaluationen in einem privaten Unternehmen – politisch relevant, nicht nur weil das politische Handeln stets eine öffentliche Angelegenheit ist, auch nicht bloß weil Kultur etwas Gemeinschaftliches ist, sondern weil der Nutzen und Schaden von Evaluationsstudien direkt oder indirekt öffentlich wirksam ist. Gerade weil Evaluationen in Bewertungen münden, die praktischen Konsequenzen sowohl für Einzelne als auch für das Gemeinwohl haben, sind ethische Fragen zentral (ZEMBYLAS 2004: 310-321; CHIARAVALLOTI/PIPER 2011). Und da Experten kein Wissensmonopol besitzen, sollen Bewertungen kulturpolitischer Sachverhalte prinzipiell im Rah-

---

25 Dieser Glaube an die positive Wirkung wissenschaftlichen Wissens und an seinen festen Beitrag zum gesellschaftlichen Fortschritt ist in der Philosophie der Aufklärung fest verankert (TAYLOR 1999: 153-174).
26 Die aktuelle Schulpolitik in Österreich und die Diskussion um die Einführung der Gesamtschule ist ein exemplarischer Beleg für diese Feststellung. Obwohl die eklatante Mehrheit der schulpädagogischen Studien der letzten 15 Jahre die Vorteile einer möglichst späten Schuldifferenzierung betonen und trotz des Erfolgs des Volksbegehrens *Bildungsinitiative* (2011) – bleibt die österreichische Regierung davon weitgehend unbeeindruckt und hält grundsätzlich an einer möglichst frühen Selektion der Schüler fest.

men öffentlicher Beratungen erfolgen. Auf diese Weise wird das politische Handeln situativ eingebettet und die Beziehung zwischen Zielen und Mitteln unter Einbindung der Evaluierten bzw. der Artistic Community öffentlich ausgehandelt (SALAIS 2008: 202). Hierbei entsteht jedoch die zentrale Frage öffentlicher Deliberation (SCHAD 2015): Wie soll man angesichts der realen Macht-, Ressourcen- und Kompetenzasymmetrie unter den Beteiligten vorgehen?

Zusammenfassend habe ich argumentiert, dass Evaluationsstudien durch eine Reihe von internen und externen Faktoren vorstrukturiert und im Laufe ihrer Entwicklung beeinflusst werden. Genannt wurden die Motive des Auftraggebers, die Formulierung des Evaluationsauftrags, die gewählten Methoden, die epistemische Übereinstimmung oder Inkongruenz der verschiedenen Bewertungslogiken u. a., die die Legitimität und Akzeptanz der Evaluationsergebnisse prägen. Besonderer Fokus wurde auch auf sechs sensible Aspekte gelegt:

a) Die Einbeziehung von Betroffenen, Anspruchs- und Einflussgruppen hängt von der Form der Cultural Governance ab.

b) Die wissenschaftliche Praxis ist nicht entpersonalisiert. Daher sind die Bewertungskompetenz der Evaluierenden, ihre Haltungen und ihre Erfahrenheit nicht belanglos. Dazu sollten wir auch die soziale und kommunikative Kompetenz mitbedenken, die Evaluierende in der Interaktion mit dem Auftraggeber sowie mit den Evaluierten benötigen.

c) Eine spezifische Herausforderung stellt die sinnvolle Abgrenzung und Auslegung der Relationen zwischen Gegenstand und seinem Kontext dar.

d) Ebenso herausfordernd sind die immanenten Unsicherheiten im Bewertungsprozess. Diese zu verschweigen, könnte den Eindruck von Souveränität suggerieren. Ich denke aber, dass erfahrene Personen die zugrundeliegenden rhetorischen Tricks und Taktiken durchschauen.

e) Evaluationsstudien navigieren in einem kaum durchschaubaren Netz von antagonistischen Logiken und divergierenden Interessen. Zu behaupten, man sei davon unbeeinflusst und daher unparteiisch und objektiv, ist eigentlich disqualifizierend.

f) Routinenmäßige Evaluationen entfalten nicht-intendierte Effekte, die manchmal schwer vorhersehbar sind. Jedenfalls sollte man, wenn man positive Erfahrungen mit Evaluationen gemacht hat, darauf achten, eine exzessive Anwendung von Evaluationsinstrumenten zu vermeiden.

Vielleicht ist die grundlegende Frage hinter der Diskussion über den Sinn und die Grenzen von Evaluationen im öffentlich-rechtlichen Wirkungsbereich folgende: Liegt das Heil der Kulturpolitik (und des Managements von Kulturbetrieben) in den Wissenschaften? Seit der Aufklärung werden die emanzipatorischen Effekte von Bildung und Wissenschaft betont – was auch auf Evaluationsstudien übertragbar ist. Zugleich ist jedoch zu bedenken, dass sich Wissenschaftler – besonders im Bereich der angewandten Forschung – nur jene Fragen stellen, die sie mithilfe ihrer epistemischen Werkzeuge beantworten können. Wie ist es aber mit den Fragen, für die die Wissenschaften keine eindeutige Antwort anbieten können? Was ist mit der Frage der Fairness, der Verteilungsgerechtigkeit, der richtigen kulturpolitischen Zielsetzungen? Solche Fragen außer Acht zu lassen, hat schlimme Folgen: Sie als unwissenschaftlich abzutun, heißt sich zu weigern, sich damit in einer systematischen Weise auseinanderzusetzen. Sie als subjektiv bzw. voluntaristisch zu bezeichnen, bedeutet die gemeinschaftliche und politische Natur solcher Fragen zu ignorieren. Dann aber driften Evaluationsstudien weg von den Kernthemen der Kulturpolitik und wenden sich partikulären Einzelfällen bzw. messbaren Größen zu. Darauf aufmerksam zu machen, war die eigentliche Absicht meines Beitrags.

Autor

Tasos Zembylas ist Professor für Kulturbetriebslehre. Seine Arbeitsgebiete sind die Erforschung von künstlerischen Schaffensprozessen, Theorien des Kultursektors und Kulturpolitikforschung. Zuletzt erschienen: *Artistic Practices: Social Interactions and Cultural Dynamics*, London: Routledge, 2014; *Praktiken des Komponierens – Soziologische, wissenstheoretische und musikwissenschaftliche Perspektiven* (gem. mit Martin Niederauer) Wiesbaden, Springer-VS, 2016.

Literatur

ALASUUTARI, Petti/QUADIR, Ali (2014): Epistemic Governance: an Approach to the Politics of Policy-making. – In: *European Journal of Cultural and Political Sociology* 1/1, 67-84.

AUBENQUE, Pierre (2007): *Der Begriff der Klugheit bei Aristoteles*. Hamburg: Meiner.

BELFIORE, Eleonora/BENNETT, Oliver (2010): Beyond the „Toolkit Approach": Arts Impact Evaluation Research and the Realities of Cultural Policy-Making. – In: *Journal for Cultural Research* 14/2, 121-142.

BIRNKRAUT, Gesa (2011): *Evaluation im Kulturbetrieb*. Wiesbaden: VS.

BLÜHDORN, Ingolfur (2013): *Simulative Demokratie. Neue Politik nach der postdemokratischen Wende*. Berlin: Suhrkamp.

BOHMAN, James (1996): *Public Deliberation: Pluralism, Complexity and Democracy*. Cambridge: MIT.

BOLTANSKI, Luc/THÉVENOT, Laurent (2007) *Über die Rechtfertigung. Eine Soziologie der kritischen Urteilskraft.* Hamburg: Hamburger Ed.

BOORSMA, Miranda/CHIARAVALLOTI, Francesco (2010): Arts Marketing Performance. An Artistic Mission-Led Approach to Evaluation. – In: *The Journal of Arts Management, Law, and Society* 40/4, 297-317.

BOURDIEU, Pierre (1998): *Vom Gebrauch der Wissenschaft: für eine klinische Soziologie des wissenschaftlichen Feldes.* Konstanz: UVK.

BRAUN, Dietmar (2008): Evaluation und unintendierte Effekte – eine theoretische Reflexion. – In: Matthies, Hildegard/Simon, Dagmar (Hgg.), *Wissenschaft unter Beobachtung. Effekte und Defekte von Evaluationen.* Wiesbaden: VS, 103-124.

CHIARAVALLOTI, Francesco/PIPER, Martin (2011): Ethical Implications of Methodological Settings in Arts Management Research: The Case of Performance Evaluation. – In: *The Journal of Arts Management, Law and Society* 41, 240-266.

CRANE, Diana (1992): *The Production of Culture.* Newbury Park: Sage.

DAHLER-LARSEN, Peter (2005): The Evaluation Society: Critique, Contestability and Scepticism. – In: *Spazio Filosofico* 1/13, 21-36.

DEGEVAL – DEUTSCHE GESELLSCHAFT FÜR EVALUATION (2008): *Standards für Evaluation.* <http://www.degeval.de/fileadmin/user_upload/Sonstiges/STANDARDS_2008-12.pdf> [10.2.2016].

DEGEVAL – DEUTSCHE GESELLSCHAFT FÜR EVALUATION (Hg.) (2012): *Beispielhafte Indikatoren für Evaluationen in Kultur und Kulturpolitik – eine Arbeitshilfe.* <http://www.degeval.de/arbeitskreise/kultur-und-kulturpolitik/aktuelles/view/action/beispielhafte-indikatoren-fuer-evaluationen-in-kultur-und-kulturpolitik-eine-arbeitshilfe/> [10.02.2016].

DEWEY, John (1949): *Theory of Valuation.* Chicago: UP.

ERMERT, Karl (Hg.) (2004): *Evaluation in der Kulturförderung. Über Grundlagen kulturpolitischer Entscheidungen.* Wolfenbüttel: Wolfenbütteler Akademie-Texte.

ERMERT, Karl (Hg.) (2008): *Evaluation als Grundlage und Instrument kulturpolitischer Steuerung.* Wolfenbüttel: Wolfenbütteler Akademie-Texte.

FREY, Bruno (2008): Evaluitis – eine neue Krankheit. – In: Matthies, Hildegard/Simon, Dagmar (Hgg.), *Wissenschaft unter Beobachtung. Effekte und Defekte von Evaluationen.* Wiesbaden: VS, 125-140.

FRIEDLAND, Roger (2013): God, Love and Other Good Reasons for Practice. Thinking Through Institutional Logics. – In: Boxenbaum, Eva/Lounsbury, Michael (Hgg.), *Institutional Logics in Action.* Bingley: Emerald, 25-50.

GALLIE, William (1962): Essentially contested concepts. – In: Black, Max (Hg.), *The Importance of Language.* Englewood Cliffs: Prentice-Hall, 121-146.

GILHESPY, Ian (2001): The Evaluation of Social Objectives in Cultural Organisations. – In: *International Journal of Arts Management* 4/1, 48-57.

GOLLWITZER, Mario/JÄGER, Reinold (^{2}2014): *Evaluation kompakt.* Weinheim: Beltz.

GREMELMANN, Claas Friedrich (2013): *Kultur und staatliches Handeln. Grundlagen eines öffentlichen Kulturrechts in Deutschland.* Tübingen: Mohr Siebeck.

GROSSBERG, Lawrence (1997): Cultural Studies: What's in a Name? – In: Ders., *Bringing It All Back Home: Essays on Cultural Studies.* Durham: Duke UP, 245-271.

HABERMAS, Jürgen (1992): Drei normative Modelle der Demokratie: Zum Begriff deliberativer Demokratie. – In: Münkler, Herfried (Hg.), *Die Chancen der Freiheit. Grundprobleme der Demokratie.* München: Piper, 11-24.

HEID, Helmut (2000): Qualität. Überlegungen zur Begründung einer pädagogischen Beurteilungskategorie. – In: Helmke, Andreas/Hornstein, Walter/Terhart, Ewald (Hgg.), *Qualität und Qualitätssicherung im Bildungsbereich.* Weinheim: Beltz, 41-51.

HENNEFELD, Vera (2015): Evaluation der Kulturförderung. – In: Institut für Kulturpolitik der Kulturpolitischen Gesellschaft (Hg.), *Neue Kulturförderung.* Bonn: Klartext, 331-336.

HENNEFELD, Vera/STOCKMANN, Reinhard (Hgg.) (2013): *Evaluation in Kultur und Kulturpolitik. Eine Bestandsaufnahme.* Münster: Waxmann.

HOOD, Christopher (1991): A Public Management for All Seasons? – In: *Public Administration* 69, 3-19.

HORNBOSTEL, Stefan (2008): Neue Evaluationsregime? – In: Matthies, Hildegard/Simon, Dagmar (Hgg.), *Wissenschaft unter Beobachtung. Effekte und Defekte von Evaluationen.* Wiesbaden: VS, 59-82.

KARPIK, Lucien (2011): *Mehr Wert: Die Ökonomie des Einzigartigen.* Frankfurt/M.: Campus.

KELLER, Rolf (Red.) (1997): *Kulturschaffen mit knappen Mitteln effizient ermöglichen: Ein Leitfaden für die Evaluation von Kulturprojekten.* <http://www.seval.ch/documents/kongresse/Evaluationsleitfaden.pdf> [10.2.2016].

KIESER, Alfred (1994): Why Organization Theory needs Historical Analyses. And how this should be performed. – In: *Organization Science* 5, 608-620.

KLEIN, Armin (2013): Rolle und Bedeutung von Evaluation in der Kultur und Kulturpolitik. – In: Hennefeld, Vera/Reinhard Stockmann (Hgg.), *Evaluation in Kultur und Kulturpolitik. Eine Bestandsaufnahme.* Münster: Waxmann, 9-33.

KOGAN, Maurice (1999): The Impact of Research on Policy. – In: Coffield, Frank (Hg.), *Speaking Truth to Power: Research and Policy on Lifelong Learning.* Bristol: Policy, 11-18.

LAMONT, Michèle (2012): Toward a Comparative Sociology of Valuation and Evaluation. – In: *Annual Review of Sociology* 38, 201-221.

MEYER, Renate/HAMMERSCHMID, Gerhard (2006): Changing Institutional Logics and Executive Identities: A Managerial Challenge to Public Administration in Austria. – In: *American Behavorial Scientist* 49, 1000-1014.

MEYER, Wolfgang/RECH, Jörg (2013): Determinanten der Evaluierungskultur. – In: Hense, Jan et al. (Hgg.), *Forschung über Evaluation: Bedingungen, Prozesse und Wirkungen.* Münster: Waxmann, 189-210.

MÜLLER-KOHLENBERG, Hildegard (2004): Verfahren, Chancen und Grenzen der Selbstevaluation. Wieviel Professionalität kann bei Selbstevaluation erwartet werden. – In: Ermert, Karl (Hg.), *Evaluation in der Kulturförderung. Über Grundlagen kulturpolitischer Entscheidungen.* Wolfenbüttel: Bundesakad. für kulturelle Bildung Wolfenbüttel, 70-80.

OPITZ, Stephan (2004): Evaluation als Instrument politischer Steuerung, Organisationsentwicklung und Qualitätssicherung. – In: Ermert, Karl (Hg.), *Evaluation in der Kulturförderung. Über Grundlagen kulturpolitischer Entscheidungen.* Wolfenbüttel: Bundesakad. für kulturelle Bildung Wolfenbüttel, 97-100.

PICHLER, Rupert (2009): Institutionelle Dimensionen von Evaluierung in Österreich. – In: Widmer, Thomas/Beywl, Wolfgang/Fabian, Carol (Hgg.), *Evaluation: Ein systematisches Handbuch*. Wiesbaden: VS, 40-51.

POLANYI, Michael (1958): *Personal Knowledge. Towards a Post-Critical Philosophy*. London: Routledge.

POWEL, Michael (1999): *The Audit Society. Ritual of Verification*. Oxford: Oxford UP.

POWEL, Michael (2000): The Audit Society – Second Thoughts. – In: *International Journal of Auditing* 4, 111-119.

RADIN, Beryl A. (2006) *Challenging the Performance Movement: Accountability Complexity and Democratic Values*. Washington: Georgetown UP.

SALAIS, Robert (2008): Evaluation und Politik. Auf der Suche nach guten Indikatoren für die Forschung. – In: Matthies, Hildegard/Simon, Dagmar (Hgg.), *Wissenschaft unter Beobachtung. Effekte und Defekte von Evaluationen*. Wiesbaden: VS, 193-212.

SANDERSON, Ian (2002): Evaluation, Policy Learning and Evidence-Based Policy Making. – In: *Public Administration* 80/1, 1-22.

SCHAD, Anke (2015): Kulturfinanzierung, Governance und Demokratie. Mehr Partizipation wagen? – In: *Zeitschrift für Kulturmanagement: Kunst, Politik, Wirtschaft und Gesellschaft* 1, 29-51.

SCHUSTER, Mark J. (1996): The Performance of Performance Indicators in the Arts. – In: *Nonprofit Management and Leadership* 7/3, 253-269.

SEARLE, John (1995): *The Construction of Social Reality*. New York: Free.

SELINGER, Evan/CREASE, Robert (2006): Dreyfus on Expertise. The Limits of Phenomenological Analysis. – In: Dies. (Hgg.), *The Philosophy of Expertise*. New York: Columbia UP, 213-245.

SEN, Amartya (1999): Rationale Trottel: Eine Kritik der behavioristischen Grundlagen der Wirtschaftstheorie. – In: Gosepath, Stefan (Hg.), *Motive, Gründe, Zwecke. Theorien praktischer Rationalität*. Frankfurt/M.: Fischer, 76-102.

STOCKMANN, Reinhard (2006): *Evaluation und Qualitätsentwicklung. Eine Grundlage für wirkungsorientiertes Qualitätsmanagement*. Münster: Waxmann.

TAYLOR, Charles (1999): Two Theories of Modernity. – In: *Public Culture* 11, 153-174.

VEDUNG, Evert (1999): *Evaluation im öffentlichen Sektor*. Wien: Böhlau.

WEBER, Marcel (2008): Wissenschaftstheorie der Evaluation. – In: Matthies, Hildegard/ Simon, Dagmar (Hgg.), *Wissenschaft unter Beobachtung. Effekte und Defekte von Evaluationen*. Wiesbaden: VS, 25-43.

WEISS, Carol H. (1995): The Haphazard Connection: Social Science and Public Policy. – In: *International Journal of Education Research* 23/2, 137-150.

ZEMBYLAS, Tasos (2004): *Kulturbetriebslehre: Grundlagen einer Inter-Disziplin*. Wiesbaden: VS, 338-346.

Performance measurement and evaluation in arts management
A meta-synthesis

LETICIA LABARONNE*
Center of Arts Management, Zurich University of Applied Sciences; PhD Student, WÜRTH Chair of Cultural Production, Zeppelin University

Abstract

This study analyzes the performance measurement and evaluation literature in (nonprofit) arts management by conducting a meta-synthesis, which is both a process and a product of explorative scientific enquiry. Meta-syntheses go beyond the well-known procedure of literature reviews, often used to summarize the current state of knowledge in a particular field, in that they produce formal integrations that offer novel understandings of the reviewed literature. This article presents, in the results section, the consolidated understandings under four thought-provoking titles: First, 'Third time's a charm?' describes the development phases identified in the body of performance measurement and evaluation literature. Second, 'A paradigm on the move?' refers to the dominance of the positivist research tradition and signals the quest for alternative approaches. Third, 'Pride and Prejudice' illustrates that the international literature tends to emphasize the benefits and learnings of performance measurement and evaluation practices (pride) while a rather prejudicial attitude is observed among the German-written literature. Fourth, 'Good Cop, Bad Cop' takes the debate to a higher level by thematizing the interplay between arts management research and cultural policy. The conclusion discusses the four titles through the lens of system theoretical discourse.

Key words
evaluation; method development; arts administration

1. Introduction

The nonprofit sector is increasingly permeated by expectations of measurement (PATON 2003) and today nonprofits are held accountable for what they deliver (EBRAHIM 2010). Demands for accountability may be broken down into four broad, far from comprehensive, categories: accountability for finances, governance, performance, and mission (BEHN 2001). These demands have arisen mostly from external stakeholders such as donors, public funders, business sponsors, and the general public (CAIRS et al. 2004). However, nonprofits themselves have also taken a proactive step, anticipating future demands, as they struggle to im-

* Email: lael@zhaw.ch

prove services, compete for resources and preserve credibility and legitimacy (WILLLIAM/BODWIN 2007). Nonprofit theory and practice have responded to this 'performance measurement imperative' with different approaches (GSTRAUNTHALER/PIBER 2012). Yet, as the lack of a profit orientation leaves nonprofits without a common goal, an overarching performance measurement or evaluation system is missing (Ibid) and the puzzle of how to measure and evaluate performance remains a recurrent issue in nonprofit literature and practice (CAIRS et al 2004).

1.1 The emergence of evidence-based cultural policy

Every development no doubt happens embedded in a specific historical context. This holds true for the emergence of the issues of performance measurement and evaluation in the arts and cultural sector. With the advent of Thatcherism and Neoliberalism in the late 1970s, a strong political commitment to markets and competitive individualism (HUTTON 1995) led to a re-examination of public sector programs, including the arts and cultural sector in the UK (GILHESPY 1999). Furthermore, in the United States (US) the emphasis on performance measurement and evaluation was motivated by a significant decrease in public funding for the arts and culture in the mid-1990s (BROOKS 2000). Today, research into the value and impact of the arts constitutes a core function of the National Endowment for the Arts (2014), the federal arts funding agency in the US. Likewise, the current research activities of the Arts Council England (2014), the National Development Agency, focuses on monitoring the performance and impact of art and cultural activities as well as providing evidence for policy-making. In German-speaking countries, in which the arts sector – in contrast to the US[1] – is characterized by high levels of direct government support, cultural policy is also increasingly evidence-based. In Switzerland, for example, the New Culture Promotion Act (2011) stipulates that the effectiveness of cultural policies must be revised regularly.

---

[1] In the United States only about 13 % of direct arts support comes from public funding and only 9 % from the federal government. The rest comes from earned revenue and private sources of funding. That is, the large proportion of arts funding is 'indirect' in terms of tax deductibility of gifts for NPOs. For every dollar of direct support, the USA provides about 14 dollars of indirect support (THE NATIONAL ENDOWMENT FOR THE ARTS 2014). Hence, ACOs in the US play a more important role on individual contributions and fundraising (WEINSTEIN/BUKOVINSKY 2009: 45).

Against this background, arts and cultural organizations (ACOs)[2] are faced with a stronger political logic demanding them to focus on tangible results and to prove how they add value to their communities (GSTRAUNTHALER/PIBER 2012). These demands are less directed at the positive externalities of the arts than they are at the associated opportunity costs of public money; that is, whether the benefit is greater than the benefit that could be gained from alternative spending scenarios (COWEN 2008). The latter has been encouraged by the discourse in many Anglo-Saxon countries about the apparent power of the arts to counter social exclusion or enhance community life (JOWELL 2004). While some lament this "instrumentalization of the arts" (BELFIORE/ BENNETT 2010: 122), others have commented on the idea of policy attachment, whereby the arts, as a less influential policy area, have attached themselves to economic and social agendas to get a stronger political support (GRAY 2002). Moreover, among private funding bodies, evaluations are also increasingly regarded as a valuable tool to assess the achievement of objectives (SCHOBER et al 2012). While this instrumental rationality is widespread in the performance measurement and evaluation discourse in the arts and cultural sector of much of the West, it is by no means uncontested. Some researchers argue that resources would be better spent trying to understand the arts themselves (HADIDA 2015).

1.2 Terminology delimitation

A short literature review of the body of knowledge in arts management indicates that the terms 'performance measurement', 'performance evaluation' and 'evaluation' are being used in a rather undifferentiated manner. Allègre Hadida (2015), who conducted a critical literature review about performance in the creative industries, argues that the performance definitions and measurement approaches of practitioners, experts and academic researchers might differ, but assumes that these differences are marginal. One might agree with Hadida, particularly given that performance measurement and evaluation are related and often

---

2   In his effort to define arts and cultural organizations (ACOs), KAPLE (quote in WEINSTEIN/BUKOVINSKY 2009) concludes that there is no universally accepted definition, among other things since many organizations operate informally and under an umbrella institution. The present study draws, however, on a rather narrower definition of ACOs, referring to those organizations operating on the not-for-profit corner of the arts and culture sector. In limiting the study to a narrower segment The author aims to provide a sharper analytical focus.

complementary. Nonetheless, there is a difference between these concepts (NIELSEN/EJLER 2008).

According to Schober et al. (2012), performance measurement is a continuous process in which targets and goals are defined and then operationalized in measurable indicators. It serves as a tool for exercising control and for ensuring accountability, focusing primarily on efficiency and effectivity rather than on measures of impact. Evaluations, on the other hand, tend to focus on the content of the activities of an organization or project and thus can produce findings that relate to impact. In order to do that, evaluations often go through complex processes that need a long-term horizon. Hence they are not useful for controlling daily operations.

There are three basic types of evaluations (GETZ 2005): (i) formative evaluations (ex-ante) are often used for program conception or pre-event assessment, (ii) process evaluations (on-going) assess the process and thus they are linked at the organizational level with performance measure and quality management systems, and (iii) outcome or summative evaluations (ex-post) measure of outcome and impact. Today the evaluation literature in the nonprofit sector acknowledges the difficulty in measuring the intangible, so the current discourse about impact measurement instead uses the term impact analyses often (SCHOBER et al. 2012).

1.3 The challenges of assessing artistic and cultural activities

As a specific type of nonprofit, ACOs are also involved in the performance measurement and evaluation debate – particularly in terms of defining performance (HADIDA 2015) as well as developing assessment approaches sensitive to their uniqueness and complexity (SOREN 2000). The challenges in the (nonprofit) arts and cultural sector can be partly explained by the perspective of art as a system put forward by theorists such as Arthur Danto (1964), Niklas Luhmann (1997), Howard Becker (1982), and George Dickie (1984). From this perspective, art is not only a social construction but also a social product. Defining performance in the arts and cultural sector is thus all the more difficult, as the product (output resp. outcome) often exhibits characteristics of merit, public or semi-public goods, and might involve intangible individual or collective experiences that are not captured through private transactions (HADIDA 2015).

Furthermore, the evaluation of art might be influenced by specific conventions strongly related to its context, and thus the context-related uniqueness of artistic accomplishments should be taken into account (BECKER 1982). In addition, as ACOs are embedded in a network of various stakeholders with different interests (BROOKS et al. 2002), the performance measurement and evaluation of artistic and cultural activities involves a balancing act between aesthetic purposes and market orientation (LAMPEL et al. 2000). Not only are outputs aimed at different stakeholders simultaneously, but the results also may span over several years, as it is the case in heritage conservation activities (FINOCCHIARO/RIZZO 2009).

1.4 Problem Statement and Study Aim

The issues of performance measurement and evaluation in the (non-profit) art and cultural sector are recurrent topics in the arts management literature. Therefor numerous approaches have been proposed.[3] Yet, research has barely analyzed the body of knowledge against the background of the different artistic contexts as well as the broader environments in which the performance measurement and evaluation of ACOs takes place. This is all the more surprising not only considering the unique contextuality of artistic and cultural activities but also taking into account the different systems (e.g., artistic, economic, political) and its complex networks of actors, institutions, values and interests in which ACOs are embedded. Funding bodies are key stakeholders in these networks. As such, they exert an influential role in the framing of the analysis that underpins the construction of evaluation practices (CLEMENTS 2007). Giving the different funding structures for the arts and culture across regions (e.g., US vs. Continental Europe resp. German speaking-area), the question of how funding bodies shape the evaluation process seems particularly relevant in cross-regional comparison. The latter also because the act of measuring itself, as a social construct, is never value-neutral but always embedded in a particular context (WIMMER 2004). Against this background this study aims to analyze the body of the performance measurement and evaluation literature across and against artistic disciplines, institutional settings, and regions. The overarching research question aims at learning from different studies in order to identify patterns, emerging trends, or any other interesting relationships.

---

3 See e. g. GILHESPY (1999, 2001); KRUG/WINBERG (2004); WEINSTEIN/BUKOSVINSKY (2009); GALLOWAY (2009); ZORLONI (2012); BADIA/DONATO (2013); BETZLER (2015).

2. Methodology

The intention of the study is not to aggregate data on performance measurement and evaluation projects in order to compare study results. The focus of the analysis is rather on the different approaches proposed in the academic literature, such as instruments, methods, frameworks or theoretical models, and on the identification of patterns of similarities and differences or any other noteworthy relationship that may come to light. In order to do this a meta-synthesis is conducted. Whereas literature reviews engage critically and/or discursively with earlier work to summarize the current state of knowledge in a particular field, meta-syntheses go through and beyond both narrative and systematic reviews to produce formal assimilations or integrations of the reviewed works that offer novel understandings or insights (SANDELOWSIKI/BARROSO 2007).[4]

A meta-synthesis, as both a process and a product, is a scientific inquiry that can be understood as a qualitative counterpart to the quantitative meta-analysis (SANDELOWSIKI/BARROSO 2007). Because the findings are reconceptualized (DOYLE 2003), the validity of a meta-synthesis does not depend upon the replication but rather upon the critical interpretation. Furthermore, meta-studies can also offer a historical staging and/or explanatory context and assist researchers in exploring differences as well as similarities across settings, sample populations, disciplines and methodological approaches (HANNES/LOCKWOOD 2012).

There is an increasing variety of methodological approaches that is used to conduct a meta-synthesis, including meta-ethnography, qualitative meta-synthesis, realist review, thematic analysis, critical interpretive synthesis, and framework analysis/synthesis (LEE et al. 2015). Some methods are more suitable for producing recommendations relevant to practice and policy formulation while others are more suited to theory and model development. Meta-ethnography is perhaps the most well developed and established method for conducting a meta-synthesis and one that clearly has its origins in the interpretive paradigm (POPE/MAYS 2006). Meta-ethnography was introduced by Noblit and Hare (1998), who devised a seven-step iterative process for conducting research inquiry: getting started, deciding what is relevant to the initial

---

4 For a systematic comparison between meta-analysis, traditional literature review, and meta-ethnography, see DOYLE (2003:324).

interest, reading the studies, determining how the studies are related, translating the studies into one another, synthesizing translations, and expressing the synthesis.

The formulation of the question is framed by the aforementioned problem statement. However, in this type of explorative project, it is not a simple sequential procedure but rather an iterative one that is likely to be sharpened as deeper research questions emerge over the course of the study. Thus a meta-synthesis cannot be conducted as a linear process. It involves experimenting with the method, as phases may overlap, even run in parallel, and the work undertaken may not always advance towards the final synthesis (LEE et al. 2015).

In light of the above, this study was approached in a way that allowed the research design to gradually emerge as the inquiry evolved, while important methodological decisions, such as determining the point of saturation or selecting issues for further scrutiny, were taken as the study evolved (DENZIN/LINCOLN 2011: 671). In order to preserve methodological transparency, careful documentation was carried out (audit trail) and efforts were undertaken to make the underlying assumptions clear and the decision-making procedures transparent.

The research design is framed alongside Noblit's and Hare's seven-steps, as they remain the primary organizing device for conducting a meta-synthetic inquiry, but was adapted and operationalized in a way that serves the overarching research question.[5] The study started with an inductive approach in order to identify relevant questions and then moved on to a more deductive approach aimed at generalizing the exploratory findings. In order to do that, it used a classic mixed-methods design, which combines probability and purpose sampling in order to increase validity and credibility (PATTON 2015: 65). By doing things in this way, the sample 'aligns' (PATTON 2015: 265) with the emergent research questions in a continuing negotiation process involving trade-offs between breadth and depth. Unlike (quantitative) meta-analyses, samples in meta-ethnographies are purposive rather than exhaustive, because the purpose is interpretive explanation and reconceptualization rather than prediction (DOYLE 2003).

---

5   For a review of how a range of different authors describe doing meta-ethnography, see LEE et al (2015: 338).

2.1 Search strategy

The study considers literature published in English in international journals as well as works written in German[6] that investigate the topics of performance measurement and evaluation in the non-commercial corner of the arts and cultural sector. A systematic bibliographic search using the databases JSTOR and EBSCO was conducted. In addition, the Karlsruher Virtueller Katalog (KVK), the Network of Libraries and Information Centers in Switzerland (NEBIS) and the Austrian Network and Service of Libraries (OBVSG) were used to access the body of literature in German-speaking countries. In these areas, doctoral dissertations, and sometimes masters theses, are often published as monographs and these are regarded as a relevant form for disseminating knowledge. Given that a failure to conduct a sufficiently exhaustive search can jeopardize validity (SANDELOWSKI/BARROSO 2007), the search strategy encompassed not only peer-reviewed articles but also significant monographs and books in an effort to include fugitive or grey literature.[7]

The choice of terminology for the literature search is self-explanatory. The core keywords 'performance', 'performance measurement', 'performance evaluation' and 'evaluation' were firstly used as umbrella terms under which the different approaches to these topics were fit. As aforementioned, performance measurement and evaluation are different concepts, event tough they are related and often complementary. This study deliberately encompasses both concepts. It did this, first, because the terms seem to often be used interchangeably, and the focus on 'only' one or the other concept would be a too narrow search strategy for an explorative study. Second, it did this because evaluative practices have been integrated into manifold conceptualizations of New Public Management (as well as entered the realm of the private sector) and evaluation are spreading into the key fields of managerial action with concepts such as Total Quality Management, Benchmarking, EFQM, Auditing, and Controlling (CHIARAVALLOTI/PIBER 2011). The latter underlines the premise that the concepts are (increasingly) related.

Furthermore, the search strategy combined the core keywords with the broad-based terms 'art organizations' and 'cultural organizations', which were then translated into German. The search strategy was rede-

---

6   The scope of German-speaking countries should be attributed to the fact that the author is a researcher active in this area; it should not suggest that comparisons across the body of literature in other regions might be less relevant.

7   This refers to potentially relevant literature that is not accessible via electronic databases (SANDELOWSIKI/BARROSO 2007).

fined iteratively by incorporating key terms – such as 'indicators', 'impact' and 'accountability' –, which were identified from relevant papers. In addition, as the number of academic journals in arts management is growing (LINDQVIST 2012: 11) and the research area of performance measurement and evaluation in the arts and cultural sector is multidisciplinary, the research field may be broad and the body of literature may be disseminated over various journals and disciplines.

3. Results

3.1 Screening and exclusion criteria

The first screening was carried out according to the following working definition: Works (peer-reviewed articles, monographs, and book chapters), whose primary focus is the introduction or discussion of approaches to performance measurement and evaluation in the non-commercial edge of the arts and cultural sector.

The systematic bibliographic search yielded a total of 1,268 records (including duplicates), regardless of publication date (see Fig. 1). The initial screening focused solely on the titles and keywords and mostly aimed at excluding works for topical reasons (such as studies on evaluating organizational culture).

After the initial screening, the abstracts of 89 records were retrieved. In addition, given the broad range of terms in use, which sometimes are not adopted as keywords, the electronic literature search was supplemented by a more informal approach that included reference chaining and validation with experts in the field. Altogether, a further 13 abstracts were identified through informal search methods. In total, 102 records were retrieved, scanned by reading the abstracts, and examined for inclusion and exclusion criteria. The definition of exclusion criteria, in particular, was formulated in an iterative manner, as most of the decisions for inclusion/exclusion emerged during the screening process.

Following the aforementioned working definition, studies with a methodological focus – for example works that propose a new approach or discuss existing methods – were included in the sample. These had to be related to not-for-profit art and cultural activities either at an institutional, program or project level, for which some sort of public and/or private funding was obtained. Excluded from the sample were works relating to commercially oriented art and cultural activities (e.g., art-trade, commercial films, record labels, musicals). These activities are subjected to an overarching profit goal and thus can be more straightforwardly defined and measured with traditional commercial performance indicators and assessed in economic terms. In addition, they are well researched across units of analysis and social science disciplines (HADIDA 2015).

The sample also excluded works focusing on art school education, science centers, arts or cultural activities aimed at social integration (e.g., child and family welfare), and cultural tourism, because the focus on performance measurement and evaluation activities tends to revolve around pedagogical, welfare or service concerns rather than around artistic merit and the experiences of art production and reception.

In addition, also excluded from the final sample were reports, handbooks, guidelines, textbooks (as in teaching books), and master theses, given that these works are not subjected to the same scientific requirements as peer-reviewed articles and dissertations.

From the 102 abstracts scanned, 57 works did not conform to the inclusion/exclusion criteria (see Fig. 1). In total 45 full texts were retrieved for in-depth analyses,[8] which constituted the final sample (See Appendix).

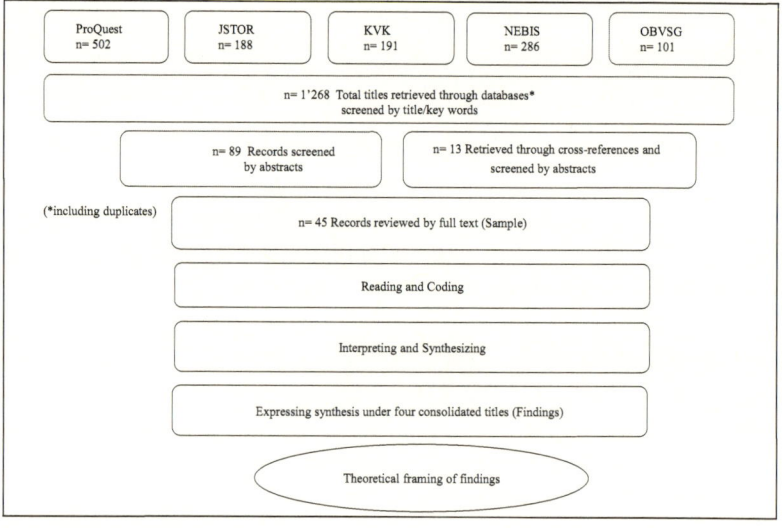

Fig. 1: *Research design.*

8   Even though the study engages thoroughly with each piece of selected work, the synthesis is based on the assumption that the selected works are of acceptable quality, as this paper does not address the question of critically appraising research. Critical appraisal is the "process of systematically examining research evidence to assess its validity, results and relevance before using it to inform decision" (HILL/SPITTLEHOUSE 2001: 1).

3.2 Reading and Coding

While the identification of relevant studies is an important element of meta-synthesis, the process of actively reading the chosen works, identifying the main coding themes, and extracting data is arguably the more difficult, even significant, step (LEE et al. 2015: 337). Surely it is the most time consuming. Actively reading means that reading might need to be undertaken at different points in the process, for different purposes: to appraise, familiarize, identify, extract, record, organize, compare, relate, map, stimulate, and verify, for which several techniques including annotating, coding, listing, and tabulating were used (HANNES/MACAITIS 2012).

The selected studies were read in 'waves', in a way that reflects the grounded-theory approach. First, each work was coded noting the approach and the context in which it has been applied or proposed in order to record contextual information to be used in the interpretations of each study. The formulation of these first codes was derived by the content of the overarching research question. Second, the works were re-read and organized into (sub-)groups, identifying common and recurring concepts as well as categories and new coding themes. At the end of the second reading wave, the following coding themes were defined and used to analyze the selected studies:

#1 country/region/language
#2 artistic discipline
#3 institutional setting (e.g., financial structure, size, own production)
#4 conceptual approach
#5 research tradition
#6 units of analyses
#7 starting point/project owner/research motivation
#8 whom are the results meant to inform
#9 discussion about implementation
#10 research limitations

A mix methodology involving both deductive and inductive approaches was used for the formulation of coding themes. While codes #1, #2, #3, #4, #5 were defined a priori, the rest of the coding themes emerged as the reading process evolved.

3.3 Characteristics of the selected works

The reviewed literature stretches from 1986 to 2015. As expected, when defining the search strategy, the literature sample was spread throughout a vast number of journals and, in the case of the German-written literature, publishers. However, around 20 % of the studies were published at the *International Journal of Arts Management*, not surprisingly in the track 'Measurement of Cultural Organization Performance'. The majority of the works focus primarily on instrumental and methodological issues and revolve around new or adapted approaches to performance measurement and evaluation (coding theme #4), in almost 50 % of the cases addressing ACOs in general (coding theme #2). In addition, specific approaches have mostly been developed for museums (n=11) or performing arts organizations (n=8). Further, only a few studies critically reflect on the body of literature and address a range of the (often neglected) theoretical, epistemological, aesthetic, political, and ethical challenges embedded in the evaluation process. An emerging trend can as of 2007 be seen (BELFIORE/BENNETT 2007; GALLOWAY 2009; CHIARAVALLOTI/PIBER 2011; CHIARAVALLOTI 2014; HADIDA 2015).

Many of the limitations discussed in the studies (coding theme #10) revolve around the operationalization of the artistic dimension (construct validity), regardless of the kind of approach taken. The challenges seem to concern, at the outcome level, how to capture the quality of artistry and artistic achievement and, at the impact level, how to conceptualize and measure the value creation of these activities. Whereas measuring at the level of process and output seems more straightforward, assessing the effects of artistic and cultural activities on society seems more challenging – that is, either the direct impact on the recipients (e.g., theater goers or museum visitors) or the indirect impact on the broader community (i.e., externalities).

Furthermore, the limitations also encompass issues of relevance and applicability. The body of literature on performance measurement and evaluation in the arts and culture tends to be normatively driven. That is, very few of the reviewed studies investigated how performance measurement and evaluation operates in arts management practice, for whom and by whom it is done, and how it is perceived by the different stakeholders (GILHESPY 1999; COHEN/PATE 2000; ZORLONI 2012; GSTRAUNTHALER/PIBER 2012). This observation is to a large extent coherent with the literature. The missing link between theory and practice was mentioned by Turbide and Hoskin already in 1999 and corroborated by more recent works (DONATO 2008; TURBIDE/LAURIN 2009).

3.4 Interpreting and synthetizing

After coding and extracting data, the next step resides in its interpretation and synthesis. In the context of meta-ethnographies, the concept of synthesis should not be understood as an additive process, but rather as a reconceptualization across studies (DOYLE 2003). The following subsection presents the 'reconceptualizations' that emerged by looking into differences and similarities among the selected works along and across the coding themes. These understandings are consolidated through four thought-provoking titles in an attempt to highlight the findings for further discussion. Please note that not all coding themes are encompassed in the following condensed understanding as some of them, such as #1, #2 and #3 were primarily intended at providing contextual information about the sample.

Third time's a charm? Across the academic literature investigating performance measurement and evaluation in the arts and culture sector, three phases or development waves can be identified (coding theme #4).

In the beginning, performance measurement in the arts sector was limited to financial indicators such as attendance levels, number of performances or exhibitions, and earned income. This is not surprising considering that research on performance evaluation is rooted in the field of management accounting (CHIARAVALLOTI 2014). This first phase was thus characterized by quantitative indicators that supply no relevant information about artistic achievement.

In order to better convey the complexity of ACOs, a second wave of research has proposed numerous multidimensional frameworks that aim to merge quantitative indicators and quality concerns. For example, Gilhespy (1999, 2001) proposed a framework that includes a measurement of artistic excellence and innovation. Krug and Winberg (2004) proposed three dimensions for assessing effectiveness in ACOs: contribution to mission, contribution to money, and contribution to merit. More recent works have proposed the Balanced Scorecard as a tool to integrate artistic and intellectual drivers in the evaluation of ACOs, such as theaters (WEISTEIN/BUKOSVINSKY 2009) or art museums (ZORLONI 2012). In German speaking countries, a growing amount of academic literature focuses on the application of Quality Management Systems to

ACOs (TSCHÄPE/BRÜGGERHOFF 2004; SCHEYTT/ZIMMERMANN 2006; CORDES et al. 2008; ZULAUF 2012).

By the time the second development wave towards a multidimensional framework began, it was widely agreed in the literature that a comprehensive approach to performance measurement and evaluation was needed in order to represent the multifaceted nature of the phenomena in the arts and cultural sector. However, in recent years, a challenge to the idea of multidimensional frameworks can be observed, indicating the emergence of an (overlapping) third phase. This last developing phase questions the very same underlying assumptions on which the multidimensional models are built. Namely, on the premise that the fulfillment of organizational goals and the aesthetic dimension of performance can be represented with a couple of key figures. On one side, as rich qualitative data cannot be easily transformed into one-dimensional figures, there is the question of whether the aesthetic dimension can be captured by metrics (GSTRAUNTHALER/PIBER 2012). Intangible individual and collective experiences may thereby vanish as the inner value of arts and culture, such as the value reflected in the feelings of the beholder of an artistic work and those involved in its creation, remains hidden behind the representation of 'success' or 'effectiveness' (HOLDEN 2004). On the other hand, there is the issue of aggregating several components and how to merge the different rationalities that underline different financial, artistic or political logics (GSTRAUNTHALER/PIBER 2012).

A paradigm on the move? The dominance of a positivist research tradition in the discourse about performance measurement and evaluation in arts management can be observed (coding theme #5), which is coherent with the literature. Following Chiaravalloti and Piber (2011), the three categories considered by Wicks and Freeman (1998) – the way of looking at reality, the methods and techniques used, and the relevance given to ethics – were used to establish the main differences between the positivist and anti-positivist approaches.

Positivist approaches assume the context-neutrality of methods and techniques – the "toolkit approach" (BELFIORE/BENNETT 2010: 121) – thus presuming that similar practices can be applied to different contexts. The decontextualized approaches inherent to the longstanding positivist paradigm tend also to minimize the role of human agency – both in artistic production and consumption – and neglect the centrality of ethics in evaluation processes (CHIARAVALLOTI/PIBER 2011).

At the same time, it is evident that a small number of works have been engaged in a quest for alternative approaches, probably as a counteraction to the dominance by positivism. The quest is for paradigms with a stronger emphasis on the intrinsic aspects of the individual experience, which are able to capture the contextual complexity of artistic and cultural activities. The case of the arts impact assessment, as a subgroup of the chosen works, illustrates some of these alternative approaches well.

On the one side, there are theory-based evaluations (GALLOWAY 2009), which draw on the observation that research on arts evaluation has focused on technical rather than on epistemological issues. It is argued that the generative understanding of causation underpinning theory-based evaluations is ontologically (better) suited to exploring the potential impact of the arts, as it can grasp unarticulated assumptions and values. On the other side, Belfiore and Bennet (2010) have proposed a humanities-based approach, building their argument on the observation that discourses around the transformative power of arts are based upon unquestioned assumptions, mostly aimed at legitimizing public spending. Their approach is located within a broad bundle of disciplines that explore the human condition and the products of human existence. As such, it can address questions of values and beliefs and capture the real effects – positive as well as negative – of artistic and cultural activities.

Pride and Prejudice. Coding-theme #9 captures the discussions relating to issues of implementation and elaborates on how stakeholders in ACOs reacted to the introduction of performance measurement or evaluation processes. This coding theme yields remarkable observations across region/language areas (coding-theme #1).

The English-written literature tends to reflect on the experiences during and after the implementation by emphasizing the benefits, the organizational learnings as well as the chances for future endeavors. This observation is conceptualized as 'pride'. In the literature on German-speaking countries, these experiences are only occasionally discussed. Instead, another recurrent theme is observed – namely, an (assumed) a priori negative attitude of the involved parties in ACOs towards the issues of performance measurement and evaluation. This is illustrated with negatively connoted words like 'Skepsis', 'Abwehr' and 'repressive Kontrolle', which refer to skepticism, reluctance, defense, resistance, and even repressive control. The way in which studies in the German-speaking area describe, anticipate or expect reactions towards evaluative practices in ACOs is conceptualized as 'prejudice'.

The 'prejudicial' observation is complex because it involves numerous voices: the ACOs, the researchers and authors of the reviewed works as well as the meta-ethnographer who is the author of this study (DOYLE 2003). Nonetheless, it raises many further relevant inquiries. First, it is unclear whether this perceived prejudicial attitude is based on anecdotal evidence and whether it indeed reflects the current discourse in arts management praxis or rather relies on outdated perceptions of it. Second, assuming this prejudicial attitude reflects the current arts management praxis, another line of inquiry relates to issues of funding, legitimacy, and control, and whether this difference in attitude reflects the different funding structures and, consequently, behavior and expectations across regions.

Good Cop, Bad Cop. Following coding theme #4, #7 and #8, it can be observed that while most of the studies are focused on the introduction of new (or adapted) evaluation techniques or performance measurement systems, only a few studies critically reflect on the existing literature and/or address the range of theoretical, epistemological, aesthetic, political, and ethical challenges embedded in evaluative practices. Coding-theme #7 intends to capture how, why, and by whom research endeavors were initiated and/or owned. Out of all the works analyzed, seldom did ACOs themselves proactively take the initiative to develop a performance measurement system or an evaluation model. Most of the projects seem to have been initiated from the researchers themselves, sometimes with funding from public or private bodies. However, it was not clear in all cases whether research was 'just' funded or whether in fact it was commissioned. A further remarkable observation is that it remains unclear how tangible results and evidence-based practice inform the formulation of cultural policy. Nevertheless, assuming some of the studies were indeed commissioned, it is still surprising that the literature focused mostly on instrumental and methodological issues, by introducing new approaches for performance measurement and evaluation, while other critical issues inherent to these practices were little investigated.

The discussion about approaches to performance measurement and evaluation becomes unavoidably entangled in considerations about funding and politics. This raises the question of the interplay between arts management research and cultural policy. In view of this, it seems that the arts management research agenda has attached itself to the cultural policy agenda, by following the so called performance measurement imperative (GSTRAUNTHALER/PIBER 2012) and fulfilling the expectations of measurement (PATON 2003) that characterizes the realm of public policy. In other words, it could be suggested that arts management research has followed advocacy considerations by producing new and optimized approaches to performance measurement and evaluation that facilitate the legitimization of public spending for the arts and cultural sector. This suggestion yields the question: Why has arts management literature adopted a 'good cop' attitude rather than follow a more critical – bad cop-like – research agenda? This question takes the discussion to a higher level, as it enquires into the role of arts management research and its interplay with cultural policy.

4. Discussion

The following section will first discuss the aforementioned four findings and then offer an encompassing conclusion, reflecting on them from a theoretical perspective.

'Third time's a charm?' manifests the emergence of an (overlapping) third development phase in performance measurement and evaluation of the arts and culture. The questions raised are linked to a growing criticism of the decontextualized approaches found within the dominant positivist paradigm, which was captured by *'A paradigm on the move?'*. As the existing underlying assumptions are contested, it is natural that a string of new alternative approaches emerge, so this second title should also illustrate the quest for alternative paradigms that can better capture the context-related uniqueness of artistic and cultural activities and the broader environment in which they are embedded. In this light, the third phase is not only characterized by challenging the underlying foundations of multidimensional frameworks and contesting the dominant positivist paradigm, but also by a shift towards alternative paradigms.

As a side note, it is worth noting that in the context of the 9th Annual Conference of the *Fachverband Kulturmanagement*[9] in January 2016, on the subject of evaluation in the arts and culture, alternative paradigms and new approaches were presented. This was the case, for

---

9 The *Fachverband Kulturmanagement/Association of Cultural Management* is a professional association of academic lecturers and researchers in the field of cultural management in German-speaking countries. Its mission is the representation and advancement of cultural management in teaching and research. For details, visit <http://www.fachverband-kulturmanagement.org>.

example, with the exploration of art-based methods (MAGKOU 2016) or a value and framework oriented on Schulz von Thun's four-sides model (SVENSSON 2016).[10] These approaches are not included in this meta-synthesis because at the time of researching/writing they had not been published. However, they are brought here into the discussion since they support the observation concerning the emergence of the aforementioned third phase in the debate surrounding the performance measurement and evaluation of ACOs.

Pride and Prejudice illustrates the observation that whereas the international literature tends to emphasize the benefits and learnings involved during and after the implementation of evaluative practices, a rather prejudicial attitude in the discourse of German-speaking countries can be observed. This points to a perception mismatch between theory and practice. In others words, and referring to the aforementioned three developing phases, it can be suggested that the way ACOs perceive (or are perceived to perceive) the current academic debate on performance management and evaluation is somehow between the first and second phase.

The last title *Good Cop, Bad Cop* takes the performance measurement and evaluation debate to a higher level by questioning arts management research and its interplay with cultural policy. Although addressing these issues is well beyond the scope of this study, some interesting questions emerge, which are formulated below in a rather provocative manner in order to bring them up for discussion. Could the 'research agenda attaching' be understood as a symptom that manifests the 'need' for arts management research to actually legitimize itself (by supporting cultural policy)? Or, on the contrary, does the rather 'uncritical research agenda' in arts management actually suggest that legitimation is (still) needed?

4.1 Conclusion

To conclude this meta-synthesis, the findings will be connected to existing knowledge in a way that serves as an intellectual transition from a description or analysis of phenomena to a generalization (SWANSON 2013) by analyzing the above-mentioned four titles through the lens of system theoretical discourse. When a theoretical framework is appropriate to the findings, its application can result in great explanatory power, as it allows (novel) understandings to be used in more informed

---

10 These approaches are not included in this meta-synthesis because, at the time of researching/writing, they had not been published.

and effective ways (TRÖNDLE 2010: 35). System theoretical discourse has been chosen to reflect on the findings of this study because system theory provides the field of arts management with a theoretical foundation with which issues such as cultural policy, arts and cultural organizations, and the role of art in society can be analyzed. Additionally, a system theoretical perspective allows for a theoretical linkage between arts management and related research disciplines such as management and aesthetics (TRÖNDLE 2010).

According to Luhmann's social systems theory, modern society is composed of functional systems including the political, economic, scientific, religious, and art systems (LUHMANN 1984). Each system has its own self-valorizing logic, expressed through system-specific binary codes and programs, and is operationally closed and autonomous. The core element of operation is communication. For example, the economy is a self-perpetuating system of payments; the science system produces scientific communication in terms of true/false; and the political system generates collectively binding decisions. Just like any other functional system, the art system participates in society with operative closure, in this case by differentiating itself as a system (LUHMANN 2000: 134) that provides society with a distinct observation code based on aesthetic perceptions (TRÖNDLE 2010: 26).

According to Luhmann, a system will principally only understand and use its own code, and will not consider the code of another system. For example, science's version of what is true does not guarantee that this truth will be recognized by religion or politics. External demands to any given functional system that are expressed in other systems' codes will either be treated as irrelevant and thus ignored or be handled as an irritation to overcome. Each system models constraints differently, reflecting the relevance of each constraint to the system's own reproduction and conservation; this is known as system autopoiesis. Autopoiesis can be understood as self-preservation through self-reproduction of system-specific communication (TRÖNDLE 2010:29).

In view of the above, the 'prejudicial' reaction of ACOs in German-speaking countries to evaluative practices (*Pride and Prejudice*) might be considered a 'logical' reaction of the system. The reaction is intended to protect the system's operational autonomy to other systems by preserving its own mode of legitimation. The perception of evaluative practices as an irritating external demand to the system might be accentuated by the observation that performance measurement and evaluation tend to be dominated by decontextualized approaches inherent to the positivist research tradition. As such, they are less able to capture the context-related uniqueness of artistic and cultural activities and the broader environment in which they are embedded.

Nonetheless, any given system is constrained by its external environment and its material dependence on the performance of other systems (relativization of autopoiesis). Luhmann's (1997) concept of structural coupling opens up the possibility of interdependence between systems as they communicate and (co-)evolve through interaction. These concepts may explain why, in the international literature – as opposed to the reactions found in German-language literature – responses to performance measurement and evaluation practices expressed in other systems' operating codes are not perceived as a threat to the system's operational autonomy, but rather as a necessary interaction with other systems. This is because ACOs in regions other than German-speaking areas, and in particular in Anglo-Saxon countries, are not primarily funded by public subsidies but mostly rely on private donations. This suggests an interdependence with others systems, particularly the economic system. This might explain why ACOs in Anglo-Saxon countries do not exhibit a 'prejudicial' reaction to evaluation practices, but rather 'proudly' interact with these external demands. As a final point, it could be mentioned that, depending on the degree of constraint or interdependence upon other systems, systems will ignore, react, or interact with external demands. Following this premise, both 'pride' and 'prejudice' are logical strategies for the system's self-perpetuation.

The aforementioned third development phase (*Third time's a charm?*) as well as the search for alternative paradigms to the positivist research tradition (*A paradigm on the move?*) can be understood as a quest towards performance measurement and evaluation approaches derived from the system's own specific operations and thus expressed by means of the art system's own codes. Such alternative approaches underlie the art system's self-valorizing logic and therefore may be perceived not as a threat but rather as a part of the self-perpetuating program. However, according to the above reflection on *Pride and Prejudice*, this quest for alternative paradigms seems to be more relevant in relation to contexts and environments in which the art system (and its subsystems) is less dependent upon and shows less structural coupling with other systems.

Lastly, the concept of relativization of autopoiesis may also be helpful in shedding some light on the interplay between arts management research and cultural policy (*Good Cop, Bad Cop*). Systems may not only be interdependent and related through structural coupling, they may even be more deeply related through what is conceptualized as interpenetration. This occurs when a system presupposes the complex achievements of another system and can treat them as parts of its own operations. This is not to suggest that arts management research handles cultural policy operations as parts of its own system; indeed, this seems like too bold a proposition to make. However, it can indeed be suggested that both (sub-)systems are clearly related through structural coupling in terms of issues of agenda setting, legitimation, and funding, at least in the discourse around performance measurement and evaluation.

4.2 Contribution to theory and practice

The present study produces new insights and understandings that can shed light on future investigations and policy formulation in the issues of performance measurement and evaluation of arts and cultural activities as well as provide guidance to practitioners. The latter may be more interested in the study's practical implications for their own activities. Although the level of discussion of the study is quite theoretical, some managerial implications can nevertheless be drawn.

Following the premise that, depending on the constraints imposed by their external environments and the material dependence on other systems, any given system will ignore, react, or interact with external demands, it seems crucial for practitioners to choose the 'right' approach to performance measurement and evaluation. While context related, the ‚right' approach should always aim at 'interaction'. This can be achieved either because performance measurement and evaluation is approached in terms of the system's own valorizing logic or because the (sub-)system being assessed, for example a particular ACO, is able to operate in terms of another system's code. If the chosen approach cannot achieve interaction, the ACO (and its subsystems) will either react to or ignore external demands. That is, performance measurement and evaluation requests will be undermined, sabotaged, or conducted as a pro forma exercise that satisfies external constituencies but adds little (or even negative) value to the internal practices of the ACO, particularly in the artistic realm. In this light, it may be sensible for public and private funding agencies to consider relying more on professional judgments based on experience and expertise than on performance measurement and evaluation practices that are less likely to achieve 'interaction'.

The study raises questions for researchers that call for future investigation as well as contributes to the understanding of the potential of meta-syntheses within arts management research. In relation to the former, there is much research potential for studies that consider the artistic context and the broader cultural and social environment in which they operate. In particular, this potential lies in the exploration of alternative paradigms that develop evaluation practices from the system's own specific operations; that is, performance measurement and evaluation models approached from a system's self-valorizing logic and expressed in terms of the art system's codes. Such alternative models may be perceived not as an irritating external demand but rather as an element of the self-perpetuating program. There is also potential for empirical and interdisciplinary research in this area. For example, involving emergent art-based research approaches – or even artists – could be very fruitful for the advancement of these issues. Furthermore, considering the normative nature of the existing literature, approaches that consider the role of human agency in the production and consumption of art may help minimize the existing theory-praxis gap.

At the methodological level, the study contributes to the existing body of knowledge as it represents the first attempt to analyze the literature on performance measurement and evaluation in the arts and cultural nonprofit sector by conducting a meta-synthesis. The contribution resides in, among other things, the fact that this methodology offers the possibility of synthesizing and relating existing knowledge across time, research and artistic disciplines, methodological approaches, and space. And this is presented in a way that is not primarily additive or 'typologistic' (as, for example, a traditional literature review could achieve), but reinterpretative. The validity of a meta-synthesis does not depend upon replication logic but rather upon critical interpretation (DOYLE 2003).

Meta-syntheses can offer a historical staging, such as the analysis of the development phases identified in the performance measurement and evaluation literature (*Third time's a charm?*). They extend the borders of each reviewed study (DOYLE 2003), thus allowing an unravelling and bringing to the fore of new (aspects of) relationships, such as the interplay between arts management research and cultural policy (*Good Cop, Bad Cop*), and how this shapes the discourse surrounding the performance measurement and evaluation of arts and cultural activities. Meta-syntheses can also offer an explanatory context. For example, the final analysis of the findings through the lens of system theoretical discourse illuminate on the 'pride' and 'prejudice' strategies of ACOs during and after the implementation of evaluative practices (*Pride and Prejudice*).

Finally, meta-syntheses are currently proliferating in the international academic literature, particularly in research fields characterized by a strong focus on qualitative research, evidence-based practice, and evidence-based policy making (HASSELER 2007). For researchers wishing to synthesize studies in a systematic and rigorous way, this paper has suggested that this methodology is a promising one. Such syntheses can help to go beyond individual cases and add value to the body of knowledge in arts management research and the advancement of this discipline by not only "acknowledging the importance of the uniqueness of individual cases, but also the uniqueness of collectives" (DOYLE 2003: 340).

4.3 Limitations

In regard to the application of the chosen methodology for this study, some limitations arose initially within the context of the bibliographic search. This was induced by the attempt to analyze the literature across language regions, and in particular with respect to the translation of terms sheds light, as the same (translated) word may have different connotations in different languages. Secondly, previous meta-ethnographies, particularly within the Cochrane policy (HANNES/LOCKWOOD 2012), have recommended the use of at least two researchers to identify and assess literature, extract and cross-check material, and agree on coding schemes. The present study was conducted by one researcher; hence there was little opportunity to solve inconsistencies through peer discussion. Lastly, even though a great deal of importance was given to ensuring quality sampling – for example, by excluding textbooks and master theses from the analysis – the sample nevertheless encompasses peer-reviewed articles and (academic) books, such as dissertations.

Overall, the paper sets out to address a broad problem statement, the whole breadth of which the study could not possibly cover. The study has an exploratory character and was conducted as a meta-synthesis framed alongside Noblit and Hare's (1988) seven-steps for meta-ethnographic inquiry (see the 'Methodology' section). As a starting point, this iterative approach takes a broad overarching research question framed by the problem statement. However, in this type of interactional interpretive process, as Denzin (1989) describes it, the formulation of the research question is not a simple sequential procedure but rather an iterative one that is likely to be sharpened over the course of the study. The advantage of this approach is that such research design allows for deeper questions to emerge as the inquiry evolves, leading to novel understandings of the reviewed literature. On the other hand, as an (almost inevitable) drawback, findings made in this way may not thoroughly address the initial problem statement.

Nonetheless, the original application of this methodology to arts management research, as well as the study's findings and their framing within the system theoretical discourse, can be considered as contributing novel insights and understandings at a theoretical, methodological, and practical level to the discourse of performance measurement and the evaluation of artistic and cultural activities at the noncommercial edge of the arts and cultural sector.

Contributor

Leticia Labaronne is a Senior Research Associate at the Center of Arts Management at ZHAW Zurich University of Applied Sciences, School of Management and Law. She studied Politics, Public and Nonprofit Management and has worked in the performing arts for over ten years. Her current doctoral research at Zeppelin University relates to evaluation practices in the performing arts.

References

BADIA, Franceso/DONATO, Fabio (2013): Performance Measurement at World Heritage Sites: Per Aspera ad Astra. – In: *International Journal of Arts Management* 16/1, 20-33.

BAECKER, Dirk (2011). *Einführung in die Systemtheorie*. Heidelberg: Auer.

BECKER, Howard S. (1982): *Art Worlds*. Berkeley: California UP.

BELFIORE, Eleonora/BENNETT, Oliver (2007): Rethinking the social impacts of the arts. – In: *International Journal of Cultural Policy* 13/2, 135-151.

BELFIORE, Eleonora/BENNETT, Oliver (2010): Beyond the 'Toolkit Approach': Arts Impact Evaluation Research and the Realities of Cultural Policy Making. – In: *Journal for Cultural Research* 14/2, 121-142.

BEHN, Robert D. (2001): *Rethinking Democratic Accountability*. Washington/DC: Brookings Institution.

BETZLER, Diana (2015): Theatre Quality Frame – A System of Business Processes and Performance Monitoring for Theatres. – In: *Proceedings XIII International Conference on Arts and Cultural Management AIMAC 2015*, Aix-Marseille University.

BROOKS, Arthur C. (2000). The 'Income Gap' and the Health of Arts Nonprofits. – In: *Nonprofit Management and Leadership* 10/3, 271-286.

BROOKS, Michael/MILNE, Chris/JOHANSSON, Klas (2002): Using Stakeholder Research in the Evaluation of Organisational Performance. – In: *Evaluation Journal of Australasia* 2/1, 20-26.

MCDONNELL, Ian (2006): *Events Management*. Oxford: Elsevier.

CAIRNS, Ben/HARRIS, Margaret/HUTCHISON, Romayne/TRICKER, Mike (2004): *Improving Performance? The Adoption and Implementation of Quality Systems in UK Nonprofits*. A paper prepared for presentation to the 33rd Annual ARNOVA Conference, Los Angeles/CA.

CHIARAVALLOTI, Francesco (2014): Performance Evaluation in the Arts and Cultural Sector: A Story of Accounting at Its Margins. – In: *The Journal of Arts Management, Law, and Society* 44/2, 61-89.

CHIARAVALLOTI, Francesco/PIBER, Martin (2011): Ethical Implications of Methodological Settings in Arts Management Research: The Case of Performance Evaluation. – In: *The Journal of Arts Management, Law, and Society* 41/4, 240-266.

CLEMENTS, Paul (2007): The Evaluation of Community Arts Projects and the Problems with Social Impact Methodology. – In: *International Journal of Art, Design and Education* 26/3, 325-335.

COHEN, Claire/PATEN, Maldwyn (2000): Making a Meal of Arts Evaluation: Can Social Audit Offer a More Balanced Approach? – In: *Managing Leisure* 5/3, 103-120.

CORDES, Jens/MANSCHWETUS, Uwe/SCHIMKUS, Katja (2008): Qualitätsmanagement. – In Geyer, Hardy (Ed.), *Kulturmarketing*. München, Wien: Oldenbourg

COWEN, Tyler (2008): Good and Plenty: The Creative Successes of American Arts Funding. – In: *Journal of Economic Literature* 46/1, 189-192.

GETZ, Donald (2005): *Event Management and Event Tourism*. New York: Cognizant Communication.

DANTO, Arthur C. (1964): The Artworld. – In: *The Journal of Philosophy* 61/19, 571-584.

DENZIN, Norman K. (1989): *Interpretive Interactionism*. Thousand Oaks: Sage.

DENZIN, Norman K./LINCOLN, Yvonna S. (Eds.) (2011): *The SAGE Handbook of Qualitative Research*. Thousand Oaks: Sage

DICKIE, George (1984): *The Art Circle*. New York: Haven.

DONATO, Fabio (2008): Managing IC by antennae: evidence from cultural organizations. – In: *Journal of Intellectual Capital* 9/3, 380-394.

DOYLE, Lynn H. (2003): Synthesis Through Meta-Ethnography: Paradoxes, Enhancements, and Possibilities. – In: *Qualitative Research* 3/3, 321-344.

EBRAHIM, Alnoor (2010): *The Many Faces of Nonprofit Accountability*. Working Paper Nr. 10-069 Harvard Business School. <http://www.hbs.edu/faculty/Publication%20Files/10-069.pdf> [02.03.2015].

FINOCCHIARO, Massimo/RIZZO, Ilde (2009): Performance Measurement of Heritage Conservation Activity in Sicily. – In: *International Journal of Arts Management* 11/2, 29-41.

GALLOWAY, Susan (2009): Theory-based Evaluation and the Social Impact of the Arts. – In: *Cultural Trends* 18/2, 25-148.

GILHESPY, Ian (1999): Measuring the Performance of Cultural Organizations: A Model. – In: *International Journal of Arts Management* 2/1, 38-52.

GILHESPY, Ian (2001): The Evaluation of Social Objectives in Cultural Organizations. – In: *International Journal of Arts Management* 4/1, 48-57.

GRAY, Clive (2002): Local Government and the Arts. – In: *Local Government Studies* 28/1, 77-90.

GSTRAUNTHALER, Thomas/PIBER, Martin (2012): The Performance of Museums and Other Cultural Institutions: Numbers or genuine judgements? – In: *International Studies of Management & Organization* 42/3, 29-42.

HADIDA, Allègre (2015): Performance in the Creative Industries. – In: Jones, Candance/ Lorenzen, Mark/Sapsed, Jonathan (eds.), *The Oxford Handbook of Creative Industries*. Oxford: UP, 219-247.

HANNES, Karin/LOCKWOOD, Craig (2012): *Synthesizing Qualitative Research*. West-Sussex: Blackwell.

HANNES, Karin/MACAITIS, Kirsten (2012): A Move to More Systematic and Transparent Approaches in Qualitative Evidence Synthesis: Update on a Review of Published Papers. – In: *Qualitative Research* 12/4, 402-442.

HASSELER, Martina (2007): Systematische Übersichtsarbeiten in qualitativer Gesundheits- und Pflegeforschung – eine erste Annäherung. – In: *Pflege & Gesellschaft* 12, 249-262.

HILL, Alison/SPITTLEHOUSE, Claire (2001): What Is Critical Appraisal? – In: *'What is...?' bulletins* 3/2 <http://meds.queensu.ca/medicine/obgyn.20150116/pdf/what_is/What isCriticalAppraisal.pdf> [02.12.2016].

HOLDEN, John (2004). *Capturing Cultural Value*. London: Demos.

HUTTON, Will (1995): *The State We're in*. London: Cape.

JOWELL, Tessa (2004): Government and the value of culture. – In: *Leisure Manager* 22/7, 8-10.

KRUG, Kersti/WEINBERG, Chuck (2004): Mission, Money, and Merit: Strategic Decision Making by Nonprofit Managers. – In: *Nonprofit Management and Leadership* 7/2, 119-136.

LAMPEL, Joseph/LANT, Theresa/SHAMSIE, Jamal (2000): Balancing Act: Learning from Organizing Practices in Cultural Industries. – In: *Organization Science* 11/3, 263-269.

LEE, Richard P./HART, Ruth I./WATSON, Rose M/RAPLEY, Tim (2015): Qualitative Synthesis in Practice: Some Pragmatics of Meta-Ethnography. – In: *Qualitative Research* 15/3, 334-350.

LINDQVIST, Katja (2012): Effects of Public Sector Reforms on the Management of Cultural Organizations in Europe. – In: *International Studies of Management & Organization* 42/2, 9-28

LUHMANN, Niklas (1984): *Soziale Systeme*. Frankfurt/M.: Suhrkamp.

LUHMANN, Niklas (1997): *Die Kunst der Gesellschaft*. Frankfurt/M.: Suhrkamp.

LUHMANN, Niklas (1997): *Die Gesellschaft der Gesellschaft*. Frankfurt/M.: Suhrkamp.

LUHMANN, Niklas (2000): *Art as a Social System*. California: Stanford UP.

MAGKOU, Martina (2016): *Exploring the Potential of Arts-Based Methods for Cultural Evaluation*. Paper presented at the 9th Annual Conference of the Fachverband Kulturmanagement. Conference Documentation <http://www.zhaw.ch/storage/sml/institute-zentren/zkm/upload/events/tagungsdokumentation-9-jahrestagung-winterthur.pdf> [18.04.2016].

NEW CULTURE PROMOTION ACT [Kulturförderungsgesetz, KFG] (2011): SR. 442.2 (Article 30, §2) <http://www.admin.ch/opc/de/federal-gazette/2011/2971.pdf> [16.12.2014].

NIELSEN, Steffen/EJLER, Nicolaj (2008): Improving Performance? – In: *Evaluation* 14, 171-192.

NOBLIT, George W./HARE, R. Dwight (1988): *Meta-Ethnography: Synthesizing Qualitative Studies*. Newbury Park/CA: Sage.

PATON, Rob (2003): *Managing and Measuring Social Enterprises*. London: Sage.

PATTON, Michael Q. (⁴2015): *Qualitative Research and Evaluation Methods*. London: Sage.

PAULUS, Odile (2003): Measuring Museum Performance: A Study of Museums in France and the United States. – In: *International Journal of Arts Management* 6/1, 50-63.

POPE, Catherine/MAY, Nicholas (³2006*)*: *Qualitative Research in Health Care*. Oxford: Blackwell.

SANDELOWSKI, Margarete/BARROSO, Juliet (2007): *Handbook for Synthesizing Qualitative Research*. New York: Springer.

SCHEYTT, Oliver/ZIMMERMANN, M. (2006): Qualitätsmanagement in Kultureinrichtungen. – In: Loock, Friedrich/Scheytt, Oliver (eds.), *Kulturmanagement und Kulturpolitik: Die Kunst, Kultur zu ermöglichen*. Berlin: Raabe, 1-22.

SCHOBER, Christian/RAUSCHER, Olivia/MILLNER, Reinhard (2012): Evaluation und Wirkungsmessung. – In: Simsa, Ruth/Meyer, Michael/Badelt, Christoph (Eds.), *Handbuch der Nonprofit-Organisation*. Stuttgart: Schäffer-Poeschel.

SOREN, Barbara J. (2000): The Learning Cultural Organization of the Millennium: Performance Measures and Audience Response. – In: *International Journal of Arts Management* 2/2, 40-49.

SVENSSON, Jenny (2016): *Die Kunst, Kultur (nicht nur) zu messen: Forschungsstudie zu Evaluationsmethoden und -Prozessen an Theatern der Region Skåne/Schweden*. Paper presented at the 9th Annual Conference of the Fachverband Kulturmanagement. Conference Documentation <http://www.zhaw.ch/storage/sml/institute-zentren/zkm/upload/events/tagungsdokumentation-9-jahrestagung-winterthur.pdf> [18.04.2016].

SWANSON, Richard (2013): *Theory Building in Applied Disciplines*. San Francisco: Berrett-Koehler.

TRÖNDLE, Martin (2010): Systemtheorie, ein Versuch [An attempt at system theorie]. – In: *Jahrbuch Kulturmanagement* 2010/1, 13-41.

TSCHÄPE, Ruth/BRÜGGERHOFF, Stefan (2004): Qualitätsmanagement im Museum. – In: Heinze, Thomas (Ed.), *Neue Ansätze im Kulturmanagement*. Wiesbaden: Springer, 107-129.

TURBIDE, Johanne/HOSKIN, Keith (1999): Managing Non-Profit Arts Organizations Through Management Accounting Systems: Mission Possible? – In: *International Journal of Arts Management* 1/2, 68-81.

TURBIDE, Johanne/LAURIN, Claude (2009): Performance Measurement in the Arts Sector: The Case of the Performing Arts. – In: *International Journal of Arts Management* 11/2, 56-70.

WEINSTEIN, Larry/BUKOVINSKY, David (2009): Use of the Balanced Scorecard and Performance Metrics to Achieve Operational and Strategic Alignment in Arts and Cultural Not-for-Profits. – In: *International Journal of Arts Management* 11/2, 42-55.

WICKS, Andrew C./FREEMAN, Edward (1998): Organization Studies and the New Pragmatism: Positivism, Anti-Positivism, and the Search for Ethics. – In: *Organization Science* 9/2, 123-40.

WIMMER, Ulla (2004): *Kultur messen: Zählen, Vergleichen und Bewerten im kulturellen Feld*. Berlin: Logos.

WILLIAMS, Michael/BOWDIN, Glenn A.J. (2007): Festival Evaluation: An Exploration of Seven UK Arts Festivals. – In: *Managing Leisure* 12/2-3, 187-203.

YOUKER, Brandon W. (2010): The Logic of Evaluation and Not-for-Profit Arts Organizations: The perspective of an evaluation consultant. – In: *International Journal of Arts Management* 12/3, 4-12.

ZORLONI, Alessia (2012): Designing a Strategic Framework to Assess Museum Activities. – In: *International Journal of Arts Management* 14/2, 31-47.

ZULAUF, Jochen (2012): *Aktivierendes Kulturmanagement. Handbuch Organisationsentwicklung und Qualitätsmanagement für Kulturbetriebe.* Bielefeld: transcript.

Appendix

Year	Author	Title	Source
1986	Rosalie Hallbauer	How Orchestras Measure Internal Performance	Management Accounting
1986	François Matarasso	Defining values: Evaluating arts programmes	The Social Impact of the Arts 30 (Comedia)
1995	Thompson George	Problems with service performance reporting: The case of public art galleries	Financial Accountability & Management 11/4, 267-424
1997	J. Mark Schuster	The Performance of Performance Indicators in the Arts	Nonprofit Management and Leadership 7/3, 253-269
1999	Ian Gilhespy	Measuring the Performance of Cultural Organizations: A Model	International Journal of Arts Management 2/2, 38-52
1999	Johanne Turbide/ Keith Hoskin	Managing Non-Profit Arts Organizations Through Management Accounting Systems: Mission Possible?	International Journal of Arts Management 1/2, 68-81
2000	Barbara J. Soren	The Learning Cultural Organization of the Millennium: Performance Measures and Audience Response	International Journal of Arts Management 2/2, 40-44
2000	Claire Cohen/Maldwyn Pate	Making a meal of arts evaluation: can social audit offer a more balanced approach?	Managing Leisure 5/3, 103-120
2001	Ian Gilhespy	The Evaluation of Social Objectives in Cultural Organisations	International Journal of Arts Management 4/1, 48-57
2003	Odile Paulus	Measuring Museum Performance: A Study of Museums in France and the United States	International Journal of Arts Management 6/1, 50-63
2003	Victor Ginsburgh	Awards, success, and aesthetic quality in the arts	Journal of Economics Perspectives 17/2, 99-112
2004	Kersti Krug/ Charles B. Weinberg	Mission, Money, and Merit: Strategic Decision Making by Nonprofit Managers	Nonprofit Management & Leadership 14/3, 325-342
2004	Ruth Tschäpe/ Stefan Brüggerhoff	Qualitätsmanagement im Museum [Quality Management in Museums]	Heinze, T. (Ed.), Neue Ansätze im Kulturmanagement [New approaches to cultural management], Wiesbaden: Springler, 107-129

Year	Author	Title	Source
2004	Sabine Boerner	Artistic Quality in an Opera Company: Toward the Development of a Concept	Nonprofit Management and Leadership 14/4, 425-436
2006	Oliver Scheytt/ Michael Zimmermann	Qualitätsmanagement in Kultureinrichtungen [Quality Management in arts and cultural organizations]	Loock, F. & Scheytt, O. (Eds.), Kulturmanagement und Kulturpolitik: Die Kunst, Kultur zu ermöglichen [Cultural management and cultural policy: the art of cultural support]. Berlin: Raabe, 1-22
2007	Michael Williams/ Bowdin Glenn A.J	Festival evaluation: An exploration of seven UK arts festivals	Managing Leisure 12/2-3, 187-203
2007	Thomas Gstraunthaler/Martin Piber	Performance Measurement and Accounting: Museum in Austria	Museum Management and Curatorship 22/4, 361-375
2007	Eleonora Belfiore/Oliver Bennett	Rethinking the Social Impacts of the Arts.	International Journal of Cultural Policy 13/2, 135-151
2007	Paul Clemens	The Evaluation of Community Arts Projects and the Problems with Social Impact Methodology	International Journal of Art & Design Education 26/3, 325-335
2008	Kate Clark/ Gareth Maeer	The Cultural Value of Heritage: Evidence form the Heritage Lottery Fund	Cultural Trends 17/1, 23-56
2008	Sabine Boerner/ Sabine Renz	Performance Measurement in Opera Companies: Comparing the Subjective Quality Judgements of Experts and Non-experts	International Journal of Arts Management 10/3, 21-37
2008	Sabine Boerner/Hans Neuhoff Sabine Renz/ Volker Moser	Evaluation in Music Theater: Empirical Results on Content and Structure of the Audience's Quality Judgment	Empirical Studies of the Arts 26/1, 15-35
2008	Cordes, Jens et al.	Qualitätsmanagement [Quality management]	Geyer, H (Ed.), Kulturmarketing [Marketing in the arts and culture]. München, Wien: Oldenbourg

Year	Author	Title	Source
2008	Nora Wegner	Vorab-Evaluation als Antwort aktuelle Herausforderugen an Museen [Ex ante evaluations as key to address current challenges in museums]	Keller, Rolf/Schaffner, Brigitte/Seger, Bruno (Hrsg.): Spielplan. Schweizer Jahrbuch für Kulturmanagement 2007/2008 [Swiss Yearbook of Cultural Management] Bern: Haupt
2008	Susannah Eckersley	Supporting Excellence in the Arts: From Measurement to Judgement	Cultural Trends 17/3, 183-187
2009	Larry Weinstein/ David Bukovinsky	Use of the Balanced Scorecard and Performance Metrics to Achieve Operational and Strategic Alignment in Arts and Culture Not-for-profits	Museum Management and Curatorship 22/4, 361-375
2009	Massimo Finocchiaro/ Risso Ilde	Performance Measurement of Heritage Conservation Activity in Sicily	International Journal of Arts Management 11/2, 29-41
2009	Susan Galloway	Theory-based Evaluation and the Social Impact of the Arts.	Cultural Trends 18/2, 125-148
2009	Johanne Turbide/Claude Laurin	Performance Measurement in the Arts Sector: The Case of the Performing Arts	International Journal of Arts Management 11/2, 56-70
2010	Dagmar Abfalter	Das Unmessbare messen? [Measuring the unmeasurable?]	Wiesbaden: VS
2010	Miranda Boorsma/ Francesco Chiaravalloti	Arts Marketing Performance: An Artistic-Mission-Led Approach to Evaluation.	The Journal of Arts Management, Law, and Society 40/4, 297-317
2010	Brandon W Youker	The Logic of Evaluation and Not-for-Profit Arts Organizations: The Perspective of an Evaluation Consultant	International Journal of Arts Management 12/3, 4-12
2010	Eleonora Belfiore/ Oliver Bennett	Beyond the "Toolkit Approach": Arts Impact Evaluation Research and the Realities of Cultural Policy Making	Journal for Cultural Research 14/2, 121-142
2011	Gesa Birnkraut	Evaluation im Kulturbetrieb [Evaluating art organizations]	Wiesbaden: VS.
2011	Francesco Chiaravalloti/Martin Piber	Ethical Implications of Methodological Settings in Arts Management Research: The Case of Performance Evaluation	The Journal of Arts Management, Law, and Society 41/4, 240-266

Year	Author	Title	Source
2012	Alessia Zorloni	Designing a Strategic Framework to Assess Museum Activities	International Journal of Arts Management 14/2, 31-72
2012	Patricia Munro	Den ganzen Eisberg wahrnehmen. Die Förderung einer „partizipativen Kultur" in Museen und welche Rolle Evaluation dabei spielen kann [Taking into account the whole picture: The role of evaluations in advancing a participatory culture in museums]	Gesser, Susanne et al. (Hg.), Das partizipative Museum. Bielefeld: transcript, 213-220
2012	Jochen Zulauf	Aktivierendes Kulturmanagement. Handbuch Organisationsentwicklung und Qualitätsmanagement für Kulturbetriebe [Activating cultural management Handbook for organisational development and quality management in the arts and culture]	Bielefeld: transcript
2012	Thomas Gstraunthaler/Martin Piber	The Performance of Museums and Other Cultural Institutions	International Studies of Management and Organization 42/2, 29-42
2013	Sabine Hirschle	Die Balanced Score Card	Petra Schneidenwind (ed.), Controlling im Kulturmanagement: Eine Einführung [An introduction to controlling in arts management]. Wiesbaden: Springer VS, 126-142
2013	Vera Hennefeld/ Reinhard Stockmann (Hrsg)	Evaluation in Kultur und Kulturpolitik: eine Bestandaufnahme [Evaluation in the arts and in cultural policy: Current state of knowledge]	Munster: Waxmann
2013	Francesco Badia/Fabio Donato	Performance Measurement at World Heritage Sites: Per Aspera ad Astra	International Journal of Arts Management 16/1, 20-33
2014	Francesco Chiaravalloti	Performance Evaluation in the Arts and Cultural Sector: A Story of Accounting at Its Margins.	The Journal of Arts Management, Law, and Society 44/2, 61-89

Year	Author	Title	Source
2014	Katya Johanson/Hillary Glow/Anne Kershaw	*New Modes of Arts participation and the Limits of Cultural Indicators for Local Government*	Poetics 43, 43-59
2015	Allègre Hadida	*Performance in the Creative Industries*	Jones, Candance/Lorenzen, Mark/Sapsed, Jonathan (eds.), *The Oxford Handbook of Creative Industries*. Oxford: UP, 219-247.

Wirkung und Qualität kombiniert
Ein Qualitätsmanagementsystem für Theater*

DIANA BETZLER**
Zentrum für Kulturmanagement (ZKM), ZHAW Zürcher Hochschule für Angewandte Wissenschaften Winterthur

Abstract
Im vorliegenden Beitrag wird der Ansatz eines wirkungsorientierten Qualitätsmanagements vorgestellt und erörtert. Dabei wird zunächst das betriebswirtschaftliche Verständnis von Qualitätsmanagements hergeleitet und anhand theoretisch-konzeptioneller Grundüberlegungen mit dem kreativen Kontext und der Frage der Leistungserstellung von Kulturorganisationen verknüpft. Anschließend wird ein Modell für ein wirkungsorientiertes Qualitätsmanagement (*Theatre Quality Frame*) vorgestellt, welches an einem Schweizer Theater als Pilotprojekt entwickelt wurde und aktuell eingesetzt wird. Das Modell kombiniert eine Prozesslandkarte, die alle Theaterprozesse enthält mit einem Performance-Monitor, welcher als Messinstrument der Organisationsziele dient. Das *Theatre Quality Frame* ist kompatibel mit den internationalen Qualitätsmanagementstandards nach ISO 9001. Abschließend wird der vorgestellte Ansatz des wirkungsorientierten Qualitätsmanagements aus praktischer und organisationstheoretischer Perspektive diskutiert.

Keywords
Evaluation; Organisation; Theater; Management

1. Einleitung

Analog zu den Entwicklungen in Deutschland (KLEIN 2013) und Österreich hat auch in der Schweiz die Wirkungsmessung im Kulturbereich in den letzten Jahren an Bedeutung gewonnen. Im 2009 verabschiedeten Kulturfördergesetz des Bundes ist die „Evaluation seiner Kulturpolitik und der getroffenen Förderungsmaßnahmen" festgeschrieben (KFG Art. 30 Abs. 2). Das hat nicht nur zur regen Evaluationstätigkeit auf Bundesebene geführt; diese Gesetzesgrundlage dient auch als Vorbild für die Kantone und die großen Städte, welche zunehmend die Praxis der Evaluation übernehmen. Derzeit werden größere öffentlich geförderte Programme, Events und Kulturförderstrategien häufig durch externe Evaluatoren und Evaluatorinnen auf ihre künstlerischen, gesellschaftlichen und wirtschaftlichen Wirkungen hin überprüft. Ein Großteil der Projekt-

---

* Projektpartner: Theater Winterthur, TQU GROUP Winterthur, ZKM der ZHAW; Projektfinanzierung: KTI Kommission für Technologie und Innovation, Schweiz.
** Email: bera@zhaw.ch

förderung teilt sich jedoch in Klein- und Kleinstprojekte auf, die in der subsidiären Schweiz von den Gemeinden und Städten mehr oder minder zielgerichtet finanziert werden und einen zu geringen Finanzrahmen haben, um eine professionelle Evaluation integrieren zu können.

Die Kulturbetriebe in Deutschland und der Schweiz unterliegen noch selten einer externen Wirkungsevaluation. Ihre Steuerung erfolgt traditionell anhand individuell erarbeiteter Leistungsverträge mit öffentlichen Geldgebern und deren jährlichen Kontrolle auf Einhaltung. Die vertraglich vereinbarten Leistungsziele haben sich in den letzten Jahren über die bloße ‚Maximierung von Besucherzahlen' hinaus um Kriterien wie ‚internationale Beachtung' (*Stiftung Konzert Theater Bern*), Eigenwirtschaftlichkeitsgrad (Theater Chur) oder um ganze Leistungsziel-Sets bestehend aus einem Bündel an Kennzahlen (Theater Mannheim) erweitert. Allgemeine, breit akzeptierte Standards für die Qualität der Leistungserstellung von Kulturbetrieben wie beispielsweise in Australien, Großbritannien oder neuerdings auch in Österreich, existieren in der Schweiz wie auch in Deutschland derzeit noch nicht. Von den jährlich 2,7 Mrd. CHF öffentlicher Kulturförderung fließen geschätzte 1,5 Mrd. CHF in die Kulturbetriebe (Museen, Theater, Bibliotheken, Musikschulen), davon allein rund 690 Mio. CHF in die Theater (BUNDESAMT FÜR STATISTIK 2016). Da die Förderung von Kulturbetrieben mehr als 50 Prozent der Kulturförderung insgesamt ausmacht, ist anzunehmen, dass die Evaluation von Wirkungen und Leistungen öffentlicher Kulturpolitik zukünftig auch die Institutionenförderung betreffen wird.

Parallel zu dieser Entwicklung haben einige größere Kulturorganisationen ein betriebliches Qualitätsmanagement eingeführt. Einzelne im deutschsprachigen Raum tragen das ISO-Zertifikat, das von der *International Organization for Standardization* (ISO) vergeben wird und allgemeine Anerkennung für alle Wirtschaftsbranchen genießt. In der Schweiz haben sich größere Museen und Veranstaltungszentren wie das *Verkehrshaus der Schweiz* in Luzern oder das römische Museum *Augusta Raurica* in Basel-Land ISO-zertifizieren lassen. Auch die Verbände sind Treiber der Professionalisierung im Qualitätsmanagement. So haben sich einige Museen in der Schweiz den Qualitätsstandards des Verbandes ‚Tourismus Schweiz' verpflichtet und lassen sich dementsprechend mit dem *Schweiz Tourismus*-Label zertifizieren. Bei den Theatern finden sich größere Institutionen wie das *Sydney Opera House* in Australien, welche konsequent Qualitätsmanagement betreiben. Europa- und weltweit sind einige Theater ISO-zertifiziert, wie das *Festspielhaus Baden-Baden* in Deutschland, das Stadttheater von Piräus (Griechenland), das *Sree Padmanabha Theater* in Trivandrum (Indien) oder das *ION Dacion Operetta Theatre* in Rumänien. Gemessen an der Vielzahl existierender Theater sind dies jedoch noch Einzelfälle. Die Schweizer Theater weisen wie viele andere Theater weltweit und von den oben genannten Beispielen abgesehen, keine oder geringfügige Aktivitäten im Bereich Qualitätsmanagement auf (BETZLER/LABARONNE 2011). Sie entziehen sich auch eher der Diskussion um Leistungsziele, wie eine Diskussion beim Schweizer Theatertreffen im Rahmen des Workshops ‚Qualitätsmanagement am Theater' gezeigt hat (BETZLER et al. 2014).

Diese Situationsskizze der Praxis zeigt, dass Kulturinstitutionen im Allgemeinen und Theaterbetriebe im Besonderen zunehmend herausgefordert sind, ihre Leistungen und Wirkungen nachzuweisen. Zudem hat sich die Praxis des betrieblichen Qualitätsmanagements bei manchen Kulturinstitutionen etabliert. Im Rahmen der vorliegenden Studie stellt sich die Frage, wie in Kulturbetrieben ein Qualitätsmanagement, welches auf die Schaffung künstlerischer, gesellschaftlicher und wirtschaftlicher Wirkungen abzielt, umgesetzt werden kann. Bisher existiert kein Managementsystem für Theater, welches die Dimensionen ‚Wirkung' und ‚Qualitätsmanagement' systematisch miteinander verbindet.

Ziel dieses praxisorientierten Forschungsprojektes ist, die Aspekte der Wirkungsorientierung und des betrieblichen Qualitätsmanagements miteinander zu verbinden. Anhand eines Pilotprojektes wurde ein Qualitätsmanagementsystem entwickelt, das auf die Leistungs- und Wirkungserwartungen der öffentlichen Geldgeber und weiterer relevanter gesellschaftlicher Stakeholder ausgerichtet ist und gezielt Informationen zur Bewertung der Leistungen und Wirkungen des Theaters generiert.

Im ersten Teil werden konzeptionelle Vorüberlegungen zu einem wirkungsorientierten Qualitätsmanagement in einem Theater skizziert. Im zweiten Teil werden die Fallstudie des Theater Winterthur und das daraus resultierende theaterspezifische Qualitätsmanagementsystem (*Theatre Quality Frame*) vorgestellt. Im letzten Teil wird der Lösungsvorschlag diskutiert.

2. Konzeptionelle Grundüberlegungen: Wirkungsorientiertes Qualitätsmanagement im Theater-Kontext

Eine kontinuierliche Bewertung der Leistungen und Wirkungen von Kulturinstitutionen lässt sich schwerlich auf Methoden, Konzepte und Instrumente der empirischen Evaluationsforschung reduzieren, die meist punktuell und häufig ex-post eingesetzt werden. Da Institutionen stabile und über einen längeren Zeitraum existierende soziale Gefüge sind, muss deren Wirkungsevaluation umfassender gedacht und prinzipiell für alle Tätigkeitsfelder und alle Phasen der Leistungserstellung begleitend eingesetzt werden. An diesem Punkt werden Ansätze zur Entwicklung von Qualitätsmanagementsystemen interessant, da sie Organisation, Struktur und Prozesse einer Organisation beschreiben, systematisieren und konsequent auf Organisationsziele ausrichten. Ein passendes Qualitätsmanagementsystem muss dabei die Spezifika von Kulturorganisation berücksichtigen und ein Monitoring-System enthalten, welches für die Evaluation organisationaler Leistungen und Wirkungen geeignet ist.

Im Folgenden werden die Themenbereiche Standards und Managementsysteme, Qualitätsmanagement am Theater, Theater-Leistungen und -Wirkungen, und Qualität im kreativen Kontext unter Einbezug relevanter Literatur zu Qualitätsmanagement, Kulturbetriebsführung und soziologischer Kreativitätsforschung im Hinblick auf eine Anwendung auf die Fallstudie hin erschlossen.

2.1 Qualitätsdefinition, Standards und Managementsysteme

Das Wort ‚Qualität' kommt ursprünglich vom lateinischen Wort ‚qualitas' (Beschaffenheit, Merkmal, Eigenschaft, Zustand) und beschreibt die Natur, den Zustand oder den Wert eines Produktes oder einer Dienstleistung. Der Begriff ‚Qualitätsmanagement' bezieht sich gemäß ISO-Definition auf alle Aktivitäten, die Organisationen ausführen, um Qualität zu lenken, zu steuern, zu koordinieren und zu optimieren. Dies umfasst die Bildung einer Qualitätsstrategie, das Setzen von Qualitätszielen und auch Qualitätsplanung, -kontrolle, -sicherung, und -verbesserung (DIN EN ISO 9000: 2015-11, Definitionen).

> Qualitätsmanagement ist [...] das Vermögen einer Gesamtheit inhärenter (lat. innewohnend) Merkmale eines Produkts, eines Prozesses oder eines Systems zur Erfüllung von Forderungen von Kunden und anderen interessierten Parteien. (DIN EN ISO 9000: 2015-11, Definitionen).

Qualitätsmanagement kann spätestens seit den 1987 veröffentlichten ISO-9000er-Standards in der Industrie und in weiten Teilen des Dienstleistungssektors als breit akzeptierte Philosophie und Herangehensweise im Management von Organisationen gesehen werden. In der äußerst vielfältigen Managementforschung wird das Phänomen des Qualitätsmanagements je nach Forschungsrichtung unterschiedlich untersucht.

Während rationalistisch-funktionalistische Managementansätze die Einführung eines betrieblichen Qualitätsmanagements eher mit internen Prozessverbesserungen zur Erhöhung von Effektivität und Effizienz begründen, sehen neo-institutionalistische Managementansätze im Qualitätsmanagement eher eine durch Imitationsprozesse und externen Anpassungsdruck getriebene Managementpraxis (DiMAGGIO/POWELL 1983). Eine Studie zur Entwicklung des Qualitätsmanagements in Deutschland zeigt, dass beide Erklärungen in einem gewissen Masse zutreffen: Neben dem Druck, sich institutionalisierten Erwartungen zu beugen, spielten auch interne Effizienzerwägungen eine Rolle bei der Entscheidung, ob und in welcher Weise ISO-9000-Normen adoptiert werden (WALGENBACH/BECK 2003).

Im Qualitätsmanagement gibt es zahlreiche Standards, Kriterien und Methoden. Die international anerkannten ISO-Standards, die von der internationalen Organisation für Standardisierung (ISO) gesetzt wurden, sind Grundlage vieler Qualitätsmodelle (z. B. EFQM) und Qualitätsmanagementsysteme. Sie sind auch Grundlage der österreichischen Normungsregel ONR 41000 – Qualitätsmanagement für Kulturbetriebe, welche die für Kulturbetriebe typische Interaktion mit spezifischen künstlerischen und wissenschaftlichen Prozessen berücksichtigt (KNAVA/HESKIA 2016).

Allgemein hat sich in den letzten Jahren zunehmend der Leitgedanke eines umfassenden Qualitätsmanagements (Total Quality Management = TQM) durchgesetzt, der von der Philosophie getragen wird,

> dass es zur Sicherung bzw. Verbesserung der Qualität von Produkten und Dienstleistungen unabdingbar ist, dass Führungskräfte und Mitarbeiter auf allen Unternehmensebenen gemeinsam die Verantwortung für das Qualitätsmanagement übernehmen. (BRUHN 2011: 69).

Zur Umsetzung wird die Entwicklung ganzheitlicher Managementsysteme empfohlen.

> Unter einem Qualitätsmanagementsystem versteht man sowohl die Gesamtheit der aufbau- und ablauforganisatorischen Gestaltung, als auch die Verknüpfung der qualitätsbezogenen Aktivitäten untereinander (BRUNNER/WAGNER 2011: 57).

Auch in der Normenreihe DIN EN ISO 9001 sind Forderungen zu Qualitätsmanagementsystemen enthalten (DIN EN ISO 9001: 2015-09, Abschnitt 4). Diese beinhalten die systematische Aufarbeitung der Organisationsstruktur und die Erfassung der Prozesse beziehungsweise der zu erbringenden Produkte und Dienstleistungen. Ebenso sollen Methoden und Kriterien zur wirksamen Durchführung und Lenkung der Prozesse festgelegt werden. Nach dem Prinzip „Verantwortung der Leitung"

(DIN EN ISO 9001: 2015-09, Abschnitt 5) ist die Geschäftsführung für das Setzen der Organisationsziele und der Definition der Qualitätspolitik verantwortlich. Hervorzuheben ist, dass die ISO-Standards nicht das Qualitätsniveau selbst festlegen, das ist Aufgabe der Organisation. Die ISO-Norm fordert aber einen Regelkreis, der für ständige Weiterentwicklung im Sinne eines kontinuierlichen Verbesserungsprozesses sorgt. Dabei soll gewährleistet werden, dass die Qualitätsorientierung nachhaltig von allen Mitarbeitern getragen, umgesetzt und gelebt wird. Die ISO-Norm stellt darüber hinaus einen Leitfaden bereit, der neben der Wirtschaftlichkeit auch die Wirksamkeit des Qualitätsmanagement-Systems betrachtet. Das Ziel dieser Norm besteht in der Leistungsverbesserung der Organisation sowie in der Verbesserung der Zufriedenheit der Kunden und anderer interessierter Parteien (Stakeholder). Sie enthält spezifische Vorgaben zur Messung, Analyse und Verbesserung von Prozessen, Produkten und Dienstleistungen (DIN EN ISO 9001: 2015-09, Abschnitt 5). Demgemäß bieten die ISO-Standards geeignete Rahmenbedingungen für die Entwicklung eines wirkungsorientierten Qualitätsmanagement-Systems.

Im Folgenden wird unter Rückgriff auf relevante Forschungsergebnisse auf die theaterspezifischen Rahmenbedingungen eingegangen.

2.2 Qualitätsmanagement im Theater

Ob und wie Qualitätsmanagement am Theater eingeführt werden soll, wird in der Theatermanagement-Literatur je nach Forschungsrichtung unterschiedlich kritisch bewertet. Autoren problematisieren (1) das rationalistisch-funktionalistische Effizienzprinzip, thematisieren (2) die Unsicherheit im Umgang mit künstlerisch-kreativen Prozessen und verweisen (3) auf Implementierungsschwierigkeiten, die aus den unterschiedlichen Anforderungen der einzelnen Stakeholder resultieren:

Gemäß Gerlach (2006) eigneten sich die Qualitätsmanagement-Kriterien im Theater nur für die Management-Prozesse, die technische Produktion oder den Kundendienst, also für den Kartenverkauf oder den Servicebereich. Hingegen könne die entscheidende Frage, welche Kriterien für die Bewertung der Leistung oder Qualität des Ensembles angewandt werden sollten, nicht beantwortet werden. Einige Autoren sind sich einig; kreative Prozesse funktionieren nicht nach dem Effizienzprinzip (AUVINEN 2001; BOERNER/GEBERT 2005; DAVIS/SCASE 2000). Andere Autoren weisen auf multiple, sich gegenseitig wiedersprechende Zielsetzungen hin: Einerseits sei die Geschäftsführung eines Kulturbetriebs wie z. B. eines Theaters gefordert, Ressourcen effizient einzusetzen, gleichzeitig aber auch gesellschaftliche Wirkungen zu erzeugen (BAECKER 2013). Obwohl wir in der Praxis wie bereits erwähnt Beispiele von ISO-zertifizierten Organisationen finden, hält Abfalter (2010: 203) ein Qualitätsmanagement gemäß ISO-Standards „[...] aufgrund der bedingten Übertragbarkeit der zugrunde liegenden Unternehmensmodelle nur begrenzt anwendbar". Vorwerk (2012) spezifiziert diese Aussage und verweist auf die unterschiedlichen Anforderungssysteme, die aus den Erwartungen unterschiedlicher Stakeholder resultieren. Anhand dieser Anforderungssysteme ergäben sich unterschiedliche Leistungsdimensionen, die den Kern das Qualitätsmanagements am Theater bilden. Andere Autoren sprechen sich explizit für die gezielte Einführung eines Qualitätsmanagements am Theater aus (SCHMIDT 2017; KNAVA/HESKIA 2016).

2.3 Theaterleistungen und -wirkungen

Ein an den Organisationszielen ausgerichtetes Qualitätsmanagementsystem soll dazu beitragen, den Wirkungsgrad einer Organisation zu erhöhen (STOCKMANN 2006). Somit ist eine der wichtigsten Voraussetzungen für ein funktionierendes Qualitätsmanagement zunächst das Vorhandensein von realistischen und überprüfbaren Organisationszielen. Qualitäts- und Organisationsziele können analytisch nicht exakt voneinander getrennt werden. In einem Theater können sie folgende Aspekte umfassen: Ziele zur Verbesserung des künstlerischen Produkts, zur Erhöhung der Publikums- und Besucherzufriedenheit, zur effizienteren Abwicklung von Lieferungen, zur verbesserten Erreichbarkeit gesellschaftlicher Anforderungen, oder zur Verbesserung der internen Unternehmenskultur (Verbesserungskultur, Feedback, Motivation) und der Arbeitsplatzsicherheit (Unfall, Gesundheit).

Kulturorganisationen arbeiten meist in einem gesellschaftlich-politischen Umfeld mit vielzähligen Anspruchsgruppen. Sie stehen vor der Herausforderung, auf unterschiedliche Ansprüche reagieren zu müssen, was häufig zur Formulierung unterschiedlicher und sich teils widersprechender Organisationsziele führt (BAECKER 2013; VAKIANIS 2006). Beispielsweise erwartet das Kunstsystem neue Formate und Interpretationen, während das Publikum gute Unterhaltung sowie eine neue Lernerfahrung und professionellen Service erwartet. Geldgeber wiederum erwarten eine hohe Effizienz und strenge Kostenkontrolle sowie gesellschaftliche Relevanz, beispielsweise in Bezug auf Bildungswert oder kulturelles Erbe. Oft ist es schwierig, alle Anforderungen von allen Stakeholdern zu erfüllen, beziehungsweise zwischen diesen zu moderieren

(AUVINEN 2001), weil sich diese meist widersprechen. Hohe Ansprüche an die künstlerische Qualität sind z. B. nicht immer mit der strikten öffentlichen Kostenkontrolle vereinbar.

Neben der Thematik der sich gegenseitig wiedersprechenden Ziele werden Kulturorganisationen oft vor die Schwierigkeit der Messung von Zielen gestellt. Gerade bei künstlerisch-kreativen Produkten und Prozessen sind die Ziele und Qualitätsanforderungen intangibel (schwer definierbar und operationalisierbar), variabel (über die Zeit hinweg veränderlich), und multidimensional (mehrere Messkriterien).

In der internationalen Forschungsliteratur finden sich zunehmend Fallbeispiele, Analysen, und Konzepte zur Entwicklung von multiplen Zielsystemen, deren Kriterien und Indikatoren den Spezifika und neuen Entwicklungen des Theaters Rechnung tragen (Anhang 1). Beispielsweise greifen Boorsma und Chiaravalloti (2010) auf bewährte Instrumente wie die Balanced Scorecard von Kaplan und Norton zurück und evaluieren dabei das Erreichen der künstlerischen Mission. Throsby (1990) schlägt erstmals einen Kriterienkatalog zur Qualitätsbewertung vor, den er für die Schätzung von Nachfrage- und Nutzungsfunktionen verwendet. Radbourne et al. (2009) schlagen neue Messkriterien vor, die der neuen Rolle des partizipierenden Theaterbesuchers als ‚co-creator of value' gerecht werden.

Turbide und Laurin (2009) untersuchten 300 Theaterorganisationen in Quebec und fanden heraus, dass die Mehrzahl der Organisationen multiple Leistungsindikatoren verwenden, die verschiedene Zieldimensionen beschreiben (‚mixed' Leistungsmessung). Obwohl die untersuchten Theater angeben, dass ihnen die künstlerischen Ziele am Wichtigsten sind, wird ebenso viel Wert auf die Messung von nicht-künstlerischen Zielen gelegt wie auf die Messung künstlerischer Ziele. Abfalter (2010) konstruiert anhand von Mitarbeiterbefragungen ein multidimensionales System der Erfolgsmessung und identifiziert dabei die Zieldimensionen wirtschaftliche Performance, Peer-Reputation, Künstlerische Qualität und Organisationales Klima.

Noch weitgehend ungeklärt ist, inwieweit sich die Zieldimensionen des Theaters gegenseitig beeinflussen. Tobias (2004) hat beispielsweise durch Expertenbefragungen nachgewiesen, dass bei deutschen Theatern die Grenzerträge bei steigender künstlerischer Qualität fallen. Auch Voss und Voss (2000) fanden heraus, dass ein hoher künstlerischer Anspruch mit weniger Eigeneinnahmen und weniger Gesamterträgen korreliert. Die Zieldimensionen ‚Finanzen' und ‚Künstlerische Qualität' scheinen also in Konflikt zu stehen. Weitere Untersuchungen in dieser Richtung wären hilfreich.

Leistungen und Wirkungen stehen in einem direkten Zusammenhang, meinen jedoch nicht dasselbe. Multidimensionale Leistungsmessungssysteme sind Monitoring-Instrumente und liefern Daten und Fakten, die für eine Wirkungsevaluation, also für die Messung gesellschaftlicher, ökonomischer und künstlerischer Effekte verwendet werden können. Während Leistungen von der Geschäftsführung erfasst werden, wird die Wirkungsmessung häufig durch externe Berater durchgeführt. Durch Leistungsmessungssysteme werden beispielsweise unintendierte Wirkungen nicht erfasst und Erklärungen zum Zustandekommen der gemessen Leistungen nicht gegeben (McDAVID et al. 2013).

Allgemein finden sich wenig Analysen im Theaterbereich, welche die Einflüsse des Systemmanagements, der Prozesse und Arbeitsstrukturen eines Theaters auf dessen Leistung und Wirkung hin analysieren. Preece (2005) hat in seinem Modell der Wertschöpfungskette an Theatern konsequent Kernprozesse und unterstützende Prozesse mit Leistungszielen verknüpft, aber auch hier fehlen Daten zur Wirksamkeit. Die Studie von Boerner und Gebert (2005), zeigt, dass eine offene Organisationskultur (freiwillig, individuell, ausprobierend) mit geringem Organisationsgrad sogar negativ mit dem künstlerischen Erfolg korreliert.

2.4 Qualität im kreativen Kontext

Im Kontext von Theatern umfasst eine Qualitätsdefinition (s. Kap. 2.1) alle Tätigkeiten, die in einer Kulturorganisation verrichtet werden, wie beispielsweise die Kulturvermittlung, das Veranstaltungsmanagement, der Publikumsservice, aber auch Führungs- und Verwaltungstätigkeiten oder die Bühnentechnik und die Gastronomie. Die Tätigkeiten zur Produktion, Aufführung und Rezeption von künstlerischen Produkten wie Theaterstück gehören demnach ebenso zu den qualitätsrelevanten Tätigkeiten, ob diese nun intern von den Theatermitarbeitern selbst produziert, in Koproduktion erstellt oder extern von freischaffenden Künstlern und Künstlergruppen, Autoren oder freien Theaterensembles bezogen wurde.

Die dem Theater inhärenten organisationalen Konflikte zwischen Kreativität und Bürokratisierung, Zielheterogenität und Zielorientierung, künstlerischer Freiheit und Managerialisierung machen aber gerade den Umgang mit einem betriebswirtschaftlichen Instrumentarium wie dem Qualitätsmanagement schwierig. Umgekehrt würde ein Ausklammern wichtiger Elemente wie die künstlerisch-kreative Produktion, die spezielle Bewertung künstlerisch-kreativer Produkte und das ständige Austarieren heterogener Stakeholder-Ziele bedeuten, dass die Theaterorganisation nicht als Ganzes erfasst und steuerbar würde. Insofern werden im Folgenden einige konzeptionelle Grundüberlegungen zum Umgang mit kreativen Produkten und Prozessen in Kulturbetrieben angestellt.

Das künstlerisch-kreative Produkt. Alle Tätigkeiten in einer Kulturorganisation basieren auf Entwicklung, Produktion, Distribution, Vermittlung und Rezeption des künstlerischen Produktes, welches in der Regel über mehrere Qualitätseigenschaften verfügt und somit nur durch mehrere, ineinander greifende und einander ergänzende Kriterien erfasst und bewertet werden kann.

In der Kulturszene angewandte und in der kulturtheoretischen Diskussion allgemein anerkannte Eigenschaften sind beispielsweise: (1) handwerklich einwandfrei, (2) ästhetisch, (3) neu oder innovativ (BRISKMAN 2009). Bezüglich der Messung der Qualität künstlerischer Produkte gibt es zahlreiche Ansätze, die grob entlang der genannten Eigenschaften unterschiedliche Kriterien zugrunde legen (THROSBY 2001; BOERNER 2004; AMABILE 1983). Für Musiktheater wurde an der Universität Konstanz (BOERNER 2004; BOERNER 2008) ein Fragebogen für die Wahrnehmung der Leistungsqualität entwickelt, in dem die Dimensionen Orchester, Chor-Musik, Chor-Inszenierung, Solisten-Musik, Solisten-Inszenierung und das Bühnenbild bewertet wurden. Für das Qualitätsmanagement eines Kulturbetriebs scheint aber auch die Anwendung der fünf Qualitätsdimensionen von Garvin (1984), einem Klassiker aus dem Qualitätsmanagement, geeignet. Wendet man diese an, so kann die künstlerische Qualität eines Theaterstücks nach folgenden Dimensionen beurteilt werden:

- nach dem subjektiven Erleben der Aufführung (transzendente Dimension);
- nach der Professionalität des Schauspiels, des Bühnenbildes, der musikalischen Begleitung (produktbezogen);
- inwiefern das Programm auf die Wünsche des Publikums ausgerichtet ist (kundenbezogen);
- nach dem Verhältnis von Nutzen und Kosten, z. B. Produktionskosten im Verhältnis zum Neuheits- bzw. Innovationswert (wertorientiert);

- oder nach der Einhaltung von Normen und weiteren Vorgaben, beispielsweise Sicherheitsnormen (fertigungsbezogen). Dieser Aspekt betrifft stark die technisch-handwerklichen Eigenschaften.

Amabile (1983) hat in ihren Analysen zur künstlerischen Kreativität festgestellt, dass subjektive Bewertungen Einzelner ein hohes Maß an Übereinstimmung dessen, was als kreativ bewertet wird, aufweisen. Geschmacksurteile sind – aus soziologischer Perspektive – also kollektiviert. Folgt man dieser Argumentation, ist die Bewertung eines künstlerisch-kreativen Produktes sozial konstruiert und wird zwischen den relevanten Akteuren, die jeweils subjektive Bewertungen abgeben, ausgehandelt. „Creativity can be regarded as the quality of products, responses and processes judged to be creative by appropriate observers" (AMABILE 1983). Es gibt unterschiedliche Befunde über die Frage, wer die Qualität eines künstlerischen Produktes beurteilt. Eine Studie an deutschen Theatern zeigt, dass sich die Urteile von Theaterexperten und Nicht-Experten nicht wesentlich unterscheiden (BOERNER et al. 2008). In einer Analyse französischer Theater hat Urrutiaguer (2004) festgestellt, dass die reine Publikumsbefragung einige Risiken für neue, innovative Inszenierungen berge, denn das Publikum zeige eine gewisse Aversion hinsichtlich zeitgenössischer Autoren und Regisseure. Andere Studien belegen wiederum die Wichtigkeit des aktiven Einbezugs des Publikums (RADBOURNE et al. 2009), die Bewertung durch Experten (TOBIAS 2004), oder durch Theatermitarbeiter (ABFALTER 2010). Sinnvoller Maßstab für die Qualitäts-Messung künstlerisch-kreativer Produkte können somit die Anforderungen[1] des Publikums einerseits, aber auch weiterer Stakeholder wie beispielsweise die Intendanz, die Regie, die Dramaturgie, die Schauspieler, die Theaterförderung, die Theaterkritik, und Jurys (die beispielsweise die Theaterpreise vergeben) sein. Aufgrund dessen, dass die Bewertung eines künstlerischen Produktes sozial konstruiert und durch Machtdynamiken[2] beeinflusst wird, kann ein Kulturbetrieb nie gänzlich steuern, welches Qualitätsurteil sich durch wen letztendlich in der Öffentlichkeit durchsetzt. Die Geschäftsführung eines Theaters kann jedoch entscheiden, welche Anforderungen welcher Stakeholder organisationsintern verarbeitet werden.

---

1 Eine Anforderung wird vom Qualitätsmanagement definiert als: Eine Aussage über die notwendige Beschaffenheit oder Fähigkeit, die ein Produkt aufweisen muss oder in ISO-Sprache: „[...] ein Erfordernis oder eine Erwartung, das oder die festgelegt, üblicherweise vorausgesetzt oder verpflichtend ist." (DIN EN ISO 9000: 2015-11, Definitionen).

2 Zur Macht in Organisationen s. CROZIER/FRIEDBERG (1979).

Der künstlerisch-kreative Prozess. Doch wir können etwas hervorbringen, was mehr ist als die bloße Wiederholung, Bestätigung und Vermehrung des Gegebenen (POPITZ 2000). Kreativität in Organisationen ist gekennzeichnet durch Autonomie, nicht-konformes Handeln und Unbestimmtheit (DAVIS/SCASE 2000). Sie wird jeweils unterschiedlich ausgehandelt und äußert sich in verschiedensten Organisationsformen. Häufig ist der Umgang mit Kreativität konfliktbeladen. Da kreative Produkte und Prozesse zentral für die Wertschöpfung einer Kulturorganisation sind, kommen diese jedoch nicht umhin, sich diesem inneren Konflikt zu stellen.

Aus Qualitätsmanagement-Sicht lassen sich in der Ablauf- beziehungsweise Prozessorganisation eines Theaterbetriebs sowohl Routinetätigkeiten als auch kreative Tätigkeiten ausmachen. Prozesse mit einem hohen Anteil an Routinetätigkeiten wie beispielsweise der Ticketverkauf können standardisiert und immer auf dieselbe Art und Weise wiederholt werden. Anders ist das mit Abläufen, die einen hohen Anteil an kreativen Aufgaben enthalten, wie sie vor allem im Bereich der künstlerischen Produktion von Opern-, Theater- und Musikaufführungen zu finden sind, aber auch schon bei der Programmgestaltung. Wie soll und kann eine Theaterorganisation mit diesen (künstlerisch)-kreativen Prozessen im Rahmen eines Qualitätsmanagements umgehen?

In der Forschungsliteratur finden sich einige Beiträge, die den Umgang mit den kreativen Elementen im Theater analysieren. Z. B. hat Urrutiaguer (2004) bei einer Untersuchung französischer Theater festgestellt, dass Gastspielhäuser ein größeres Interesse an zeitgenössischen Stücken zeigen als produzierende Theater, und er vermutet, dass die Entkopplung von Produktion und Konsum eine innovative Wirkung entfalte. Bei produzierenden Opernhäusern hat Auvinen (2001) nicht nur eine duale Leitungsstruktur, sondern insgesamt eine duale Organisationsstruktur festgestellt: eine offizielle ökonomische und eine inoffizielle künstlerische. Haunschild und Eickhof (2007) analysieren die Natur der Beziehung zwischen der künstlerischen und der wirtschaftlichen Logik in der Praxis. Sie fanden heraus, dass in Theatern keine organisatorischen Routinen existieren, die künstlerisch-kreatives Handeln schützen und sichern, um den Einfluss wirtschaftlich-effizienter Handlungen zu limitieren. Davis und Scase (2000) beschreiben in ihren Studien zur Organisation von Kreativität, dass künstlerische Prozesse nicht gänzlich frei, sondern in ein Rahmenwerk formalisierter Regeln eingebettet sind, die eine verlässliche Basis für die inhärenten Unsicherheiten künstlerischer Arbeit bieten. Neuere Erkenntnisse der soziologischen Kreativitätsforschung zeigen, das der künstlerisch-kreative Prozess in seiner reinsten Form im Sinne einer Offenheit von Ziel, Ergebnis, Zeit und Aufwand kaum existiert. Kreative Arbeit basierte auf Wiederholung und gegenseitiger Anpassung. Demnach gehen repetitive und kreative Handlungen Hand in Hand, jeweils in unterschiedlichem Ausmaß (FIGUEROA-DREHER 2012). Die Übergänge zwischen kreativem Schaffen und standardisierten Prozessen sind also fließend und eine klare Unterscheidung nicht immer möglich.

Diese Diskussionsansätze weisen darauf hin, dass standardisierte und kreative Tätigkeiten in einem betrieblichen Qualitätsmanagement zwar in Konflikt geraten können, sich jedoch nicht per se ausschließen müssen.

3. Das Forschungs- und Entwicklungsprojekt

Das Zentrum für Kulturmanagement der Zürcher Hochschule für Angewandte Wissenschaften (ZHAW, Winterthur, Schweiz) und die TQU GROUP Winterthur entwickelte mit dem Theater Winterthur als Pilotorganisation ein umfassendes Prozess- und Performancemodell für Veranstaltungshäuser, Gastspieltheater und produzierende Theaterhäuser (*Theatre Quality Frame*).

3.1 Methode(n) und Vorgehen

Bei der zugrunde liegenden Projektkonstellation wurde ein auf Prototypen und Fallstudien basiertes Vorgehen angewendet, das im anglo-amerikanischen Raum auch als ‚action research' bezeichnet wird. Hierbei wird zunächst gemeinsam mit Forschern und Praktikern eine Problemstellung definiert. Aus dem theoretischen und praktischen Wissens- und Erfahrungshintergrund der Beteiligten heraus werden dann im gemeinsamen Diskurs Lösungen entwickelt, wie die betriebliche Wirklichkeit zu gestalten ist. Durch die Umsetzung dieser Gestaltungsempfehlungen in die Praxis können diese Vorschläge überprüft und die dahinter liegenden theoretischen Annahmen reflektiert werden.[3]

Dieser Ansatz wird im vorliegenden Projekt um den Ansatz der Modellierung ergänzt, der im General Management häufig beim Design von Geschäftsprozessen und Organisationsstrukturen angewandt wird

---

3 Zu den Grundideen der ‚action research' s. ADELMANN (1993). Aktuelle Entwicklungen werden regelmäßig im *International Journal of Action Research* veröffentlicht.

(MILLER/RICE 2001). Ein Modell beschreibt in diesem Zusammenhang ein limitiertes Bild der Wirklichkeit. Nach Stachowiak (1973) besitzt es mindestens drei Eigenschaften: (a) Es ist eine Darstellung eines natürlichen oder künstlichen Originals; (b) es ist eine Verkürzung, in der alle Attribute des Originals nicht erfasst werden können, sondern nur die sichtlich relevanten; (c) es ist ein Ersatz für ein Original und kann diesem nicht klar zugeordnet werden. Übertragen auf das vorliegende Projekt soll also eine vereinfachte Darstellung entwickelt werden, die die relevanten Bestandteile für ein sinnvolles Qualitätsmanagement einer Kulturorganisation enthält. Dabei kann die untersuchte Organisation nicht in ihrer gesamten Komplexität abgebildet werden. Die Gewährleistung der Modellgültigkeit erfolgt durch die Anwendung bei weiteren Organisationen (Abb. 1).

Als Fallbeispiel wurde das Theater Winterthur definiert, das beim Zentrum für Kulturmanagement der ZHAW den Bedarf formuliert hatte, ein betriebliches Qualitätsmanagement einzuführen. (1) In einem ersten Schritt wurden alle wichtigen Organisations- und Qualitätsziele des Theaters erarbeitet. (2) In einem zweiten Schritt wurden alle in der Kulturorganisation ablaufenden Prozesse identifiziert und einer Struktur- und Prozesslogik zugeordnet. Dabei wurde begleitend die Einhaltung der Anforderungen des Normenwerks der DIN EN ISO 9001 im Einzelnen von zertifizierten Auditoren geprüft (Process Map). (3) Im dritten Schritt wurde ein mehrdimensionales Zielsystem entwickelt. Hier wurden die relevanten Zieldimensionen eines Theaters und die dazugehörigen Indikatoren identifiziert (Quality Monitor). Die Geschäftsprozesse wurden mit den Zieldimensionen des Theaters so miteinander verknüpft, dass ein vernetztes, wirkungsorientiertes Qualitätsmanagementmodell entstand (*Theatre Quality Frame*). (4) Dieses Qualitätsmanagementsystem wurde dokumentiert und auf eine Theatermanagementsoftware übertragen, sodass die Prozesse und Kennzahlen der einzelnen Wirkungsbereiche elektronisch miteinander verknüpft werden, und Kennzahlen, Ziele und Prozesse von den verantwortlichen Mitarbeitern und Mitarbeiterinnen gepflegt und aktualisiert werden können (BETZLER et al. 2016).

Die Modellentwicklung erfolgte in acht Workshops unter Anwendung von Moderations- und Kreativitätstechniken sowie Instrumenten aus dem Organisationsmanagement (KÜHL 2009). Teilnehmer der Workshops waren die Direktion, die Abteilungsleitungen aller Leistungsbereiche (Programm, Finanzen, Marketing), zwei Managementberater (zertifizierte Qualitäts-Auditoren) zur Sicherstellung der Kompatibilität mit den ISO-Standards und die Projektleitung aus der Forschung und Beratung einer Hochschule. Durch die enge Zusammenarbeit in den Workshops konnten Wissen und Erfahrungen aus dem Theaterbetrieb, dem Qualitätsmanagement und der aktuellen Theater- und Kulturmanagementforschung für die Modellentwicklung nutzbar gemacht werden. Darüber hinaus wurden die Anforderungen der öffentlichen Geldgeber im ständigen Dialog aufgenommen und systematisch mit einbezogen. Zur Prüfung der Konformität mit den ISO-9000-Richtlinien wurden parallel interne Qualitätsaudits durch die Qualitätsexperten durchgeführt (zu weiteren Vorgehensdetails der Studie s. BETZLER et al. 2016).

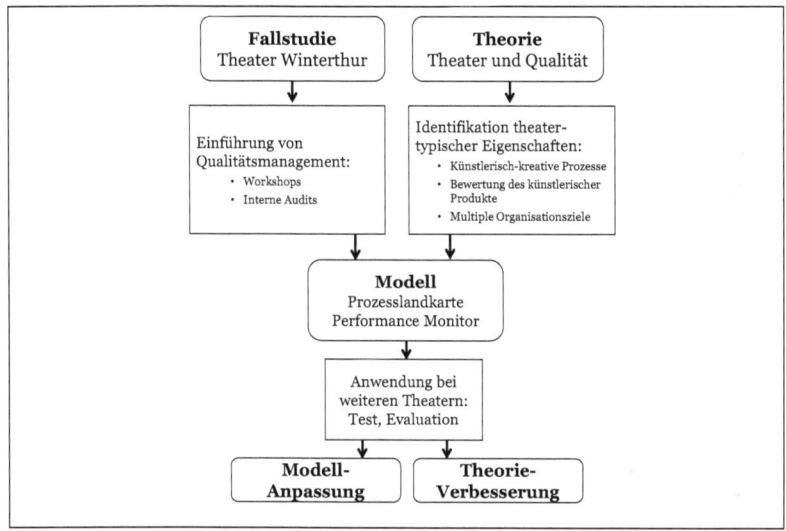

Abb. 1: *Entwicklungsmodell.*

Der Modellentwicklungsprozess ist mit dieser Fallstudie noch nicht als abgeschlossen zu betrachten. Das derzeitig anhand einer Fallstudie entwickelte Modell soll zur Validierung und Modellverbesserung seine Anwendung bei weiteren Theatern und Veranstaltungshäusern finden (Abb. 1).

3.2 Fallbeispiel Theater Winterthur

Das Theater Winterthur ist mit 800 Sitzplätzen das größte Gastspielhaus der Schweiz mit eigenem, internationalem Programm. Es zeigt in den Sparten Musiktheater (Oper, Operette, Musical), Schauspiel, Tanz/Ballett und Kinder-/Jugendtheater rund 50 verschiedene Produktionen pro Saison und veranstaltet auch weitere ‚Extras' wie Konzerte, Lesungen, Liederabende, Filmvorführungen.

Das Theater Winterthur zeigt internationale Bühnenproduktionen von hoher künstlerischer Qualität und damit auch einen Querschnitt des Theaterschaffens bedeutender Bühnen Europas. In Zusammenarbeit mit anderen Kulturorganisationen wie z. B. dem *Musikkollegium Winterthur*, dem *Theater Kanton Zürich*, dem *Kindertanztheater Claudia Corti* u. a. engagiert sich das Theater Winterthur als Koproduzent bei der Realisierung verschiedener Bühnenproduktionen und es inszeniert sporadisch auch selber kleinere Theaterprojekte. Das Theater mit seiner erstklassigen Ausstattung und Infrastruktur steht auch anderen Kulturorganisationen und Veranstaltern der Region Winterthur für deren Produktionen und Veranstaltungen zur Verfügung. Mit seinem Programmangebot und seinen Dienstleistungen deckt das Haus einen wichtigen Teil des Kulturangebots der Kulturstadt Winterthur.

In der Spielzeit 2014-15 haben sich rund 53.106 Besucherinnen und Besucher die 179 Vorstellungen des Theaters im großen Saal, im Foyer oder auf der Hinterbühne angesehen. Zudem haben schätzungsweise 20.000 bis 25.000 Personen eine Veranstaltung besucht, für die das Haus vermietet beziehungsweise für andere Organisation zur Verfügung gestellt wurde.

Das Theater Winterthur wird mit einem Globalbudget in der Rechnung der Stadt Winterthur geführt. Der Gesamtaufwand des Theaters belief sich in der Rechnung 2014 auf rund 8,52 Mio. CHF. Davon konnten rund 2,49 Mio. selber erwirtschaftet werden, der Kanton Zürich leistete einen (jährlich wiederkehrenden) Beitrag von 837.000 CHF, Gemeinden der Region sowie Dritte leisteten 195.832 CHF. Damit trug die Stadt Winterthur ein Ergebnis von rund 4,99 Mio. CHF. Das Theater zählt 32 Festangestellte sowie rund 50 freie Mitarbeiterinnen und Mitarbeiter.

3.3 Das Theatre Quality Frame

Das *Theatre Quality Frame* enthält zwei miteinander verknüpfte Elemente: Die Prozesslandkarte (*Theatre Process Map*), und einen Performance-Monitor als Messinstrument der Organisationsziele (*Theatre Performance Monitor*). Das *Theatre Quality Frame* ist kompatibel mit den internationalen Qualitätsmanagementstandards nach DIN EN ISO 9000: 2015-11 und erfüllt somit international anerkannte Anforderungen an das Management von Organisationen.

Theatre Process Map. In Workshops mit den Theatermitarbeitern wurden 80 verschiedene Prozesse identifiziert. Die identifizierten Prozesse wurden dann geclustert und eine Prozesslandkarte erstellt (Abb. 2). Durch Beschreibungen von Geschäftsprozessen werden Abläufe optimiert und durch klare Definitionen transparent für alle Beteiligten und Geschäftspartner dargestellt. Einheitliche, standardisierte Geschäftsprozesse schaffen eine transparente Kommunikation, verkürzen Wege und minimieren den Arbeitsaufwand. Der wichtigste Grund für die Schaffung von einheitlichen Abläufen ist die daraus resultierende Kostenersparnis. Aber nicht alle Prozesse laufen immer gleich ab und können standardisiert werden. Dies betrifft beispielsweise künstlerische und kreative Prozesse oder einmalig stattfindende Projekte. Diese Abläufe wurden in ihren festen Bestandteilen festgehalten, die veränderlichen Bestandteile wurden nicht beschrieben und auf diese Weise kreative Freiräume definiert.

Zentral im *Theatre Quality Frame* ist die ‚Harmonisierung' (= Abstimmung) der Prozesse, das Einfügen der Abläufe in das gesamte Qualitäts-Management-System: Jeder Prozess verfolgt ein Ziel, das zur Erreichung der Organisationsziele beiträgt, ist über Schnittstellen mit anderen Prozessen verbunden und kann einzeln auf seinen Erfolg hin beurteilt werden.

Im Zentrum der *Theatre Process Map* stehen die drei Kernprozesse eines Theaters: (1) Programmentwicklung & Programmvermittlung, (2) Event-Management und (3) Produktion. Unter ‚Programmentwicklung' sind z. B. die Verfahren und Vorgehensweisen zu Saisonplanung und Programmentwurf zusammengefasst. Die Prozessbeschreibungen sind hier weit gefasst und enthalten vor allem die groben Zeitpläne, die Schnittstellen zu den Bereichen Führung und Produktion und die Dokumentation der Qualitätsmessungen der in der Vergangenheit gezeigten Produktionen. Die ‚Programmvermittlung' beinhaltet beispielsweise die pädagogischen Einführungsvorträge zu den Theaterveranstaltungen, den inhaltlichen Entwurf des Programmhefts sowie Marketingkampagnen und PR-Maßnahmen. Das ‚Event-Management' umfasst vor allem die Prozesse der Theatertechnik, die Hospitality-Services im Foyer und die Unterstützung von Gastspielen durch das Betriebsbüro. Die ‚Produktion' enthält im Falle eines Gastspielhauses die Prozesse für Koproduktionen. Bei einem produzierenden Theater würden sich hier die Prozesse zur Entwicklung eines Theaterstücks wie Besetzung, Dramaturgie, Proben, Kostüme, Bühnenbild und Musik wiederfinden.

Die Führungsprozesse beschreiben alle Prozesse, die den Fragen der Betriebsführung und somit der unmittelbaren Verantwortung der Theaterleitung zuzurechnen sind. Sie bestehen aus den klassischen Prozessen der Bereiche Strategie, Personal, Finanzplanung, Organisations-Entwicklung und Qualitätsmanagement. Aufgrund ihrer existenziellen Wichtigkeit zählen speziell in einer Kulturorganisation auch Stakeholder-Kommunikation, Risikomanagement und Controlling zu den Führungsprozessen.

Die Unterstützungsprozesse sind in Facility Management, Finanzen und Controlling, IT, Wartung der Bühne und technische Unterstützung, Personalverwaltung, Statistik, Vermietung sowie Restaurant gegliedert.[4] Aber auch einzelne Maßnahmen im Marketing und in der Kommunikation zählen zu den unterstützenden Prozessen. Hierbei handelt es sich um standardisierte Aufgaben wie beispielsweise das Ticketing, die Pflege der Webseite, die Anzeigenschaltung oder wiederkehrende PR-Kampagnen (Abb. 2).

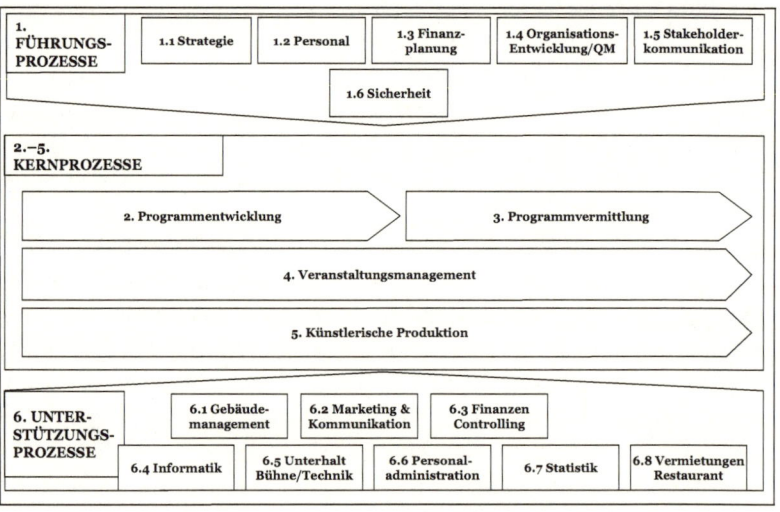

Abb. 2: *Theatre Process Map.*

Die Prozesslandkarte[5] ist modularisiert und kann auf produzierende Theater, Gastspielhäuser und Veranstaltungshäuser angewendet wer-

---

4   Im vorliegenden Beispiel ist das Restaurant Teil des Theaterbetriebs. Bei produzierenden Theatern könnte zu den Unterstützungsprozessen noch der Bereich der Werkstätten hinzugenommen werden.
5   Preece (2005) identifiziert die Kernprozesse Programmierung, Personal, Verkauf und Produktion. Unterstützende Aktivitäten sind Governance, Verwaltung, Fundraising und Ausbreitung.

den. Dabei können einzelne Prozesse oder Prozess-Cluster je nach Kulturorganisation in das Managementmodell aufgenommen oder ausgeklammert werden (Abb. 2).

Theatre Quality Monitor. Um das Erreichen von Organisations- und Prozesszielen messen zu können, wurde in gemeinsamen Workshops der *Theatre Quality Monitor* entwickelt (Abb. 3).

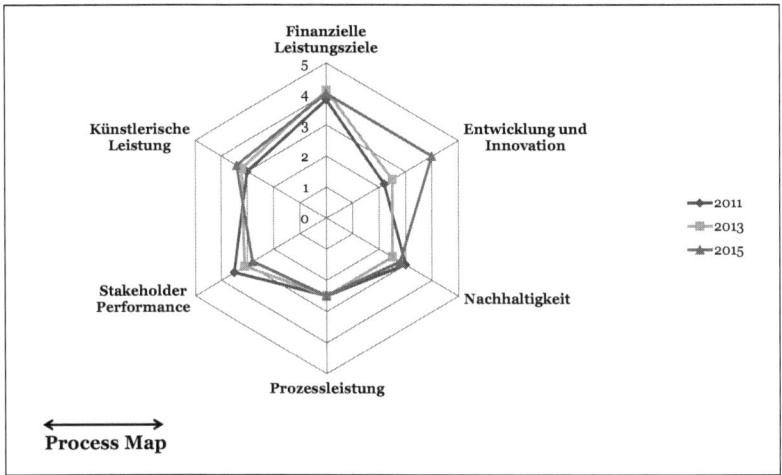

Abb. 3: *Theatre Quality Monitor.*

Der Monitor bildet sechs Zieldimensionen ab: die künstlerische Leistung, die finanzielle Leistung, Entwicklung und Innovation, Nachhaltigkeit, die Prozessleistung und die Stakeholder-Performance. Die sechs Zieldimensionen wurden operationalisiert und Indikatoren wurden definiert, um die Zielerreichung messbar zu machen. Folgende Dimensionen wurden in Zusammenarbeit mit dem Forschungsteam und unter Hinzuziehung von Vertretern der öffentlichen Hand von der Theaterleitung definiert:

(1) Finanzielle Leistungsziele (Financial Performance): Die Messung erfolgt aufgrund der Berechnung von Erfolgskennzahlen basierend auf internen Unternehmensdaten. Indikatoren in der vorliegenden Fallstudie sind: Eintritte, Eigenwirtschaftlichkeit, Entwicklung der Arbeitszeiten, Programm-Kosten und -Einnahmen pro Besucher, Anzahl der Vermietungstage und Einnahmen aus dem Catering.

(2) Entwicklung und Innovation (Development and Innovation):[6] Innovation und Entwicklung werden anhand einer Liste von Neuerungen, gemessen, die bei den angesprochenen Personen (Kunden, Stakeholdern, Mitarbeitenden) einen Begeisterungseffekt auslösten. Diese Neuerungen können aus allen Geschäftsbereichen des Theaters stammen. Innovationen müssen regelmäßig eingeführt werden, weil sie ihre Wirkung mit der Zeit verlieren.

(3) Nachhaltigkeit (Sustainability): Nachhaltig bedeutet für das Theater Winterthur der langfristige Erfolg, die Erhaltung der Kulturorganisation, und die Verbesserung der Rahmenbedingungen für deren Erhalt. Die Dimension der Nachhaltigkeit umfasst ökologische Ziele (durch Erstellung einer Ökobilanz), soziale Ziele (z. B. ein attraktives Arbeitsumfeld) und wirtschaftliche Ziele (z. B. Investition in die Fachexpertise der Mitarbeitenden, Erhöhung der Eigenwirtschaftlichkeit, regelmäßige Investition in Anlagen und eine breit abgestützte Finanzierung).

(4) Prozessleistung (Process Performance): Die Prozessleistung kann gemäß ISO-Forderungen unter folgenden Gesichtspunkten gemessen und bewertet werden: Beherrschung der Prozesse, Definition von Verbesserungspotentialen, Bewertung von Prozess-Änderungen und Bewertung der Prozesse in Bezug auf externe und interne Wettbewerbsfähigkeit. Die Prozessbeschreibungen müssen regelmäßig überprüft, beurteilt und auch angepasst werden durch: Audits, Befragungen, Fristenüberwachungssysteme (z. B. technische Einweisung), Messungen (Anzahl Unfälle, Anzahl Reklamationen), und subjektive Beurteilungen und Gespräche (intern/extern).

(5) Künstlerische Leistung (Artistic Performance): Im vorliegenden Fallbeispiel hat sich das Projektteam auf folgende Messinstrumente für die künstlerische Leistung geeinigt: Die Auswertung der Balance des Programms, Expertenbewertungen der Theaterkommission und des künstlerischen Leiters, Publikumsbefragungen, der Medienspiegel zur Bewertung der öffentlichen Kritik und die Anzahl der Premieren, Uraufführungen und Koproduktionen zur Messung von Innovation im künstlerischen Bereich.[7]

(6) Stakeholder Performance: Die relevanten Akteure werden definiert und ihre Erwartungen und Ansprüche regelmäßig gemessen. Gemes-

---

6   Im Gegensatz zu ABFALTER (2010), bei der Innovation nicht als Einflussfaktor für Erfolg bestätigt wurde, war die Dimension ‚Innovation' für das Theater Winterthur eine zentrale Dimension, die die Theaterleitung gezielt implementieren wollte.
7   Diese Messzahlen fließen auch in die Dimension ‚Innovation and Development' mit ein.

sen wird hier die Qualität des Stakeholder-Performance-Managements (Tabelle 1).

Stakeholder	Strategisches Ziel	Merkmal	Indikator	Messinstrument
Öffentlicher Geldgeber	Erfüllung öffentlicher Auftrag	Ein vielfältiges Angebot Preispolitik Auslastung Besucher	Veranstaltungen nach Sparte, Zielgruppe, Format Anzahl verbilligter Tickets, Freikarten, Umsatz/Gesamt Verkaufte/vorhandene Sitzplätze Anzahl verkaufter Tickets	Verkaufsstatistik
Theaterbesucher	zufriedene Theaterbesucher	Zufriedenheit Theaterbesucher allgemein Zufriedenheit Abonnenten	Grad der Zufriedenheit bzgl. Qualität der Aufführung, Platzzufriedenheit, Atmosphäre, Besucherservice	Publikumsbefragung
Gesellschaft	überregionale, positive Wahrnehmung	Reputation Reichweite	Positives Medienecho Medienreichweite Einzugsgebiet	Medienspiegel
Mitarbeiter und Mitarbeiterinnen	Zufriedenheit und Entwicklungsmöglichkeiten	Zufriedenheit Entwicklungsmöglichkeiten Work-Life-Balance	90 % zufrieden bis sehr zufrieden Weiterbildungen, Beförderungen Überstunden, Personalstunden	Befragungstool Mitarbeiter Zeiterfassung
Gastspiel-Dienstleister	Zufriedenheit	Unterbringung Vertragsgestaltung Persönliche Betreuung Arbeitsmittel/Technik vor Ort	90 % zufrieden bis sehr zufrieden	Befragungstool Gastspiel
Mieter	Zufriedenheit	Unterbringung Vertragsgestaltung Persönliche Betreuung Arbeitsmittel/Technik vor Ort	90 % zufrieden bis sehr zufrieden	Befragungstool Mieter

Tab. 1: *Stakeholder Performance Management.*

Auch beim *Theatre Quality Monitor* ist eine Modularisierung vorgesehen. Je nach Organisationszielen der betreffenden Kulturorganisation können einzelne Zieldimensionen angewendet, aber auch weggelassen werden (z. B. hat nicht jedes Theater das Organisationsziel ‚Nachhaltigkeit' festgelegt). Die Auswahl der Indikatoren innerhalb der sechs Handlungsdimensionen hängt von den jeweiligen Zielsetzungen der Kulturorganisation ab und muss von jeder Kulturorganisation selbständig durchgeführt werden. Beispielsweise mag in einem kleinen, zuschauernahen Stadttheater die Publikumsbeliebtheit relevanter sein als beispielsweise die Meinungen von Theaterexperten.

Die mit den Indikatoren gemessenen Ergebnisse wurden aggregiert und gewichtet, um jede Dimension auf einer Skala von 0-5 zu messen. Dabei wurde zuerst die Summe der erhobenen Indikatorenwerte interpretiert und ‚Ziel erfüllt' (Punkt 3 auf der Skala) von der Geschäftsführung in Absprache mit den Abteilungsleitern festgelegt.[8] Durch diese Visualisierungsmethode kann eine Veränderung der Werte mit den vorausgegangenen Jahren verglichen werden.

4. Diskussion und Fazit

Im Anwendungsbereich von Kulturbetrieben erweist sich ein Zusammenführen der Aspekte ‚Qualitätsmanagement' und ‚Wirkungsorientierung' als sinnvoll, denn die Qualität bemisst sich hier nicht ausschließlich an inputorientierten Merkmalen wie Prozessqualität und Fehlerfreiheit, sondern daran, inwieweit die von der „Organisation erbrachten Leistungen zu intendierten Wirkungen bei den Zielgruppen" (STOCKMANN 2006: 293) führen, bei denen die geplanten gesellschaftlichen Interventionen stattfinden sollen. Die konsequente Verknüpfung der Leistungsziele mit den Kernprozessen, den Führungs-und unterstützenden Prozessen ist die Grundlage für eine Umsetzbarkeit innerhalb der Organisation. Der Nutzen des Qualitätsmanagementsystems liegt darin, dass die Wirksamkeit des Theaters auf diese Weise erst bewertbar gemacht wird. Das integrierte Monitoringsystem (*Theatre Quality Monitor*) liefert der Theaterleitung und Geldgeben regelmäßig Informationen für die Evaluation der wirtschaftlichen, sozialen und künstlerischen Wirkungen des Theaters.

[8] Als Tool für ein objektives Theater-Benchmarking (Vergleich zwischen den Theatern) ist der *Theatre Quality Monitor* nicht zu verstehen. Diese Skalen sind bewusst subjektive Interpretationen und unterliegen damit nicht den Grundbedingungen für die Konstruktion allgemein angewandter Skalen und Indizes.

Die Ergebnisse der Fallanalyse zeigen des Weiteren, dass ein theaterspezifisches Qualitäts-Management-System den internationalen Qualitätsrichtlinien nach ISO 9001 genügen kann. Das System des Theater Winterthur wurde erfolgreich von internen und externen Auditoren validiert und durch eine externe Zertifizierungsorganisation zertifiziert. Damit wurde bestätigt, dass die ISO-Standards genügend offen und flexibel gestaltet sind, um sich den organisationalen Spezifika eines Theaters anpassen zu können.

Die Zusammenarbeit von Qualitätsmanagement-Beratern, Theatermitarbeitern und Forschern hat sich in diesem ‚action research' -Projekt bewährt. In der engen Zusammenarbeit konnten Organisationsziele, Prozesse, und Zieldimensionen systematisiert und priorisiert werden. Des Weiteren wurden intangible Organisationsziele wie ästhetische Qualität, Nachhaltigkeit und Stakeholder-Performance gemeinsam operationalisiert, entsprechende Indikatoren gewählt, und passende, anwendungsorientierte Befragungs- und Messinstrumente entwickelt. Basierte die Leistungsbewertung von Theatern auf rein quantitativen Daten, liefen diese Gefahr, soziale und künstlerisch-kreative Ziele auszublenden. Dies kann letztlich zur Reduktion kreativer Arbeiten und der Vielfalt der Aufführungen führen (ABFALTER 2010: 209).

Die ‚Lessons Learned' mit dem Projektteam zeigen, dass es notwendig ist, alle Mitarbeitenden konsequent zu informieren und zu involvieren. Vor allem die künstlerische Leitung sollte hierbei kooperieren. Des Weiteren ist es zentral, dass Prozessverantwortung nicht bei der Theaterdirektion verbleibt, sondern an die Prozesseigentümer der unteren Führungsebenen und Projektleitungen delegiert wird. Da viele Theater dazu tendieren, eher „autokratisch" (BOERNER 2002) geführt zu werden, wird die Delegation an Theatermitarbeitende voraussichtlich bei manchen Theatern eine Herausforderung darstellen. Mit der Einführung des Qualitätsmanagements hat ein Kulturwandel am Theater Winterthur stattgefunden. Die Hierarchien wurden flacher und die Diskussion um Organisationsziele und Fehlervermeidung transparenter und konstruktiver. Es ist zu empfehlen, die Prozessdokumentation allen Projekteigentümern zugänglich zu machen. Hierbei hat sich die Umsetzung des *Theatre Quality Frames* auf eine web-basierte Theatermanagementsoftware bewährt. Mit der transparenten Dokumentation ist das Vertrauen der Mitarbeiter und Mitarbeiterinnen in das Projekt enorm gestiegen.

Das Theater Winterthur hat viele praktische Wege und Möglichkeiten gefunden, mit kreativen Prozessen und Produkten umzugehen.

Beispielsweise gab es eine lebendige Diskussion darüber, welche Aufführungsqualität von Mitarbeitenden, Geldgebern und dem Theaterpublikum erwartet und wie diese evaluiert werden sollte. Neben der regelmäßigen, stichprobenartigen Publikumsbefragung erstellen nun der künstlerische Direktor kurze schriftliche Qualitätsnotizen und in Stichproben auch die Theaterjury. Auf diese Weise werden Expertenmeinungen noch gezielter mit einbezogen. Die Bewertung der Theateraufführungen werden darüber hinaus transparenter gehandhabt und die Mitarbeitenden haben Einsicht in die Ergebnisse der Bewertungen. Insgesamt hat das Theater Winterthur die verschiedenen Anforderungen von kreativer und Routinearbeit gut ausbalanciert. Beispielsweise wurden die Programmentwicklung und der Bereich der Produktion bewusst als offene, kreative Prozesse, und Bereiche wie Ticketbestellung oder Bereiche der Bühnentechnik als standardisierte, repetitive Abläufe gehandhabt.

Dieses Fallbeispiel zeigt erneut, dass Kulturbetriebe aus sich selbst heraus fähig sind, Routinearbeit und kreative Arbeit zu unterscheiden, zu integrieren, und abzugrenzen (DeFILIPPI et al. 2007).

Limitationen und weitere Forschung. Offen bleibt nach dieser ersten Fallstudie die Frage, ob die Einführung eines Managementsystems wie das *Theatre Quality Frame* tatsächlich die wirtschaftlichen, sozialen und künstlerischen Wirkungen eines Theaters zu verstärken vermag. Die Hinweise aus der Forschung zur Beantwortung dieser Frage sind spärlich (s. Kap. 2.3) und bezüglich des *Theatre Quality Frame* kann diese Frage bisher ebenfalls noch nicht beantwortet werden. Gleichzeitig mit der Einführung des betrieblichen Qualitätsmanagements mussten die öffentlichen Zuschüsse des Theater Winterthur um 10 Prozent reduziert werden. Die Implementierung des *Theatre Quality Frame* konnte diese finanzielle Kürzung durch Prozessoptimierungen und Reorganisation abfangen, ohne dass Mitarbeiter entlassen werden mussten, oder dass Einbußen bei der Leistungserbringung in Kauf genommen werden mussten, so Theaterleiter Marc Baumann (BETZLER et al. 2014). Diese Beobachtung mag ein Hinweis darauf sein, dass das *Theatre Quality Frame* bereits Wirkungen erzeugt. Mittelfristige und langfristige Effekte bleibt es jedoch abzuwarten und in 2 bis 3 Jahren erstmals systematisch zu evaluieren.

Um das entstandene *Theatre Quality Frame* zu validieren und zu verbessern, sollte das Modell in der Praxis regelmäßig umgesetzt, angepasst und aktualisiert werden. Deshalb ist geplant, das *Theatre Quality*

Frame bei weiteren Theatern, Gastspielhäusern und Veranstaltungshäusern anzuwenden. Vor allem wäre es interessant, das Modell bei einem produzierenden Theater mit eigenem Ensemble zu implementieren. So könnte der Produktionsprozess näher beschrieben und besser in die organisatorischen Abläufe integriert werden. Die Arbeit der Werkstätten, die Einstellung des künstlerischen Personals und das Theatermarketing könnten besser koordiniert und abgestimmt werden und nicht zuletzt böte sich die Gelegenheit, sich gemeinsam mit der Produktionsleitung und Dramaturgie zu fragen, ob es nicht „Merkmale während der Probenphasen oder spezifische Verläufe einer Produktion" (SCHMIDT 2017: 398) gibt, die auf eine gute oder weniger gute Vorstellung hinweisen.

In ihrer Konzeption ist die vorgestellte Studie einer gestaltorientierten, normativen Managementperspektive zuzuordnen, welche die Sinnhaftigkeit einer ISO-Zertifizierung nicht grundsätzlich infrage stellt, sondern dessen Adaption im spezifischen Umfeld des Theaters überprüft und dabei reflektiert mit den Besonderheiten von kreativen Produkten und Prozessen in Kulturbetrieben umgeht. Dabei findet auch die subjektive, aber sozial eingebettete Bewertung künstlerischer Qualität Berücksichtigung.

Für eine vertiefte Forschung könnte es sich lohnen, die Thematik des Qualitätsmanagements aus der organisationssoziologischen Perspektive heraus zu beleuchten. Beispielsweise reflektieren normative Verfahrensregeln, Strukturen und Prozesse wie das *Theatre Quality Frame* nicht immer die Organisationswirklichkeit (WELTZ 1988). Um die Adaption und den Umgang der Mitarbeitenden mit dem *Theatre Quality Frame* besser erfassen zu können, sollten in einem nächsten Analyseschritt neben den formalen Strukturen und Prozessen die tatsächlich „praktizierte Arbeitswirklichkeit" (WELTZ 1988: 100) analysiert werden. Aus neoinstitutionalistischer Sicht wird argumentiert, dass Organisationen ein Qualitätsmanagement weniger aufgrund von Effektivitäts- und Effizienzüberlegungen einführen, sondern durch gesellschaftlich evozierte Imitationsprozesse auf Anpassungsanforderungen der Organisationsumwelt reagieren (DiMAGGIO/POWELL 1983). Dieser Prozess des institutionellen Isomorphismus und die damit verbundene Herausbildung gemeinsamer Normvorstellungen hinsichtlich des Qualitätsmanagements ist bei den Kulturbetrieben in Deutschland, Österreich und der Schweiz aktuell in Ansätzen zu beobachten. Es bleibt jedoch aktuell noch offen, ob sich das Qualitätsmanagement als Bestandteil der Kulturbetriebsführung langfristig legitimiert.

Autorin

Dr. Diana Betzler ist Dozentin und Projektleiterin für F&E-Projekte am Zentrum für Kulturmanagement an der Zürcher Hochschule für Angewandte Wissenschaften (ZHAW), Schweiz. Ihre Themenfelder sind Organisationsforschung, Governance, Qualitäts- und Projektmanagement, und Evaluation und in Kultur- und Nonprofit-Organisationen. Weitere Informationen und Publikationen unter: www.zhaw.ch/de/sml/institute-zentren/zkm/

Literatur

ABFALTER, Dagmar (2010): *Das Unmessbare messen? Die Konstruktion von Erfolg im Musiktheater.* Wiesbaden: VS.

ADELMANN, Clem (1993): Kurt Lewin and the Origins of Action Research. – In: *Educational Action Research* 1/1, 7-24.

AMABILE, Teresa (1983): *The Social Psychology of Creativity.* New York: Springer.

AUVINEN, Tuomas (2001): Why Is It Difficult to Manage an Opera House? The Artistic-Economic Dichotomy and Its Manifestations in the Organizational Structures of Five Opera Organizations. – In: *The Journal of Arts Management, Law and Society* 30, 268-282.

BAECKER, Dirk (2013): *Wozu Theater?* Berlin: Theater der Zeit.

BETZLER, Diana/EICHE, Daniel/KABITZ, Sabrina/BAUMANN, Mark (2014): *Qualitätsmanagement. Herausforderungen und Chancen für Theater.* Vortrag gehalten beim Schweizer Theatertreffen am 28. Mai 2014, Winterthur.

BETZLER, Diana/KABITZ, Sabrina/EICHE, Daniel/LORENZ Silvia/BAUMANN, Mark (2016): *Theatre Quality Frame. Das Qualitätsmanagement-System für Theater und Veranstaltungshäuser.* Winterthur: ZHAW.

BETZLER, Diana/LABARONNE, Leticia (2011): Qualitätsmanagement im Theaterbetrieb. – In: *Proscenium* 151, 12-13.

BUNDESAMT FÜR STATISTIK (2015): *Kulturfinanzierung durch die öffentliche Hand.* Bern.

BUNDESAMT FÜR STATISTIK (2016): *Kulturfinanzierung durch die öffentliche Hand. Nach Kulturbereichen, 1990-2014.* Eidgenössische Finanzverwaltung, Schweiz.

BOERNER, Sabine (2002): Theater – absolutistische Bastion oder Hort künstlerischer Freiheit? Eine empirische Untersuchung der Bedingungen künstlerischer Qualität. – In: *Zeitschrift für öffentliche und gemeinwirtschaftliche Unternehmung* 24, 249-262.

BOERNER, Sabine (2004): Artistic Quality in an Opera Company: Toward the Development of a Concept. – In: *Nonprofit Management and Leadership* 14, 425-436.

BOERNER, Sabine (2008): The Perception of Artistic Quality in Opera – Results from a Field Study. – In: *Journal of New Music Research* 37, 233-245.

BOERNER, Sabine/GEBERT, Diether (2005): Organizational Culture and Creative Processes. Comparing German Theater Companies and Scientific Institutes. – In: *Nonprofit Management and Leadership* 16, 209-220.

BOORSMA, Miranda/CHIARAVALLOTI, Francesco (2010): Arts Marketing Performance: An Artistic-Mission-Led Approach to Evaluation. – In: *The Journal of Arts Management, Law, and Society* 40, 297-317.

BRISKMAN, Larry (2009): Creative Product and Creative Processes in Science and Art. – In: Krauß, Michael/Dutton, Denis/Bardsley, Karin (Hgg.), *The Idea of Creativity*. Netherlands: Brill.

BRUHN, Manfred (2011): *Qualitätsmanagement für Dienstleistungen. Grundlagen, Konzepte, Methoden*. Heidelberg: Springer.

BRUNNER, Franz/WAGNER, Karl. W. (2011): *Qualitätsmanagement. Leitfaden für Studium und Praxis*. München: Hanser.

CROZIER, Michel/FRIEDBERG, Erhard (1979): *Die Zwänge kollektiven Handelns: Über Macht und Organisation*. Hain-Hanstein: Athenaum.

DAVIS, Howard/SCASE, Richard (2000): *Managing Creativity. The Dynamics of Work and Organization*. Buckingham: Open UP.

DEFILIPPI, Robert/GRABHER, Gernot/JONES, Candace (2007): Introduction to Paradoxes of Creativity: Managerial and Organizational Challenges in the Cultural Economy. – In: *Journal of Organizational Behavior* 28, 511-521.

DiMAGGIO, Paul J./POWELL, Walter W. (1983): The Iron Cage Revisited: Institutional Isomorphism and Collective Rationality in Organizational Fields. –In: *American Sociological Review* 48/2, 147-160.

FIGUEROA-DREHER, Silvana K. (2012): Wann und weshalb ist Improvisation kreativ? – In: Göttlich, Udo/Kurt, Ronald (Hgg.), *Kreativität und Improvisation*. Wiesbaden: Springer, 187-207.

GARVIN, Davis A. (1984): What Does Product Quality Really Mean? – In: *Sloan Management Review* 26, 25-43.

GERLACH, Rita (2006): The Question of Quality in a Comparison of British and German Theatre. – In: Eisenberg, Christiane/Gerlach, Rita/Handke, Christian (Hgg.), *Cultural Industries: The British Experience in International Perspective*. Berlin: Humboldt University, 99-118.

HAUNSCHILD, Axel/EICKHOF, Doris R. (2007): For Art's Sake! Artistic and Economic Logics in Creative Production. – In: *Journal of Organizational Behavior* 28, 523-538.

INTERNATIONAL STANDARDS ORGANIZATION (Hg.): ISO DIN EN ISO 9000: 2015-11.

INTERNATIONAL STANDARDS ORGANIZATION (Hg.): ISO DIN EN ISO 9001: 2015-09.

BUNDESVERSAMMLUNG DER SCHWEIZERISCHEN EIDGENOSSENSCHAFT (Hg.) (2009): *KFG Bundesgesetz über die Kulturförderung vom 11. September 2009*. No. 442.1.

KLEIN, Armin (2013): Rolle und Bedeutung von Evaluation in der Kultur und Kulturpolitik in Deutschland. – In: Hennefeld, Vera/Stockmann, Reinhard (Hgg.), *Evaluation in Kultur und Kulturpolitik*. Münster: Waxmann, 9-33.

KNAVA, Irene/HESKIA, Thomas (2016): *ISO for Culture. Qualitätsmanagement als Führungsinstrument*. Wien: facultas.

KÜHL, Stefan (2009): *Handbuch Methoden der Organisationsforschung: Quantitative und Qualitative Methoden*. Wiesbaden: VS.

McDAVID, James C./HUSE, Irene/HAWTHORN, Laura R. L. (2013): *Program Evaluation and Performance Measurement. An Introduction into Practice*. Thousand Oaks/CA: Sage.

MILLER, Eric J. /RICE, A. K. (2001): *Systems of Organization: The Control of Task and Sentient Boundaries*. London: Routledge.

PIEPER, Richard (2000): Institution. – In: Reinhold, Gerd (Hg.), *Soziologie-Lexikon*. München, Wien: Oldenburg, 295-298.

POPITZ, Heinrich (2000): *Wege der Kreativität*. Tübingen: Mohr.

PREECE, Stephen B. (2005): The Performing Arts Value Chain. – In: *International Journal of Arts Management* 8, 21-32.

RADBOURNE, Jennifer/JOHANSON, Katya/GLOW, Hilary/WHITE, Tabitha (2009): The Audience Experience: Measuring Quality in the Performing Arts. –In: *International Journal of Arts Management* 11, 16-29.

ROSSI, Peter H./FREEMAN, Howard E./HOFMANN, Gerhard (1988): *Programm Evaluation. Einführung in die Methoden angewandter Sozialforschung*, Stuttgart: Enke.

SCHMIDT, Thomas (2017): *Theater, Krise und Reform. Eine Kritik des deutschen Theatersystems*. Wiesbaden: Springer VS.

STACHOWIAK, Herbert (1973): *Allgemeine Modelltheorie*. Wien, New York: Springer.

STOCKMANN, Reinhard (2006): *Evaluation und Qualitätsentwicklung. Eine Grundlage für wirkungsorientiertes Qualitätsmanagement*. Münster: Waxmann.

THROSBY, C. D. (1990): Perception of Quality in Demand for the Theatre. – In: *Journal of Cultural Economics* 14, 65-82.

THROSBY, David (2001): *Economics and Culture*. Cambridge: UP.

TOBIAS, Stefan (2004): Quality in the Performing Arts: Aggregating and Rationalizing Expert Opinion. – In: *Journal of Cultural Economics* 28, 109-124.

TURBIDE, Johanne/LAURIN, Claude (2009): Performance Measurement in the Arts Sector: The Case of the Performing Arts. – In: *International Journal of Arts Management* 11, 56-70.

URRUTIAGUER, Daniel (2004): Programme Innovations and Networks of French Public Theatres. – In: *The Service Industries Journal* 24, 37-55.

VAKIANIS, Artemis (2006): Besonderheiten des Managements von Kulturbetrieben anhand des Beispiels „Theater". – In: Zembylas, Tasos/Tschmuck, Peter (Hgg.), *Kulturbetriebsforschung – Ansätze und Perspektiven der Kulturbetriebslehre*. Wiesbaden: VS, 79-98.

VORWERK, Christopher (2012): *Qualität im Theater. Anforderungssysteme im öffentlichen deutschen Theater und ihr Management*. Wiesbaden: Springer VS.

VOSS, Zannie/VOSS, Glenn B. (2000): Exploring the Impact of Organizational Values and Strategic Orientation on Performance in Not-for-Profit Professional Theatre. – In: *International Journal of Arts Management* 3, 62-76.

WALGENBACH, Peter/BECK, Nikolaus (2003): Effizienz und Anpassung. Das Erklärungspotential der neoinsitutionalistischen Organisationstheorie am Beispiel ISO 9000. – In: *Betriebswirtschaft* 63/5, 497-515.

WELTZ, Friedrich (1988): Die doppelte Wirklichkeit der Unternehmen und ihre Konsequenzen für die Industriesoziologie. – In: *Soziale Welt* 39/1, 97-103.

Anhang 1

Dimensionen/Kriterien/ Indikatoren	Methoden	Quelle
wirtschaftliche Performance (Wirtschaftliche Situation, Besucherloyalität, Besucherzufriedenheit, Auslastung) Peer-Reputation (Medienkritiken, Reputation des künstlerischen Direktors) künstlerische Qualität (Stückauswahl/Repertoire, subjektive Künstlerische Qualität) organisationales Klima (Betriebsklima, Mitarbeiterzufriedenheit, Karriereoptionen, Mitarbeiterkompensation)	Anhand einer quantitativen Befragung von 149 Mitarbeitern zweier mittelgrosser deutscher Theater wurden ein Modell über die Konstruktion von Erfolg getestet und anhand qualitativer Interviews auf Plausibilität überprüft.	(ABFALTER 2010)
Quellenmaterial Technische Faktoren Nutzen für das Publikum Nutzen für die Gesellschaft Nutzen für das Kunstformat	Throsby schlägt einen Kriterienkatalog zur Qualitätsbewertung vor, die er für die Schätzung von Nachfrage- und Nutzungsfunktionen verwendet. Die Ergebnisse bestätigen die Wichtigkeit qualitativer Variablen bei der Nachfrage und bei Entscheidungen zur Programmierung von Theatern.	(THROSBY 1990)
Künstlerischer Erfolg Zufriedenheit des Publikums Zufriedenheit der Geldgeber Personalmanagement Finanzmanagement Wachstum und Wettbewerbsfähigkeit Image und Reputation	Eine Befragung von 300 Theatern in der Region Quebec.	(TURBIDE/ LAURIN 2009)

Dimensionen/Kriterien/ Indikatoren	Methoden	Quelle
Organisationsziele (Mission) des Theaters (Primary customer value, primary societal value, professional value)	Vorschlag eines Modells basierend auf Kaplan und Norton's Balanced Scorecard zur Evaluation des Erreichens der künstlerischen Mission.	(BOORSMA/ CHIARA-VALOTTI 2010)
Stakeholder-Beziehungen (Total customer value, total societal value, reputations, relations, and competitiveness in the professional art field)		
Finanzielle Ziele (revenue from customers, subsidies and funds from governments, philanthropists, and sponsors).		
Preisgelder und Stipendien		
Wissenstransfer	Es wurden an drei Theatern in Melbourne (Australien) 4 Fokusgruppenanalysen mit insgesamt 27 Personen aus dem Publikum durchgeführt, um individuelle Erfahrungen des Theatererlebnisses zu analysieren.	(RADBOURNE et al., 2009)
Risikomanagement		
Authentizität und Schauspielerinteraktion		
Kollektives Engagement		

Tab. 2: *Studien zu multiplen Zielsystemen am Theater.*

ESSAYS UND FALLSTUDIEN
ESSAYS AND CASE STUDIES

Lernen braucht Mut
Evaluation in der kulturellen Bildung[1]

DIETER HASELBACH[A]*, ANTONIA STEFER[B]
[A, B]Zentrum für Kulturforschung, Berlin

Abstract
Programm- und Projektevaluationen in der kulturellen Bildung werden inzwischen regelmäßig, aber oftmals leider nur als routinierte Leistungsschau mit erwartbaren Ergebnissen durchgeführt. Die Autoren entwickeln aus der eigenen Arbeitspraxis ein Konzept einer Evaluation, die institutionelles Lernen fördert. Der Beitrag entwickelt Regeln und Arbeitsschritte für eine partizipative, am Lernerfolg ausgerichtete Evaluation. Grundsätzlich gilt, dass die Evaluation in einem intensiven kommunikativen Prozess mit Auftraggebern, Evaluierten und anderen Stakeholdern geführt werden muss. Die Evaluation wird so organisiert, dass Lernschleifen im Sinne einer Fehlerkorrektur stattfinden. Auftraggeber und Evaluierte werden dahin geführt, selbst an einer Aktualisierung von Zielen, Handeln und Zielerreichung zu arbeiten. Der Einsatz qualitativer Methoden neben quantitativen Verfahren ermöglicht das Erkennen von Fehlern im Programm oder Projekt und von Gründen für deren Auftreten. Doch noch immer ist eine Fehlerkritik nicht überall erwünscht. Fehler aber müssen erlaubt sein und im wertschätzenden Miteinander konstruktiv zu institutionellem Lernen und Prozessverbesserung genutzt werden.

Keywords
Evaluation; Methodenentwicklung; Beruf und Rolle; Organisation

1. Routinen

Programm- und Projektevaluationen sind schon seit Jahren in der öffentlichen und privaten Kulturförderung angekommen. Wurde noch 2004 von Max Fuchs (2004) ein Fehlen an Erfahrungen und Methoden konstatiert, so kann heute auf viele Jahre der Evaluationspraxis zurückgeblickt und auf einen stetig wachsenden Pool an Methoden zugegriffen werden. Bund, Länder, Kommunen und Stiftungen, öffentliche wie private, beauftragen regelmäßig externe Berater mit Evaluationen, um einzelne Projekte oder größerer Programme in ihrer Umsetzung zu

---

* Email: haselbach@kulturforschung.de
1 Anders als in wissenschaftlichen Zeitschriften üblich, verzichten wir in diesem Essay auf einen Apparat von Belegen, außer einem historischen Textverweis. Kenner der Materie sehen leicht, in welchem akademischen Kontext unsere Argumente zu verorten sind: Es geht um eine aus der Praxis erwachsende Konkretisierung der Verfahren ‚formativer' Evaluation in der Kultur.

überprüfen. Immer noch aber erschöpfen sich viele Evaluationsberichte darin, die evaluierten Projekte zu preisen, also in einer reinen Projektdarstellung oder Leistungsschau. Gewissenhaft werden Zahlen und Statistiken bemüht und es werden Zufriedenheiten beschrieben. Die konstruktive Kraft der Kritik, zumal in der Interaktion zwischen Auftraggebern, Evaluierten und Evaluatoren wird nicht so viel genutzt, wie dies möglich wäre.

Evaluation ist fast ein Standardprodukt geworden. Auftraggeber erwarten ein kalkulierbares Ergebnis. Aber Evaluation kann mehr: Sie kann mit ihren Interventionen institutionelles Lernen stützen. Dabei muss sie die Form der Wertschätzung nicht verlassen. Solche Evaluation stützt reflexive Lernschleifen, in denen Gründe, Ziele, Umsetzungen und Ergebnisse eines institutionellen Handelns hinterfragt und bewertet und neue Lösungen und Ideen möglich werden. Dies kann gelingen, wenn Auftraggeber und Evaluierte den Willen und den Mut haben, sich im Evaluationsprozess nicht nur den Erfolg bescheinigen lassen zu wollen, sondern ihre Ziele und Prozesse auf den Prüfstand stellen, also lernen, auch mit offenem Ende.

In solchen Evaluationen stellen sich eine Reihe methodischer und kommunikativer Anforderungen. In den nachstehenden Zeilen haben wir unsere Vorstellungen zusammengefasst, was getan werden muss, um in und mit Evaluationen Lernschleifen zu gestalten und die Projektintelligenz und Projektpraxis stützen. Wir wollen einige Argumente bemühen und einige Vorschläge machen. Als Referenzrahmen wählen wir Programme und Projekte der kulturellen Bildung.

2. Tun und Wirken

Eine Evaluation setzt voraus, dass Ziele vorhanden sind und das Erreichen dieser Ziele messbar und bewertbar ist. Buchstabieren wir dies für Projekte der kulturellen Bildung einmal durch.

Zunächst ist es nicht selbstverständlich, dass Projekte tatsächlich belastbare und nachvollziehbare Ziele haben. Manchmal greifen Zielformulierungen zu kurz: Es wird dann beschrieben, was man tut – und das will man auch tun. Manchmal ist Projektziel, was in einem Förderprogramm vorgegeben ist: Dann richtet sich ein Projekt nach den Förderchancen, stellt das, was es will und tut, als förderbar dar. Manchmal merken und akzeptieren Fördergeber das augenzwinkernd, manchmal wiegen sie sich in der Illusion, ihre Förderung habe das Ziel und die Aktivität erst hervorgerufen. Sei dies, wie es ist: Eine gültige Zielformulierung muss enthalten, was – emphatisch gesprochen – sich in der Welt ändern soll, wenn etwas getan wird, um diese Änderung in die Welt zu bringen.

Gerade in der kulturellen Bildung werden Ziele oftmals als weit gesteckte Wirkungsabsichten formuliert. Als Begründungen für den Einsatz öffentlicher Mittel werden dann Wirkungsbehauptungen aufgestellt, die sich auf die jeweils erwartbare individuelle Entwicklung der Teilnehmenden richten. Das Lernen der Teilnehmenden sei nicht nur das kulturelle Lernen im kulturellen Angebot, sondern umfassender, umgreife die Entwicklung von Kernkompetenzen und die Persönlichkeitsentwicklung insgesamt. Oder es wird gleich ein ganzes gesellschaftliches oder wirtschaftliches Bild gezeichnet: Das Projekt fördere Demokratie und Partizipation, mache Kultur, wie wir sie kennen, erst nachhaltig oder trage wesentlich zur wirtschaftlichen Entwicklung am Standort des geförderten Projekts bei.

Evaluatoren stehen hier vor dem Problem, Projektziele in messbare und überprüfbare auf der einen und solche politischer Projektargumentation auf der anderen Seite zu trennen. Nach unserem Verständnis besteht im Rahmen einer Evaluation die Aufgabe, mit Auftraggebern und Projektpartnern die Projektebenen zu sortieren und jeweils sachgemäß zu bearbeiten:

a) Die konkrete Maßnahmenebene: Hier stellen sich die Fragen, für wen oder was an welchem Ort welches Geld zu welchem Zweck eingesetzt wurde oder wird und welche Leistung dafür erbracht wurde oder wird. Die Leistung bemisst sich auf dieser konkreten Projektebene in Stunden, Teilnehmerzahlen, konkreten Bildungsinhalten, Betreuungsschlüsseln u. a. m.

b) Die Zielebene: Ziele, auch Programm- oder Projektziele, beziehen sich unmittelbar auf das einzelne Programm oder Projekt. Sie stehen in einem Kausalzusammenhang mit den eingesetzten Maßnahmen, die aus den Zielen abgeleitet wurden oder werden. Ziele können aus einer Defizitanalyse entstehen. In diesem Fall soll ein Programm oder Projekt einem vorhandenen Mangel oder einer Fehlentwicklung gegensteuern. In diesem Falle ist es wichtig, die Defizite mit zu benennen. Ziele können einen Versorgungsgrad erhöhen, dann wäre der Versorgungsgrad zu nennen. Oder Ziele können einen anderen beobachtbaren Unterschied betreffen, dann wäre dieser Unterschied zu beschreiben und, wo möglich, zu quantifizieren.

c) Die Ebene politischer Argumente und Visionen: Programme und Projekte werden in der Regel mit politischen und/oder gesellschaftlichen Zielen verknüpft, die eingebunden sind in ein politisches oder gesellschaftliches Weltbild und Werteverständnis. Es handelt sich dabei um generalisierende Aussagen, aus denen sich nicht schlüssig einzelne Programm- und Projektmaßnahmen ableiten lassen.

Die Ebene der politischen Argumentation hat ihre volle Berechtigung im Entscheidungsprozess, in der politischen Bewertung und in der Kommunikation der Auftraggeber mit der Öffentlichkeit. Auf dieser Ebene formulierte Wirkungsanliegen übersteigen jedoch die Möglichkeiten von Evaluation. Bei Zielen, die eine gesellschaftliche oder persönliche Entwicklung der Teilnehmenden formulieren, sind die kausalen Zusammenhänge nicht zu klären. Gesellschaftliche und individuelle Entwicklungen von Menschen erfolgen immer in einem komplexen sozialen Kontext. Zwischenzeitliche gesellschaftliche Entwicklungen und Ereignisse sowie Erlebnisse und Erfahrungen bei Personen können nicht erfasst und ausgeschlossen werden. Ganz zu schweigen von Entwicklungsprozessen, die bei teilnehmenden Kindern zu erwarten sind. Um es noch einmal klar zu formulieren: Ob eine Maßnahme, ein Programm oder ein einzelnes Projekt eine gesellschaftliche Wirkung hat, kann nicht ermittelt werden. Ob sie oder es zur Persönlichkeitsentwicklung oder Ausbildung von Kernkompetenzen bei den Teilnehmenden beiträgt, könnte nur unter Laborbedingungen oder in aufwendigen Vergleichsstudien ermittelt werden. Niemand mit Verstand würde sich dem strengen Design einer solchen Studie unterwerfen wollen. Dasselbe gilt für wirtschaftliche Entwicklungen. Gesellschaftliche oder wirtschaftliche Veränderung ist ein multifaktorielles Geschehen und kaum auf eindeutige Ursache-Wirkungs-Zusammenhänge zurückzuführen.

Methodisch spricht man hier von einer Zuordnungslücke in der Wirkungsforschung. Es lassen sich die Ausgaben eines Projekts kultureller Bildung dem Projekt zuordnen. Auch die von ihm besoldeten Mitarbeiterinnen und Mitarbeiter sind zuzuordnen. Schließlich sind die Besuche von Kindern und Jugendlichen ‚Wirkung' des Projekts. Die Behauptung aber, dass eine Veränderung von Kennzahlen im Bildungsverhalten am Standort oder die wirtschaftliche Dynamik dort mit dem Projekt zu tun haben, lässt sich weder bestätigen noch zurückweisen. Eine Zuordnung ist nicht möglich. Selbst wenn Zahlenreihen korrelieren, sagt das nichts: so mag auch der Margarineverbrauch in einer Stadt mit der Scheidungsrate korrelieren.

Evaluation steht hier vor einem Problem: Entweder die selbst gesteckten Ziele der Projekte werden nicht ernst genommen oder es ist keine zielbezogene Aussage möglich, was aber Aufgabe von Evaluation wäre. In vielen Evaluationen werden die weitgesteckten Ziele der Auftraggeber schlicht übernommen, Fallzahlen, Mitteleinsatz und Einschätzungen der Beteiligten zusammengenommen und dann postuliert, das Ziele sei erreicht. Dabei werden methodisch saubere Verfahren in der Datenerhebung und Auswertung angewandt, jedoch das zentrale Kriterium der Validität von Daten nicht beachtet. An der Zuordnungslücke wird mutig in den Nebel gesprungen. Gemessen und bewertet wird, was an Maßnahmen umgesetzt wurde. Gemessen und bewertet werden aber nicht individuelle und gesellschaftliche Wirkungen, aus denen sich die Projekte und Programme zu begründen müssen glaubten.

So steht und fällt die Evaluation und die Chance aus der Überprüfung und Bewertung zu lernen mit der Erarbeitung eines gemeinsamen Verständnisses für die konkreten Maßnahmen und die damit verknüpften Projektziele. Wird an dieser Stelle nicht genug investiert, bleibt die Evaluation ergebnisleer.

3. Partizipation ist Methode

Gegenstand von Evaluationen sind Ziele, ihre Umsetzungspraxis und die Zielerreichung gemessen an entwickelten Kriterien. Die Bewertungskriterien beziehen sich auf die Ziele, berücksichtigt werden müssen in der Regel auch wirtschaftliche Prinzipien, denn jedes öffentlich geförderte Projekt muss in einem gegebenen Rahmen wirtschaften. Bewertungskriterien können nur partizipativ entwickelt werden. Es gibt für den Wert und Erfolg eines kulturellen Programms und Projektes keine objektiven Maßstäbe wie etwa für ein Ingenieursprojekt, sondern es geht vielmehr um kulturelle, bildungsbezogene und politische Intention des Programms oder Projektes. Ziele und Wertorientierungen der Auftraggeber müssen deswegen berücksichtigt werden, allerdings nur in dem Maße, in dem es einer Evaluation methodisch möglich ist, wie oben gezeigt wurde. Genaue Feldkenntnis und Erfahrung der Evaluatoren und eine Analyse von Referenzprogrammen und -projekten helfen, um in der Evaluation Maßstäbe für Erfolg und Misserfolg zu generieren, die handhabbar sind und mit denen sich Aussagen erarbeiten lassen, die für Projekt und Auftraggeber relevant sind. So können auftretende Umsetzungsschwierigkeiten und gelungene Umsetzung richtig eingeordnet werden: Was ist

Erfolg oder Problem der Maßnahme, was ist auf regelmäßig auftretende widrige oder fördernde Faktoren im Umfeld kultureller Bildung zurückzuführen?

Ein partizipativer Evaluationsaufbau ist unumgänglich. Von Beginn an müssen Evaluationen engen Austausch zu den Auftraggebern suchen und pflegen. Dabei ist zu klären, welche Ansprechpartner zur Verfügung stehen, welche Informationskanäle genutzt werden können und wie der Austausch organisiert wird. Besonders transparent muss abgesprochen werden, welche Fragen im Austausch gemeinsam zu bearbeiten sind und wie die Ergebnisse des Austausches verwandt werden.

Diese partizipative Struktur beginnt im ersten Schritt bei der Auftragsvergabe und der Verständigung über Gegenstand und genauen Auftrag. Der zweite Schritt ist die Absprache des Forschungsdesigns und der Bewertungskriterien. In der Phase der Datenerhebung und Auswertung, dem eigentlichen Evaluationsprozess und dritten Schritt, müssen enge Kontakte zu den Auftraggebern bestehen, um regelmäßig auftretende Verständnisfragen, überraschende Ergebnisse oder notwendige Strategieanpassungen zu besprechen. Eine Umsetzung der Ergebnisse in Empfehlungen, Entwicklungen und konkrete Handlungen im letzten Schritt kann ebenfalls sinnvoll nur gemeinsam erfolgen und entwickelt werden.

Evaluationen, die nur statistische Methoden bemühen, sind im Kulturbereich selten geworden. Es ist ein Verständnis dafür gewachsen, dass rein quantitative Forschungsdesigns eher geeignet sind, eine wenig aussagekräftige Leistungsschau zu produzieren als Ergebnisse, die in die sensible kulturelle Materie passen. Statistische Verfahren sind unersetzlich, um numerische Daten auszuwerten und zu analysieren. Auch können hypothesengestützt Zusammenhänge berechnet und Abhängigkeiten ermittelt werden. Für eine detaillierte Analyse der Umsetzungspraxis und Zielerreichung von Projektzielen und der Erfolge und Probleme einzelner Maßnahmen taugen sie nicht. Hier sind qualitative Erhebungs- und Auswertungsmethoden gefragt, die eine intensive, zielorientierte Kommunikation mit allen Beteiligten ermöglichen. Auftraggeber des kulturellen Projekts, Akteure, Teilnehmende und Evaluatoren kommen so in einen strukturierten, themenbezogenen Austausch. Insbesondere bei Evaluationen von Programmen und Projekten der kulturellen Bildung sind somit qualitative und quantitative Mixed-methods-Designs zu empfehlen. Partizipative Prozesse in der Evaluation müssen angeregt, moderiert, begleitet werden. Sie bilden eine permanente zusätzliche Aufgabe für das Evaluatorenteam und eine reflexive Schleife im Prozess. Trotz des Arbeitsaufwandes lohnen sie sich.

4. Lernen durch Fehler

Wird eine Evaluation in der soeben beschriebenen partizipativen und quantitativ-qualitativen Form durchgeführt, bietet sich eine für Auftraggeber, das Projekt und auch für das Evaluationsteam große Chance: Evaluation kann nun mehr werden als ein Punkt auf der Check-Liste zum Projektabschluss, mündend in eine wenig beachtete Dokumentation: Vielmehr geht es um institutionelles Lernen.

Quantitative Auswertungen generieren ‚harte' Zahlen und Zahlenreihen. Sie zeigen ihren Sinn erst, wenn sie durch qualitative Argumente in einen Kontext gestellt werden. Durch qualitative Forschungsmethoden können Erfolge und Misserfolge in der Umsetzung und Zielerreichung nicht nur auf einer inhaltlichen Ebene erhoben, sondern auch auf Gründe und störende und begünstigende Umweltfaktoren in der Organisation, Kommunikation der Beteiligten u. a. untersucht werden. Ist die Definition von Zielen und Bewertungskriterien gelungen, lassen sich darauf aufbauend konkrete, maßnahmenbezogene Wirkungen überprüfen.

Wichtig für den Erkenntnisprozess und den Gewinn, den eine Evaluation bringen kann, ist, wie mit den Fehlern und Misserfolgen umgegangen wird, die in dieser Arbeit gemeinsam von Projektpartnern und Auftraggeber auf der einen, dem Evaluationsteam auf der anderen Seite gefunden werden. Fehlerkultur hat in der kulturellen Evaluation noch keine Tradition. Fehlerkultur heißt, dass Scheitern, mehr noch als der Erfolg, als Lernchance gesehen wird. Werden Programm- und Projektziele klar, eindeutig, maßnahmenbezogen und mit einem Erwartungshorizont erarbeitet und formuliert, werden sich in Evaluationen neben Erfolgen und unproblematischen Umsetzungen Fehler, fehlende Zielerreichung und manchmal ein Scheitern ganzer Programme oder Programmteile zeigen. Gerade Kultur und namentlich Projekte arbeiten oft auf Feldern, wo nicht alles schon bekannt und gebahnt ist. Der Umgang mit Programm- und Projektdefiziten ist nun das entscheidende. Werden positive Verläufe betont, schwierige Ergebnisse in einer stillschweigenden Operation in den Hintergrund geschoben, dass eine Evaluation möglichst ein positives Ergebnis in Präsentation und Bericht haben müsse? Oder wird genau an dieser Stelle eine zweite Frageschleife angehängt? Lernen passiert dann, wenn nach der ersten Erhebung der

Erfolge und Misserfolge die Frage nach dem ‚Warum' gestellt werden darf: Warum waren einzelne Programmteile und Projektmaßnahmen nicht erfolgreich? Wichtig ist es an dieser Stelle, in Diskussionen mit den Auftraggebern und den Projektverantwortlichen herauszufinden, welche Ergebnisse sie überraschen und welche selbsterklärend sind. Überraschende Ergebnisse oder solche mit einer überraschenden Skalierung bedürfen der Nacharbeit. Generell gilt: Die Bedeutung einer offenen Fehlerkultur gilt auch bezogen auf die Evaluation. Wo im Prozess immer wieder miteinander gesprochen wird, können auch Schwächen und Fehler in der Anlage oder dem Verlauf der Evaluation im Prozess korrigiert werden, wo sich Schwächen herausstellen, muss sie nicht wie geplant durchgezogen werden, vielmehr sind regelmäßige Prüfung der Passung und somit Anpassungen im Auftrag, im Forschungsdesign und in der Anlage der Fragen möglich.

Wo so evaluiert wird, ist das Wesentliche nicht der Bericht, der natürlich ebenfalls entsteht, sondern die Begleitung, die Auftraggeber und evaluierte Projekte erfahren: Durch den Spiegel von Wirkungen und Wirkungsmechanismen wird im Prozess der Evaluation strukturiertes Lernen möglich. Der Vorteil einer ergebnisoffenen Evaluation und einer Lernkultur, die Scheitern als Lernvorteil begreift, liegt in der Verwertbarkeit der Ergebnisse für die zukünftige Arbeit, für Handlungsempfehlungen, für die Entwicklung des untersuchten Programmes und Projektes. Gelingt die Kombination aus Programm- und Projektevaluation mit gleichzeitiger Fehlerquellen- und Kontextanalyse, kann Gelerntes auch auf andere Programme und Projekte übertragen und im besten Falle eine Anpassung von kulturpolitischen Zielen und Maßnahmenentscheidungen stattfinden. – Allerdings: In diese Umgebung gehört auch ein Lernen-Dürfen! Wenn eine zweite Förderrunde von vornherein ausgeschlossen ist oder wenn Fördergeber Fehler nicht im Sinne einer Fehlerkultur interpretieren, sondern bestrafen, kann Lernen nicht wirksam stattfinden.

Begleitende, partizipative Evaluation, die Lernen in den Mittelpunkt stellt, erfordert Mut. Mut bei den Auftraggebern, sich, wo es sie gibt, mit Schwächen und Scheitern von Programmen und Projekten oder einzelner Teile auseinanderzusetzen, ohne deswegen gleich negative Sanktionen auszusprechen. Mut bei verantwortlichen Mitarbeitern, denn ihre Arbeit steht auf dem Prüfstand – und wer lässt sich schon gern auf den Prüfstand stellen. Deswegen ist für diesen Evaluationsansatz große Transparenz und eine intensive, auf Vertrauen aufgebaute Kommunikation essentiell. Immer wieder ist abzusprechen, wie mit Ergebnissen umgegangen wird. Nicht alle Ergebnisse müssen in den Projektbericht; aber sie müssen im Projekt und beim Auftraggeber ihre Wirkung entfalten dürfen.

An Evaluatoren werden besondere Anforderungen gestellt, neben Sachverstand bedarf es kommunikativen Geschicks und großer Sensibilität. Kommunikation ist eine eigenständige Aufgabe in der Evaluation und erfordert viel Aufmerksamkeit, vor allem zu Beginn ist Vertrauen zu erarbeiten. Flexibilität in der Anpassung der Evaluationsstrategie und eine ständige Ergebniskontrolle kommen zu den Standardanforderungen einer Evaluation hinzu. Und letztlich ist Rückgrat gefragt, wenn ein Evaluationsteam den Auftraggeber mit unbequemen Wahrheiten statt mit weichgespülten, institutionenfreundlichen Ergebnissen konfrontieren muss. Diskussionen müssen gesucht, Auseinandersetzungen ausgetragen werden. Respekt und Wertschätzung gehören dazu, ein Zurückhalten kritischer Erkenntnisse aber ist weder respektvoll noch wertschätzend.

Autoren

Dieter Haselbach ist habilitierter Soziologe. Seit mehr als 20 Jahren Kulturberater und Kulturfor-scher. Arbeitete als Hochschullehrer in Kanada, England, Österreich und Deutschland. Derzeit Geschäftsführer des Zentrums für Kulturforschung, Business Partner in der ICG Deutschland und apl. Prof. für Soziologie an der Philipps-Universität in Marburg.

Antonia Stefer studierte Diplompädagogik, Politikwissenschaft und Kunstgeschichte an den Universitäten Hildesheim, Bonn und Marburg. 2005 Abschluss im Fach Politikwissenschaft an der Philipps-Universität in Marburg. Ist seitdem tätig zunächst als freie wissenschaftliche Mitarbeiterin und Lehrbeauftrage, seit 2014 Mitarbeiterin des Zentrums für Kulturforschung GmbH und seit Januar 2017 Projektleiterin/Referentin beim Heimatverband M-V e.V.

Literatur

FUCHS, Max (2004): Evaluation in der Kulturpolitik – Evaluation von Kulturpolitik. – In: Ermert, Karl (Hg.), *Evaluation in der Kulturförderung. Über Grundlagen kulturpolitischer Entscheidungen*. Wolfenbüttel: Bundesakad. für kulturelle Bildung, 81-96.

Evaluation am Theater
Die Kunst, Kultur (nicht nur) zu messen – zu
Prozessen und Methoden der Evaluation an Theatern
in der südschwedischen Region Skåne

JENNY SVENSSON*
Institut für Kultur- und Medienmanagement, Hochschule für Musik und Theater Hamburg

Abstract
Unsere moderne Gesellschaft ist zu einer Evaluationsgesellschaft geworden, in der Feedbackschleifen und Bewertungen zu einer Routine geworden sind. Von dieser Evaluationswelle blieb der Kulturbereich bislang weitestgehend verschont. Evaluation als Instrument einer reflexiv geprägten demokratischen Gesellschaft kann jedoch dem Kulturbetrieb dienlich sein. Dabei muss Evaluation die Funktion von Kunst in der Gesellschaft als eine polarisierende, komplexe Angelegenheit anerkennen und diese Komplexität in der Evaluation berücksichtigen. Das hat auch Auswirkungen auf die Funktionen von Evaluation im Theaterbetrieb. Anhand der Evaluationspraxis in den Jahren 2006 bis 2014 an den öffentlichen Theatern der südschwedischen Region Skåne wurden Methoden, Prozesse und Funktionen von Evaluation empirisch erhoben und analysiert, um herauszufinden welche Wirkungen und Resultate aus den unterschiedlichen Evaluationen hervorgehen und welche Faktoren eine Rolle für die nachhaltige Nutzung von Evaluation spielen. Die Studie zeigt: Die Funktionen von Evaluation sind im Kulturbereich vielfältig und müssen in Balance zueinander gesetzt werden. Daher sollte Evaluation am Theater weniger als Steuerungsinstrument mit instrumenteller Nutzung gedacht werden. Vielmehr kann Evaluation eine Rolle spielen, wenn sie als Reflexionsinstrument für eine konzeptuelle Nutzung eingesetzt wird.

Keywords
Evaluation, Organisaton, Theater, Kulturpolitik

1. Vorbemerkungen

Wirkung, Effizienz und Nachhaltigkeit – die Forderung der Überprüfung von Zielen und Ergebnissen im öffentlichen Kulturbereich war in den letzten zwanzig Jahren Gegenstand einer lebhaften Diskussion. In allen anderen Bereichen, in denen Steuermittel verwendet werden – z. B. im Schul-, Hochschul- oder Gesundheitswesen – ist Qualitätsmanagement und der damit verbundene Evaluationsprozess längst fest etabliert. Der Kunst- und Kulturbereich dagegen konnte infolge seines berechtigten Anspruchs auf Autonomie und Freiheit der Kunst eine Legitimations- und Wirkungskontrolle vermeiden. Hierbei lässt sich seit einiger Zeit

* Email: svensson@kmm-hamburg.de

eine Veränderung feststellen. Ob zum Vorteil oder zum Nachteil der Kulturbetriebe, wird stark davon abhängen, wie das Thema Evaluation von diesen selbst aufgegriffen wird und welche Funktionen Evaluation für sie sowie für ihre Förderer und Träger haben soll.

Wenn heute in Theaterbetrieben über Evaluation gesprochen wird, steht oft der Vorgang des Messens im Fokus: das Messen von Publikumszahlen, das Messen der Auslastungsquote, das Messen und Vergleichen von Input- und Outputfaktoren, die darüber Auskunft geben sollen, ob der Kulturbetrieb effektiv und leistungsorientiert arbeitet und sich auch ‚lohnt'.

Daher hat das Wort Evaluation bei vielen Kulturschaffenden in Deutschland eine oft negative Konnotation: Man kennt Evaluation vor allem in Form von Theatergutachten, die in Krisenzeiten von Beratungsunternehmen zur Beurteilung der Effizienz und Leistung eines Theaters erstellt werden, oft mit dem Ziel, den Betrieb daraufhin zu verschlanken oder mit einem anderen Haus zu fusionieren (VERMEULEN 2004; WAGNER 1994, 2007).

In Schweden ist die kulturpolitische Situation anders: Seit 1974 arbeitet man dort mit nationalen kulturpolitischen Zielen. Diese Ziele haben auch bei der Vergabe von staatlichen Fördermitteln Steuerungsfunktion, sie sind qualitativ geprägt und sollen die öffentlich geförderten Kulturbetriebe in der Ausrichtung ihrer Arbeit leiten. Dass im Kultur- und folglich auch im Theaterbereich qualitative Ziele aufgestellt und evaluiert werden, gehört zum Alltag schwedischer Kulturinstitutionen. In Folge einer Kultur-Enquete-Kommission 2009 wurde eine staatliche Behörde für die Analyse und Evaluation der nationalen Kulturpolitik eingerichtet. Sie nahm 2011 ihre Arbeit auf. Davor evaluierte der staatliche Kulturrat Schwedens (*Statens kulturråd*) etliche kulturpolitische Programme und Maßnahmen, entweder in Eigenregie oder mithilfe von Expertenkommissionen. So wurde z. B. 2003 bis 2004 ein großes Projekt durchgeführt, durch das eine Art ‚Werkzeugkiste' für die Eigenevaluation im Bereich der darstellenden Kunst entwickelt wurde (KULTURRÅDET 2003). Dieses Projekt wurde allerdings nicht auf Initiative der Kulturpolitik, sondern auf Anregung von *Svensk Scenkonst*, dem schwedischen Pendant zum *Deutschen Bühnenverein*, durchgeführt. Evaluationen werden in Schweden also sowohl von kulturfördernden Instanzen als auch von den Kulturschaffenden selbst aktiv betrieben.

Aus diesem Grund wurden Fallstudien an Theatern in Schweden anstatt in Deutschland durchgeführt, wo es weder tiefgehende Ansätze gibt, die Kulturpolitik selbst zu evaluieren, noch einheitliche Regelungen zur Evaluation der institutionellen Förderung (BIRNKRAUT 2011: 32f.). Recherchen im Vorfeld hatten ergeben, dass man in Skåne hinsichtlich Evaluation besonders aktiv war. Zudem hat diese Region seit 2003 eine eigene regionale Kulturpolitik entwickelt, die kontinuierliche Kulturentwicklungspläne beinhaltet. Schließlich bietet die Region ein breites Angebot an Sprech-, Musik- und Tanztheater, das die für die Studie gewünschte Pluralität der untersuchten Theaterinstitutionen garantieren konnte – bei gleichzeitiger Vergleichbarkeit durch die Einbettung in einem gemeinsamen kulturpolitischen Kontext.

Im Fokus der empirischen Forschungsarbeit stand folglich die Evaluationspraxis der Theaterinstitutionen der Region Skåne in Südschweden. Dabei war es mir wichtig, sowohl die Perspektive der Kulturschaffenden – also die in den jeweiligen Theaterinstitutionen künstlerisch oder organisatorisch tätigen Personen – zu berücksichtigen, als auch die Perspektive der Geldgeber – in diesem Fall Kulturpolitik und Kulturverwaltung.

Ausgehend von kulturpolitischen Steuerungsdokumenten – nationalen, regionalen sowie institutionsspezifischen – erfasst die Studie die gesamte Evaluationspraxis, die an den Theaterinstitutionen in der Region Skåne in der Zeit von 2006 bis 2014 stattfand. Dabei waren folgende Fragestellungen leitend:

1. Welche Ziele und welche Funktionen können unterschiedliche Methoden und Prozesse der Evaluation an Theaterinstitutionen haben?
2. Welche Wirkungen und Resultate können aus den unterschiedlichen Evaluationen hervorgehen?
3. Welche Faktoren spielen eine Rolle für die nachhaltige Nutzung von Evaluationen?

Ergänzend wurde die besondere Problematik der Evaluierung im Bereich von Kunst und Kultur mithilfe des Werte- und Entwicklungsquadrats analysiert (SCHULZ VON THUN 2007).

2. Was bedeutet Evaluation

Der Evaluationsbegriff ist in dieser Studie weit gefasst. Es gibt zahlreiche Definitionen, je nachdem, mit welcher Methode und zu welchem Zweck eine Evaluation durchgeführt wird und welches Evaluationsparadigma (LEE 2000: 141-145) zugrunde liegt.

the production of official definitions [...] is an idealized, normative projection of hopes invested in the practice, a statement of potential rather than a description of actual operational capability. (POWER 1997: 1)

Power ist eine der Bezugsquellen des dänischen Evaluationsforschers Peter Dahler-Larsen, für den Evaluation eine „situation where we stop and reflectively consider our experiences in the midst of a specific social practice" (DAHLER-LARSEN 2012: 13) darstellt. In Anlehnung daran definiere ich Evaluation als ein Instrument zur systematischen Reflexion über die Qualität und/oder Wirkung künstlerischer und kultureller Arbeit in Theaterorganisationen. Mit kultureller Arbeit sind dabei alle Prozesse und Vorgänge organisatorischer und administrativer Art gemeint, die mit dem künstlerischen Kernprozess verbunden sind.

Evaluation wird von den meisten Evaluationstheoretikern als positives Phänomen einer modernen demokratischen Gesellschaft beschrieben, so z. B. von Reinhard Stockmann (2008), aber auch von Evert Vedung (1999, 2006). Peter Dahler-Larsen dagegen nimmt eine kritische Haltung gegenüber Evaluation ein. Er sagt, dass wir mittlerweile in einer „Evaluation Society" leben, geprägt durch eine stetige Zunahme von Evaluierungen in beinahe sämtlichen gesellschaftlichen Bereichen. Dabei macht er einerseits auf eine Ritualisierung von Evaluation und andererseits auf die Entwicklung von Evaluationssystemen (sogenannten „Evaluationmachines") aufmerksam. Er zeigt, dass Evaluation eine administrative Routine geworden ist. Die Ritualisierung des Evaluationsprozesses stehe aber dem ursprünglichen Gedanken von Evaluation als Reflexionsinstrument einer modernen Gesellschaft entgegen: Denn das, was früher eine für einen bestimmten Zweck konstruierte Untersuchungsmaßnahme darstellte, sei zu einer institutionalisierten Vermeidung von Diskussionen und kritische Fragestellungen geworden (DAHLER-LARSENS 2012: 176). Gleichzeitig aber sei Evaluation ein Instrument geworden, mit dem sinnstiftend gearbeitet wird:

In evaluation, society seeks to reflect on itself while showing what it subliminally really thinks is important – important to maintain, important to believe, important to change and important to avoid. (DAHLER-LARSEN 2012: 17)

Wenn nun Evaluation in und von Kulturbetrieben immer häufiger verlangt wird, muss die Frage geklärt werden, welche Art von Evaluation einen Kunst- und Kulturbetrieb weiterbringen kann.

3. Die Problematik von Evaluation im Theaterbetreib – Entwurf eines Funktionsmodells

Ausgangspunkt dieser Studie ist die vorherrschende Evaluationsskepsis im Theaterbetrieb. Dass es schwer ist, normative Indikatoren für Institutionen aufzustellen, in denen die essentielle Leistung nicht quantitativ messbar ist und die eine besondere Komplexität durch eine hohe Anzahl von Akteuren mit divergierenden Zielsetzungen aufweisen, ist in der Kulturbetriebsforschung mehrfach beschrieben worden (VAKIANIS 2006; WAGNER 2007; VORWERK 2012; MYNDIGHETEN FÖR KULTURANALYS 2012). Daneben gibt es jedoch einen weiteren Faktor, der die Evaluierbarkeit von Kultur- und Theaterbetrieben entscheidend mitbestimmt, nämlich die grundlegende Polarisierung bezüglich der Funktion von Kunst und Kultur in der Gesellschaft. Diese gilt auch für das Theater als Institution. So beobachtet Dirk Baecker (2013: 15) einen Grundkonflikt, zwischen denen, die der Kunst „eine Aufgabe bei der Repräsentation eines gesellschaftlichen, insbesondere politischen und wirtschaftlichen Selbstverständnisses zumessen" und denen, die „ihre Autonomie für wesentlich und die individuelle Freiheit des Künstlers für unverhandelbar halten."

Wir haben es hier mit einem Grundkonflikt der öffentlichen Kulturförderung und ihrer Steuerung zu tun, der für die Evaluierbarkeit eine große Rolle spielt: Autonomie und Freiheit von Kunst und Kultur muss in einer Demokratie gewährleistet sein und gleichzeitig verlangt die öffentliche Finanzierung von Kulturbetrieben, in denen Kunst entwickelt und vermittelt wird, nach einem gesellschaftlichen Nutzen oder zumindest nach gesellschaftlicher Relevanz.

Diese Polarisierung kann mithilfe eines Werte- und Entwicklungsquadrats visualisiert werden. Das Quadrat verdeutlicht, wie zwei positive Grundwerte sich gegenüberstehen. Es handelt sich um die beiden Grundwerte ‚gesellschaftliche Relevanz' und ‚künstlerische Autonomie', also zwei Seiten einer Medaille. Im Fall einer ‚Überoptimierung' (SCHULZ VON THUN 2007) können beide Werte sich in Negativ-Werte verwandeln, die miteinander unvereinbar sind und polarisierend gegenüberstehen. Dabei kann auf der einen Seite die Übertreibung der künstlerischen Autonomie zur Verabsolutierung des künstlerischen Selbstzwecks führen. Auf der anderen Seite kann der Anspruch auf Relevanz und gesellschaftlichen Nutzen des Theaters in eine politische Instrumentalisierung der Kunst umkippen:

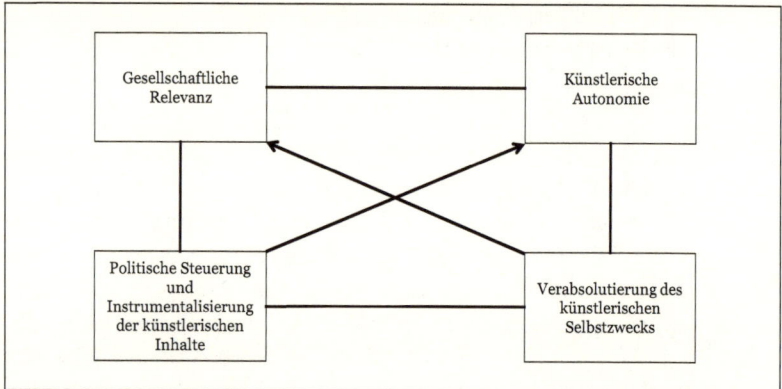

Abb. 1: *Werte- und Entwicklungsquadrat für öffentliche Kulturbetriebe* (n. SCHULZ VON THUN 2007).

Im Sinne dieses Modells ist es – sowohl im Rahmen der Funktionszuordnung von Theaterbetrieben als auch im Rahmen von Evaluationsverfahren – förderlich, auf eine ausgeglichene Balance beider Seiten zu achten. Wenn der Anspruch der Theater auf künstlerische Freiheit in eine Verabsolutierung des künstlerischen Selbstzwecks kippt, sollte eine Entwicklung in Richtung gesellschaftlicher Relevanz vorangetrieben werden. Gleichzeitig muss bei der Gefahr einer kulturpolitischen Instrumentalisierung auf die Einhaltung der künstlerischen Autonomie besonders geachtet werden. Das Modell kann bei der Entwicklung von kulturpolitischen Zielen im Rahmen der öffentlichen Kulturförderung Hilfestellung leisten und auch bei der Analyse von kulturpolitischen Steuerungsdokumenten und Evaluationsprozessen hilfreich sein, vor allem, wenn es um die Funktionen von Evaluation geht. Denn auch hier haben wir es teilweise mit einer Polarisierung zu tun – ob Evaluation als disziplinarisches Instrument genutzt wird, das auch zur Kürzung von Fördermitteln führen kann, oder ob die Ergebnisse zur Entwicklung und Verbesserung einer Organisation verwendet werden, ist ein grundlegender Unterschied (VEDUNG 1999).

Ausgehend von den vier Leitfunktionen für Evaluation (STOCKMANN/MEYER 2010: 73), Erkenntnis, Kontrolle, Entwicklung und Legitimation stand im Theaterbereich bisher die Kontrollfunktion im Vordergrund, d. h. mit Evaluation wird eine Kontroll- und Prüffunktion konnotiert, während andere Funktionen tendenziell ausgeblendet bleiben. Im Rahmen der empirischen Studie zu den Funktionen von Evaluation an den Theatern in Skåne konnten zwei weitere Funktionen von Evaluation, die für einen Kulturbetrieb immanent wichtig sind, identifiziert werden. Bei der ersten handelt es sich um die Kommunikationsfunktion. Gerade im Kultursektor, in der die Funktion einer Institution sehr umstritten sein kann, kulturpolitische und künstlerische Vorstellungen oftmals stark divergieren und die Vertrauensbasis nicht immer sehr ausgeprägt ist, spielen Evaluationen eine große Rolle, um den Diskurs auf eine sachliche Ebene zu führen bzw. um dem Dialogpartner den eigenen Standpunkt zu vermitteln. Kommunikation hat in diesem Zusammenhang mit Kontext zu tun sowie mit Multiperspektiven, die im Kultursektor aufgrund der Vielfalt an möglichen Zielsetzungen und Prioritäten unbedingt berücksichtigt werden müssen. Eine weitere Funktion von Evaluation im Kultursektor ist die der Identitätsstiftung. Eine Evaluation kann einen konstituierenden Prozess in Gang setzen, der genutzt werden sollte, um sowohl das Selbstbild als auch den Kontext zu reflektieren bzw. zu kreieren. Diese identitätsstiftende Funktion von Evaluation wird für gewöhnlich jedoch weder berücksichtigt noch als verwertbar geachtet, obwohl Evaluationen durch die systematische Reflexion helfen können, in einem von Beliebigkeit und/oder Marktkonformismus geprägten Alltag einen eigenen Fokus zu finden.

Die sechs Leitfunktionen für Evaluation im Kulturbetrieb wurden in das Modell in Anlehnung an Schulz von Thun eingeordnet: So wie Stockmann die Gewinnung von Erkenntnissen als Hauptfunktion von Evaluationen betrachtet, so ergab die Analyse des Datenmaterials in Schweden, dass die Kommunikationsfunktion sowie die Berücksichtigung des Kontexts und der unterschiedlichen Perspektiven zentral sind. In dem Werte- und Entwicklungsquadrat für Evaluation im Kulturbereich werden daher die beiden Funktionen Erkenntnis und Kommunikation in den oberen beiden Quadraten eingesetzt (s. Abb. 2). Beide Funktionen widersprechen sich zwar nicht, können aber gewissenmaßen als Repräsentanten eines eher objektiv/isoliert bzw. eines eher subjektiv/kontextualisiert geprägten Evaluationsprozesses betrachtet werden, die sich wecheslseitig ergänzen. Zwei Funktionen, die sich weniger ergänzen als vielmehr widersprechen, sind Kontrolle und Entwicklung. Kontrolle ist unbeweglich, starr und ein Zeichen für Fremdbestimmung. Entwicklung dagegen bedeutet Bewegung und Flexibilität und sollte selbstbestimmt erfolgen. Wir haben es also mit einer Polarisierung zu tun, weshalb diese beide Funktionen in den unteren Quadraten des Modells eingesetzt werden.

Im Sinne des Modells müssen also der Kontext und die Kommunikationsfunktion immer dann berücksichtigt werden, wenn eine Evaluation die Funktion der Kontrolle ausüben soll, um Instrumentalisierung und

Abwehrreaktionen zu vermeiden. Bei der Entwicklungsfunktion sollten die Hard Facts und daraus gewonnene Erkenntnisse berücksichtigt werden, um einer Verabsolutierung des künstlerischen Selbstzwecks entgegenzuwirken.

Die Legitimationsfunktion ist vor allem nach außen gerichtet: Ist die gesellschaftliche Relevanz und der Einsatz der bereitgestellten Mittel derart beschaffen, dass die öffentliche Förderung gerechtfertigt ist? Die Identitätsfunktion dagegen ist nach innen gerichtet: Was wollen wir als Theater mit unserer Institution bewirken? Besitzen wir die Qualität und haben wir die Wirkung erreicht, die wir erreichen wollen bzw. wie können wir diese erreichen? Die Legitimierungsfunktion ist enger mit der Erkenntnis- und Kontrollfunktion verbunden, während der identitätsstiftenden Funktion vor allem im Zusammenhang mit der Entwicklungs- und Kommunikationsfunktion eine Bedeutung zuzuordnen ist:

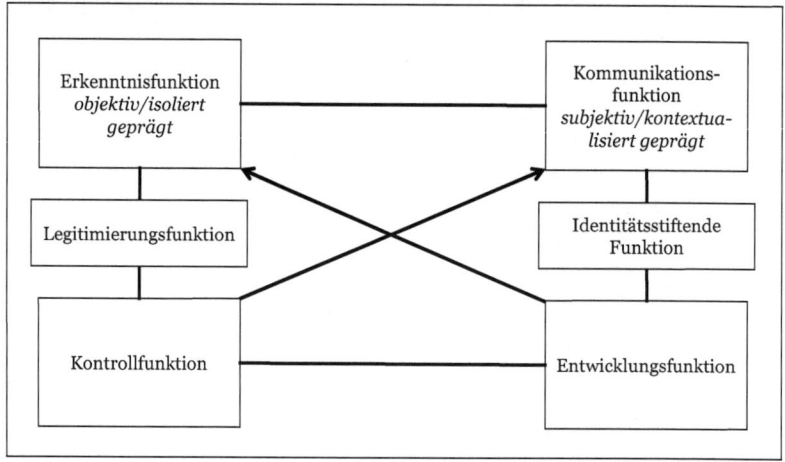

Abb. 2: *Evaluationsfunktionen im Kulturbetrieb innerhalb eines Werte- und Entwicklungsquadrats* (in Anlehnung an SCHULZ VON THUN 2007).

Neben den sechs Leitfunktionen ergab das Datenmaterial, dass es wichtig ist, zwischen der instrumentellen und der konzeptuellen Nutzung von Evaluationen zu unterscheiden. Die instrumentelle Funktion bedeutet, dass die Evaluation konkrete, handfeste Maßnahmen bewirkt, die dem Evaluationsergebnis entsprechen. Die konzeptuelle Nutzung bedeutet, dass das Resultat der Evaluation einen Einfluss ausübt auf die Art und Weise, wie Menschen über eine bestimmte Sache oder einen bestimmten Vorgang denken. Dabei ist die instrumentelle Nutzung objektiv einfacher zu beurteilen, während die konzeptuelle Nutzung vor allem

subjektiv erfahrbar ist und somit nicht immer und vor allem nicht sofort erkennbar wird (KARLSSON 1999: 75).
Im Folgenden wird die empirische Erhebung, die zu den theoretischen Überlegungen und dem Modell in Abb. 2 geführt hat, exemplarisch vorgestellt.

4. Die Evaluationspraxis an den Theatern Skånes

Die untersuchten Theaterbetriebe sind die Oper in Malmö (*Malmö Opera*) und die dazugehörige, aber selbständig arbeitende Opernwerkstatt (*Operaverkstan*), das Tanztheater in Skåne (*Skånes Dansteater*) sowie die Stadttheater in Malmö und Helsingborg *(Malmö stadsteater* und *Helsingborgs stadsteater* – beides Sprechtheater).

4.1 Methode

Die Studie ist im Bereich der qualitativen Evaluationsforschung auf der Meta-Ebene anzusiedeln. Sie hat bestimmte Evaluationsmethoden wissenschaftlich begleitet und auf ihre Wirkungen hin untersucht. In der Zeit von Januar 2013 bis August 2015 wurden 19 semi-strukturierte qualitative Experteninterviews zum größten Teil persönlich vor Ort oder vereinzelt via Skype geführt. Der Großteil der Interviews wurde mit Personen in leitender Position an den Theatern und in den Kulturverwaltungen durchgeführt und dauerte jeweils von einer bis zu zwei Stunden. Zusätzlich zu den Interviews wurde per E-Mail oder Telefon mit denselben und weiteren 28 Personen kommuniziert, diese Ergebnisse flossen ebenfalls in das Datenmaterial ein. Die Datenerhebung wurde durch die Analyse von Evaluationsberichten, kulturpolitischen Steuerungsdokumenten und weiteren relevanten Dokumentationen sowie durch meine Teilnahme an Seminaren und Präsentationen von Evaluationsergebnissen in Schweden ergänzt. Das Datenmaterial wurde mithilfe der qualitativen Inhaltsanalyse nach Mayring (2011) bearbeitet. Quantifizierbare Daten und Zahlen spielten dabei eine untergeordnete Rolle.

Um das Material aufgrund bestimmter Kriterien einschätzen zu können, wurden Kategoriensysteme aufgestellt, anhand derer ich das Datenmaterial überprüft habe. Da eine Hauptfragestellung der Arbeit sich mit den verschiedenen Funktionen von Evaluation im Theaterbereich beschäftigt, war das am häufigsten genutzte Kategoriensystem das der unterschiedlichen Funktionen von Evaluation im Kulturbereich, aber auch Kategorien wie u. a. Reliabilität der Daten oder Workload wurden in die Analyse miteinbezogen.

An den Theatern in Skåne wurden in der Zeit von 2006 bis 2014 in Anlehnung an die in den nationalen, regionalen und institutionsspezifischen Steuerungsdokumenten formulierten Zielen und Aufgaben Evaluationen zu folgenden Bereichen durchgeführt:

- Künstlerische Qualität;
- Kulturelle Vielfalt und Teilhabe (hier geht es einerseits um audience diversifying, d. h. um das Erreichen eines vielfältigen und breiten Publikums. Andererseits geht es um die Perspektive der Gleichberechtigung aus einer Gender-Race-Class-Perspektive, auch innerhalb der Theaterinstitution selbst und seines Programmangebots);
- Zugänglichkeit für Kinder und Jugendliche;
- Publikumsorientierung (audience broadening/audience deepening).

Mithilfe von Evaluation soll die Erfüllung von kulturpolitischen Zielen nachgewiesen werden oder eine Reflexion in Gang gesetzt werden, wie die Ziele besser erreicht werden können. Neben einzelnen Evaluationsprojekten zu den oben genannten Themenkomplexen wurden auch standardisierte Evaluationstools eingesetzt, die als Teil des Managements in die Organisationsstruktur der Theater implementiert wurden. Die verschiedenen Methoden und Prozesse dienten sehr unterschiedlichen Zwecken und wurden mit unterschiedlichen Zielsetzungen, teilweise von den Theatern selbst, teilweise von den Akteuren der Kulturpolitik, initiiert. Im Folgenden werden einige prägnante Beispiele präsentiert, die die Vielfalt der Nutzungsmöglichkeiten von Evaluation aufzeigen und auf die ausschlaggebenden Faktoren für einen nachhaltigen Umgang mit Evaluation am Theater hinweisen.

4.2 Organisational implementierte Evaluationsprozesse

Organisational implementierte Evaluationen wie z. B. Mitarbeiterbefragungen, Pläne zur Gleichberechtigung oder interne Produktionsevaluationen tragen im besten Fall dazu bei, das Theater zu einer lernenden Organisation zu entwickeln. Dazu braucht es Vorschriften, die das Lernen durch Evaluationsmaßnahmen anstoßen. Deutlich wurde hier, dass diese Impulse erfolgreicher umgesetzt werden, wenn sie von der Theaterleitung initiiert sind, anstatt nur von der Politik. Dies konnte z. B. an der Arbeit mit den Gleichberechtigungsplänen belegt werden: Diejenigen Theater, die unabhängig von politischen Auflagen zur Aufstellung eines Gleichberechtigungsplans mit Gender- und Vielfaltsfragen aktiv arbeiten, nutzen die gesetzlich vorgeschriebenen Pläne auf eine effektivere Art und Weise. In Kombination mit einer Arbeitsgruppe für Gleichberechtigung und mit einer regelmäßigen und zeitlich begrenzten Prüfung der aufgestellten Ziele und Maßnahmen stellen diese Pläne ein hilfreiches Instrument zur Evaluation von Gleichberechtigung dar. Dabei tritt die Entwicklungsfunktion, aber auch die Funktion der Legitimation in den Vordergrund, denn die Theater wollen demonstrieren, dass man sich für dieses Thema interessiert. Wenn der Plan nur als Pflichtdokument mit kontrollierender Funktion erstellt wird, ist seine Wirkung im Theaterbetrieb dagegen gering.

Dieselben Ergebnisse zeigte die Untersuchung der Handhabung von Mitarbeiterbefragungen: drei Theater nutzten die Befragung, die vom *Svensk Scenkonst* (das schwedische Pendant zum *Deutschen Bühnenverein*) für Bühnenbetriebe entwickelt wurde. Die Nutzung der Umfrage fiel unterschiedlich aus. In zwei Fällen wurden die Ergebnisse der Mitarbeiterumfragen systematisch und sorgfältig dokumentiert, analysiert und flossen konkret in die Erarbeitung von Maßnahmen ein. Hier wurde die Umfrage auch zur Kontrolle genutzt hinsichtlich unterschiedlicher, vorabgesteckter Ziele. Die Kontrolle war innerbetrieblich und führte nicht zu ‚Strafmaßnahmen' von außen, sondern zu einem Problembewusstsein (konzeptuelle Nutzung) und in einigen Fällen auch zur Optimierung von Abläufen innerhalb der Institution (instrumentelle Nutzung). Im dritten Fall dagegen kam eine deutliche Skepsis der Theaterleitung gegenüber dem Tool der Mitarbeiterbefragung zum Ausdruck; gleichzeitig konnte eine systematische Nutzung nicht belegt werden.

Die organisational implementierten und kontinuierlich durchgeführten Evaluationsprozesse wurden oft mit der Intention, die Ergebnisse instrumentell zu nutzen, durchgeführt. In einigen Fällen, besonders bei den internen Produktionsevaluationen, ergab das Datenmaterial, dass die Umwandlung der Ergebnisse in Maßnahmen sehr komplex war – aufgrund unterschiedlicher Perspektiven und Prioritäten der involvierten Abteilungen und Mitarbeiter. Wenn man also nur die instrumentelle Nutzung als sinnvoll betrachtet, könnte man diese Evaluationen als ‚gescheitert' oder ‚nutzlos' bezeichnen. Dies wäre jedoch zu kurz gedacht, denn: „Learning-oriented evaluation generates positive effects ‚not directly related to findings' – something referred to as ‚process use'" (DAHLER-LARSEN 2012: 53;). Dieser ‚process use' hat mit der konzeptuellen Funktion von Evaluation zu tun, bei der es vor allem um Bewusstseinsbildung geht. Diese Nutzung kann als wertvoll erachtet werden, da sie auf längere Sicht doch eine Veränderung bewirkt, was folgende Äußerungen belegen:

> Sie soll Bewusstsein schaffen und dabei ist der Prozess alles. Das Wichtige sind nicht die Ergebnisse, wie die Umfragen angekreuzt werden oder wie schlau unsere Konklusionen sind, das Wichtige ist, darüber zu reden. (Theaterchef, Malmö Stadsteater zur Arbeit mit Genderchecks, Interview vom 12.05.2014)[1]

> Es ist ein Versuch, die eigene Abteilung oder den eigenen Arbeitsbereich kritisch und bewusst zu betrachten, statt Fehler bei anderen zu suchen und denen zu sagen, was sie besser machen können. (Chefproduzentin, Malmö Opera zur Arbeit mit internen Produktionsevaluationen – Interview vom 08.01.2013)

Als letztes Beispiel für organisational implementierte Evaluation will ich die internetbasierte Datenbank *Kulturdatabasen* zum Controlling und Monitoring der öffentlichen Kulturförderung anführen. Diese Datenbank wird mittlerweile in fast sämtlichen Regionen Schwedens genutzt. Durch sie können sowohl Antragstellung als auch Berichterstattung öffentlich geförderter Kulturinstitutionen und -projekte erfolgen. Dabei wird statistisches Material gesammelt. Die Nutzung einer Kulturdatenbank hat zweierlei kulturpolitische Ziele. Zum einen geht es um eine Vereinfachung der Administration von Fördermitteln. Zum anderen geht es darum, einen besseren Überblick über den Einsatz der zur Verfügung stehenden Mittel des Kulturbudgets in Schweden zu erhalten. Wie viele Vorstellungen werden gegeben, wie viele Besucher kommen etc.? Dabei fließen sowohl quantitative als auch qualitative Angaben in das Reporting ein.

Die Theaterinstitutionen selbst betrachten *Kulturdatabasen* vor allem als ein weiteres Berichterstattungstool. Eine Evaluationsfunktion erfüllt die Datenbank nur für die Kulturpolitik. Hier dominiert die Erkenntnisfunktion, gefolgt von der Kontrollfunktion. Dieser Kontrolle wird von den Theaterbetrieben prinzipiell akzeptiert, aber man sorgt sich um eine falsche Interpretation der quantitativen Daten ohne Berücksichtigung der qualitativen. Befürchtet wird, dass nur Zahlen zugrunde gelegt werden ohne Kenntnis der Hintergründe:

> Meine Befürchtung – und sie scheint mir berechtigt – ist, dass man nur den quantitativen Teil anschaut. Der ist leicht zu verstehen, leicht zu erfassen, man kann über die Zeit Vergleiche ziehen. [...] Dann gibt es noch den qualitativen Teil, auf den alle hinweisen, wenn man diese Problematik anspricht, aber die Wahrheit ist, denke ich, dass nur sehr wenige den qualitativen Teil lesen. Vor allem Kulturjournalisten und andere, die anfangen werden, dieses Tool zu nutzen. Und wenn man dann das Ganze herunterbricht, die Zahlen pro Institution vergleicht, dann kann das sehr

---

[1] Sämtliche Langzitate sind aus dem Schwedischen von der Vf. übersetzt.

gefährlich werden, besonders für einen Betrieb wie *Operaverkstan*. (*Produzent, Operaverkstan* Interview vom 13.05.2014)

Zur Skepsis trägt auch die Frage nach der Reliabilität der durch *Kulturdatabasen* erhobenen Daten bei. Denn einige Kategorien der quantitativen Daten (z. B. die Differenzierung der Besucher nach Alter) können in vielen Fällen nicht so detailliert erhoben werden, wie vom System verlangt. Somit sehen die Theaterinstitutionen die Gefahr, dass die mit dem Tool erstrebte Transparenz der Mittelverwendung eher zu einer Verfälschung der Wirklichkeit führt. Interessant hierbei ist, dass *Kulturdatabasen* im Rahmen eines längeren Entwicklungsprozesses auf die Bedürfnisse und Kapazitäten der Nutzer besser abgestimmt wurde. Der Stand 2016 stellt die Mehrheit sowohl der kulturpolitischen Nutzer als auch der Theaterinstitutionen zufrieden. Wichtig zu betonen ist jedoch, dass dies nur durch ausführliche Kommunikation und wiederholte Schulungen, die zur Optimierung des Tools durchgeführt wurden, möglich war. Dass die quantitativen Daten zwar öffentlich bekannt gegeben, aber nie auf einzelne Institutionen bezogen, sondern nur innerhalb eines Gesamtbereichs veröffentlicht werden (z. B. die Daten aller Theater in Skåne), zeigt die Notwendigkeit eines sensiblen Umgangs mit den Daten. Die Kontrollfunktion wird also ausgeglichen durch eine eingeschränkte Nutzung der erhobenen Daten sowie durch einen Kommunikationsprozess, der die Perspektive der Kulturakteure mit berücksichtigt.

4.3 Spezifische Evaluationsprojekte zur Erfüllung kulturpolitischer Ziele

Evaluation künstlerischer Qualität mit der Methode Ønskekvisten. In Dänemark wurde von 2001 bis 2003 an der Universität in Aarhus eine Methode zur Evaluierung künstlerischer Qualität entwickelt mit dem Namen *Ønskekvisten* – zu Deutsch Wünschelrute (LANGSTED et al. 2003). *Ønskekvisten* wurde als Alternative zur Dominanz von Effizienz- und Leistungskriterien konzipiert, um die Debatte um künstlerische Qualität auch kulturpolitisch zu verankern. Zwischen den Akteuren der Kulturpolitik, der Kunst sowie der Kulturwissenschaft sollte ein Dialog etabliert werden. In Anlehnung an vielfältige Praxiserfahrung sowie kulturtheoretische Studien stellen die Urheber von *Ønskekvisten* drei Begriffe als Kernfelder künstlerischer Qualität auf, um darstellende Künste qualitativ evaluieren zu können. Es handelt sich dabei um drei Parameter, in Form von substantivierten Modalverben: ‚Villen', ‚Kunnen' und ‚Skullen'.

- ‚Villen' ist Ausdruck für Engagement und dafür, dass etwas kommuniziert werden will.
- ‚Kunnen' ist die Voraussetzung dafür, dass die Kommunikation gelingen kann. Man könnte Kunnen auch als Fähigkeit bezeichnen.
- ‚Skullen' zeigt, in welche Richtung diese Kommunikation gehen soll und ist auch als Relevanz zu bezeichnen.

Wenn eine künstlerische Vorstellung als qualitativ ‚gut' bewertet wird, wird diese laut *Ønskekvisten* geprägt sein von

- Engagement, etwas aus einem inneren Bedürfnis mitteilen zu wollen und nicht aus Gleichgültigkeit;
- wiederholbaren Fähigkeiten, von Geschick und Talent und nicht von zufälligen Glückstreffern oder künstlerischen Unzulänglichkeiten;
- einer wie auch immer gearteten Relation zur Umgebung, einer gesellschaftlichen und/oder menschlichen Relevanz in Zeit und Raum und nicht von einer Ghettoisierung.

Ønskekvisten etabliert als Modell einen Raum für Reflexion über und Bewertung von künstlerischer Qualität anhand dieser drei Parameter. Es geht nicht darum, eine Checkliste zu erstellen, um zu beurteilen, ob eine Vorstellung/Theaterinstitution künstlerische Qualität liefere oder um unterschiedliche Vorstellungen/Institutionen in ein Ranking einzuordnen. *Ønskekvisten* ist eine Kombination aus Selbst- und Fremdevaluation. Zur Methode gehört, dass mindestens zwei externe, fachkundige Evaluatoren den Prozess begleiten und den finalen Evaluationsbericht verfassen. So auch in Skåne. Dort wurden von 2006 bis 2008 die Oper in Malmö, das Tanztheater Skånes und zwei freie Theatergruppen mit der Methode *Ønskekvisten* evaluiert. Die Evaluation wurde von der Kulturverwaltung der Region Skåne initiiert und den Theatern auferlegt, es handelte sich also um eine Top-Down-Entscheidung. Das Ziel, das kulturpolitisch erreicht werden sollte, war, Grundlagen für kulturpolitische Entscheidungen zu erhalten, u. a. für sogenannte Auftragsvereinbarungen, die damals noch mit dreijähriger Laufzeit geschlossen wurden. Kurz nach der Evaluation wurde jedoch beschlossen, diese Auftragsvereinbarungen nicht mehr zu nutzen – die instrumentelle Nutzung war somit auf kulturpolitischer Seite gescheitert. Die skeptischen Stimmen in der Kulturverwaltung waren auch der Auffassung, dass die Methode zu zeit- und kostenintensiv sei und letzten Endes kein Ergebnis bringe. Doch auch wenn eine instrumentelle Nutzung langfristig nicht erfolgte, spielte für einige Vertreter der öffentlichen Hand die Evaluation dennoch eine große Rolle und zwar hinsichtlich der Kommunikationsfunktion. So äußerte sich z. B. der damalige Vorstandsvorsitzende des Kulturamts (*Kulturnämnden*) in Skåne zu *Ønskekvisten*:

> Durch Ønskekvisten haben wir als Politiker eine bessere Einsicht in die Tätigkeiten und Ambitionen der Theaterinstitutionen erhalten. Wir sprachen und diskutierten miteinander, ein größeres Verständnis und ein besserer Dialog wurden etabliert. (Vorsitzender, Skånes Kulturnämnd 2007-2010, Telefonat vom 14.11.2013)

Und die für das Projekt verantwortliche Kulturreferentin vermerkte:

> Wir als Kulturreferenten bekamen mehr Informationen als vorher. Die Sitzungen mit den Trägern fanden auch öfters statt und v. a. waren die Sitzungen durch Ønskekvisten anders, d. h. inhaltlicher geprägt. (Projektleiterin Ønskekvisten, Kulturverwaltung Skåne, Interview vom 08.01.2013)

Die Ziele für die evaluierten Theaterorganisationen waren andere als für die Kulturpolitik, nämlich die künstlerische Tätigkeit zu unterstützen und interne Selbstevaluationen zu ermöglichen. Auch wenn die Theater anfangs skeptisch waren, wurde im Nachhinein deutlich, dass man sich darüber freute, dass es bei einer Evaluation auch um Inhalte und künstlerische Fragen ging und nicht nur um Zahlen. Hier widerlegen meine Ergebnisse deutlich die verbreitete Meinung, dass Evaluationen, die das Künstlerische tangieren, auf Widerstand stoßen. Im Gegenteil war man begeistert, sich mit dem Wesentlichen zu beschäftigen und die Diskussion darüber auch mit Kulturpolitikern führen zu dürfen. So sagte der damalige künstlerische Leiter der Oper:

> Es war fantastisch, ein Werkzeug in die Hand zu bekommen, das qualitative und quantitative Aspekte kombiniert – auf der einen Seite werden die Bedürfnisse der Organisation berücksichtigt, auf der anderen Seite werden aber auch die vorhandenen und vielleicht sogar überflüssigen Ressourcen mit bedacht. (Künstlerischer Leiter, Malmö Opera, Telefonat vom 19.01.2013)

Vor allem die Selbstevaluation und der dadurch entstandene Reflexionsprozess wurden vonseiten der Theater positiv bewertet. So vermerkt z. B. die kaufmännische Geschäftsführerin von *Skånes Dansteater* zu *Ønskekvisten*:

> Wir befanden uns zu der Zeit in einer Phase der Umgestaltung. Wir hatten einen neuen Träger, einen neuen Aufsichtsrat und eine neue künstlerische Leitung. Daher war gerade die Reflexionsarbeit wichtig. (Geschäftsführerin, Skånes Dansteater, Interview vom 12.03.2013)

Und eine Theaterreferentin der Kulturverwaltung bekräftigte:

> Das Modell Ønskekvisten lud die Theaterinstitutionen zu einem Lernprozess ein, der unterschiedliche Möglichkeiten der Nutzung erlaubte. Der Raum für Dialog, der entsteht, wenn man über ‚Villen', ‚Kunnen' und ‚Skullen' diskutiert, ist von großer Bedeutung, um die eigene künstlerische Tätigkeit zu verstehen. (Theaterreferentin, Skåne Kulturverwaltung, E-Mail vom 17.01.2013)

Ein Problem war, dass die Evaluation nach *Ønskekvisten* nur einmalig durchgeführt wurde, obwohl die ursprüngliche Idee vorsah, sie jedes dritte Jahr einzusetzen. Die von mir interviewten und damals involvierten Personen erhofften sich eine kontinuierliche Nutzung, um die begonnene Reflexion weiter in die Organisation hinein tragen zu können. Die Gründe für die Einstellung von Evaluationsmaßnahmen mit *Ønskekvisten* waren vielseitig. Die wichtigsten waren: Zeit- und Geldaufwand sowie personelle Umstrukturierungen. Die hauptverantwortliche Person bei der Kulturverwaltung wechselte kurz nach der ersten Durchführung den Arbeitsplatz und mit ihr gingen auch Know-How und Engagement verloren. Ihre Nachfolger setzen andere Prioritäten und beurteilten die Methode als zu kosten- und zeitintensiv. Ebenfalls führte der Personalwechsel an den Häusern dazu, dass die Erkenntnisse und Entwicklungsprozesse, die durch *Ønskekvisten* in Gang gesetzt worden waren, verloren gingen. Ein neuer Intendant befasst sich nicht gerne mit Prozessen und Resultaten seiner Vorgänger, sondern möchte eigene, neue Akzente setzen: ein Problem, dass bei der Nutzung von Evaluationen in Theaterbetrieben besonders zu beachten ist. Wichtig wäre, beim Wechsel der künstlerischen oder kulturpolitischen Leitung, Erfahrungswerte und Erkenntnisse aus den vorherigen Evaluationen ‚mitzunehmen' und einige Mitarbeiterinnen, die schon länger im Theater- oder Kulturverwaltungsbetrieb tätig sind, als ‚Transitionspfleger' einzubeziehen.

Die Analyse des Datenmaterials hat dennoch gezeigt, dass *Ønskekvisten* ein nützliches Evaluationstool sein kann, um Identitätsstiftung, Kommunikation und Entwicklung im Theater zu fördern. Die Analyse zeigt auch, dass Theaterinstitutionen durchweg nicht abgeneigt sind, Evaluationen im Hinblick auf die künstlerische Qualität durchzuführen. Zusammenfassend kann festgehalten werden, dass die Vorzüge der Methode *Ønskekvisten* in der Prozessbezogenheit sowie im konzeptuellen Wirkungsbereich liegen. Eine instrumentelle Nutzung wäre nur unter der Prämisse möglich, dass alle beteiligten Akteure die Methode anerkennen und gemeinsame Ziele formulieren.

Evaluation kultureller Vielfalt. Ein anderes Beispiel für ein größeres kulturpolitisch initiiertes Evaluationsprojekt war die Evaluation der kulturellen Vielfalt und Teilhabe an den Theatern in Skåne, die 2008 (MALMÖ HÖGSKOLA, 2008) und mit einem Follow-up-Projekt 2009 (ISKRA 2009) durchgeführt wurde. Diese Evaluation bestand aus einer Kombination aus schriftlicher Umfrage, die an die Mitarbeiter der Institutionen gerichtet war, und qualitativen Interviews mit Vertreterinnen der jeweiligen Theaterleitungen. Die Evaluation wurde mit dem Ziel durchgeführt, Erkenntnisse zu gewinnen, um daraus Entwicklungen voranzutreiben – leider missglückte sie und zwar aus mehreren Gründen. Zum einen wurden die Methodologie der Evaluation und die fachliche Kompetenz der Evaluatoren bemängelt. So wurde z. B. in der Umfrage zunächst proklamiert, dass unter Vielfalt unterschiedliche Aspekte berücksichtigt werden müssen, doch dann wurde der Schwerpunkt auf die Kategorie der Ethnizität gelegt. Zum anderen stand der Vorwurf im Raum, die Evaluatoren hätten sich diesem wichtigen Thema auf eine naive und unüberlegte Art genähert, so die künstlerische Leiterin von Skånes Dansteater:

> Die Evaluation hat mich sehr kritisch gestimmt, ich fand sie beinahe unethisch, muss ich sagen ... Diese Fragen hinsichtlich des Publikums, da habe ich gesagt, dass wir nie so präzise Antworten werden geben können ... denn ich werde nie eine Publikumsbefragung machen, in der ich Leute darum bitte, ihre Herkunft preiszugeben. Dann kam die Antwort: Aber das sieht man doch, du kannst uns doch eine Einschätzung geben. Und da habe ich gespürt, dass das hier so was von keine Glaubwürdigkeit hat. [...] Ich habe mich auch nicht um die Ergebnisse gekümmert, denn die Methode hat mich nicht überzeugt. (Künstlerische Leiterin und CEO, Skånes Dansteater, Interview vom 14.08.2014)

Auf die fachliche Inkompetenz der Evaluatoren zielt auch folgende Aussage ab:

> Die mit der Evaluation Beauftragten waren sehr jung und wussten nicht, wie ein Theater arbeitet. Die Fragen waren somit nicht in den Institutionen verankert – sie waren einfach schlecht. Daher war auch die Rücklaufquote sehr niedrig. Und die Schlussfolgerungen entsprechend merkwürdig. (Theaterchef, Malmö Stadsteater, Interview vom 10.04.2014)

Auch das Follow-up-Projekt, bei dem die regionale Kulturverwaltung eine theaterfach-kundige Person zur Betreuung des Prozesses einsetzte, schlug fehl. Hier entstand der Eindruck, dass die bereits geleistete Arbeit kaum Anerkennung erhielt und dass die Region sich fachlich einmischte. Auch wenn die offiziell angestrebte Funktion der Evaluation Entwicklung war, stellte sich bei den betroffenen Institutionen das Gefühl von Kontrolle und Bevormundung ein.

Zum Vergleich hatte die Stadt Malmö zwei Jahre zuvor auch ein großes Evaluationsprojekt zum Thema kulturelle Vielfalt in den städtischen Kulturinstitutionen durchgeführt. Die Ergebnisse dieser Evaluation wurden jedoch nicht berücksichtigt, obwohl sie durchaus erfolgreich war. Meiner Beurteilung nach hatte sie deshalb Erfolg, weil die Kulturverwaltung in Malmö die Evaluationsergebnisse auch für die Entwicklung der eigenen Organisation und für kulturstrategische Maßnahmen genutzt hat. Die Region dagegen wollte die Evaluation nur zur Entwicklung der betroffenen Institutionen nutzen. Diese Art von Top-Down kann jedoch nicht erfolgreich sein – weder instrumentell noch konzeptuell.

Evaluation der Zugänglichkeit für Kindern und Jugendlichen –‚Spielplats Malmö'. Nach dem Beispiel für eine misslungene Evaluation wird zum Schluss ein Evaluationsprojekt vorgestellt, das die angestrebten Ziele erreichte und das sowohl von instrumentellem als auch konzeptuellem Nutzen war. Es geht dabei um ein Evaluationsprojekt zur Zugänglichkeit und Teilhabe von Kindern und Jugendlichen an Kunst und Kultur. Evaluationen wurden in diesem Bereich vor allem an *Operaverkstan* sowie am *Malmö Stadsteater* durchgeführt. Alle Evaluationen wurden von den Theatern selbst initiiert, zum großen Teil aber durch externe Evaluatoren durchgeführt.

Als Beispiel dient mir eine Ex-ante-Evaluation, die *Malmö stadsteater* auf Eigeninitiative in Gang setzte, um kulturpolitisch eine gewünschte Entwicklung auf den Weg zu bringen. Es handelt sich dabei um eine Evaluation, die *Malmö stadsteater* extern in Auftrag gab und zwar im Hinblick auf die Einrichtung einer eigenen Sparte für Kinder- und Jugendtheater (DAVET 2012). Eine solche Sparte hatte es schon von 1970 bis 1992 gegeben, aber sie wurde 1993 aufgrund struktureller und ökonomischer Probleme abgewickelt. Die Doppelintendanz, die seit 2007 das Theater leitete, erteilte 2011 einer Kulturwissenschaftlerin den Auftrag, in qualitativen Interviews mit über 30 Experten das Terrain zu sondieren, Mängel sowie Möglichkeiten der Kindertheaterszene zu beleuchten und Vorschläge für eine Weiterentwicklung der darstellenden Kunst für Kinder und Jugendliche in der Stadt zu erstellen. Auch wenn es offiziell nicht darum ging, eine Machbarkeitsstudie für die Neuetablierung eines weiteren Akteurs in der Kindertheaterlandschaft zu erstellen, wird rückblickend deutlich, dass das *Malmö Stadsteater* die Studie mit der Intention in Auftrag gab, um eine Sparte zu reaktivieren. Im Interview bekräftigte der Intendant, dass die Studie ein Teil der Strategie war, glaubwürdiger und stringenter für eine zusätzliche Investition im Bereich Kinder- und Jugendtheater argumentieren zu können. Das Risiko, dass das Resultat der Studie für das Vorhaben des Theaters negativ ausfallen würde, schätzte man als gering ein. In diesem Fall scheint die Frage berechtigt, ob es sich hier um einen Fall von pathologischer Evaluation handelt, wie Stockmann es nennt, wenn die Evaluation Teil einer politischen Strategie ist und ‚nur' zur Untermauerung eines bereits gefassten Beschlusses dient. Dies war jedoch nicht der Fall. Das *Malmö stadsteater* war zwar Auftraggeber, was im Bericht selbst als auch im Evaluationsprozess transparent gemacht wurde. Die legitimierende Funktion der Evaluation wurde jedoch weniger vom *Malmö stadsteater* als von der Kulturverwaltung der Region Skåne in Anspruch genommen. Auch wenn die Studie keine Reaktivierung der Kinder- und Jugendsparte vorschlug, so diente sie der Kulturverwaltung zur Legitimation einer Budgeterhöhung für das *Malmö Stadsteater* eben zur Entwicklung einer Kinder- und Jugendsparte (*Unga teatern*), die 2014 eröffnet wurde. Die Schwerpunkte der Sparte decken sich größtenteils mit den Ergebnissen und Handlungsempfehlungen der Studie – somit hatte diese nicht nur die Funktion der Legitimierung, sondern auch die der Entwicklung. Dieses Beispiel zeigt, wie eine Theaterinstitution mithilfe von Evaluation eigene Ideen in Bewegung setzen und dabei auch finanziell profitieren kann. Denn für die neue Sparte wurden 80.000 Euro bewilligt, die investierten 20.000, die die Evaluation kostete, haben sich gelohnt.

5. Fazit

Die Gesamtanalyse der unterschiedlichen Evaluationsmethoden und -prozesse im Rahmen dieser Studie hat ergeben, dass eine instrumentelle Nutzung von Evaluation – also eine Nutzung, die als direkte Konsequenz der Evaluationsergebnisse in eine konkrete Maßnahme mündet – zwar öfters intendiert wird, aber recht selten erfolgt. Dagegen konnte das, was in der Literatur als process-use bzw. als konzeptuelle Wirkung von Evaluation bezeichnet wird, in vielen Fällen beobachtet werden. Die Beschäftigung mit einem Thema im Rahmen einer systematischen Reflexion setzt Bewusstseinsprozesse in Gang, die in einem zweiten Schritt Veränderungen möglich machen. Daher sollte Evaluation in Kulturbetrieben weniger als Steuerungsmittel, sondern vielmehr als Instrument zur Unterstützung der Selbstreflexion genutzt werden. Denn eine geradlinige Korrelation zwischen Evaluation und Handeln kann nicht erwartet werden. Dagegen kann ein Zusammenhang zwischen bewusster Wahrnehmung, Mobilisierung und Handeln festgestellt werden. Wenn die Wahrnehmung der beteiligten Akteure durch Evaluation im Sinne von systematischer Reflexion fundiert wird, ist neues Handeln umso wahrscheinlicher (CATASÚS et al. 2007).

Um Evaluationsprojekte und -prozesse erfolgreich umsetzen zu können, sollten ausgehend von meinen Ergebnissen folgende Punkte besonders beachtet werden:

- Evaluationen auf Eigeninitiative und zur Eigennutzung – und dies gilt sowohl für Kulturverwaltungen als auch für Theaterinstitutionen und unabhängig davon, ob die Evaluation von externen Experten oder von internem Personal durchgeführt wird – zeigen, dass sie durchaus gewinnbringend für die jeweilige Organisation genutzt werden können. Dabei sind alle Funktionen von Evaluation möglich, von der Kontrolle bis zur Identitätsstiftung. Angstfrei und selbstbestimmt in den Prozess gehen zu können, ist fundamental.
- Auf der anderen Seite haben Evaluationen, die Top-Down initiiert werden und bei denen sich nicht alle Beteiligten eindeutig zur Methodologie und zu den Zielen der Evaluation bekennen, kaum Chancen, nachhaltig eingesetzt zu werden, weder kulturpolitisch noch innerbetrieblich. Wer nicht überzeugt und selbstbestimmt in den Prozess geht, wird auch keinen konzeptuellen Nutzen aus der Evaluation ziehen können. Da die Ergebnisse solcher Evaluationsprojekte häufig in Schubladen verschwinden, können sie auch nicht instrumentell genutzt werden.
- Die in der Szene vorherrschende Angst vor der Kontrollfunktion von Evaluationen im Kulturbereich ist unberechtigt: Nur in den wenigsten Fällen war diese Funktion dominant und wenn ja, dann in Form von Selbstkontrolle, z. B. bei der Nutzung eines Referenzpublikums in der Probephase. In den meisten Fällen von Evaluation an den Theatern in Skåne überwiegen andere Funktionen wie die kommunikative, die identitätsstiftende oder legitimierende.

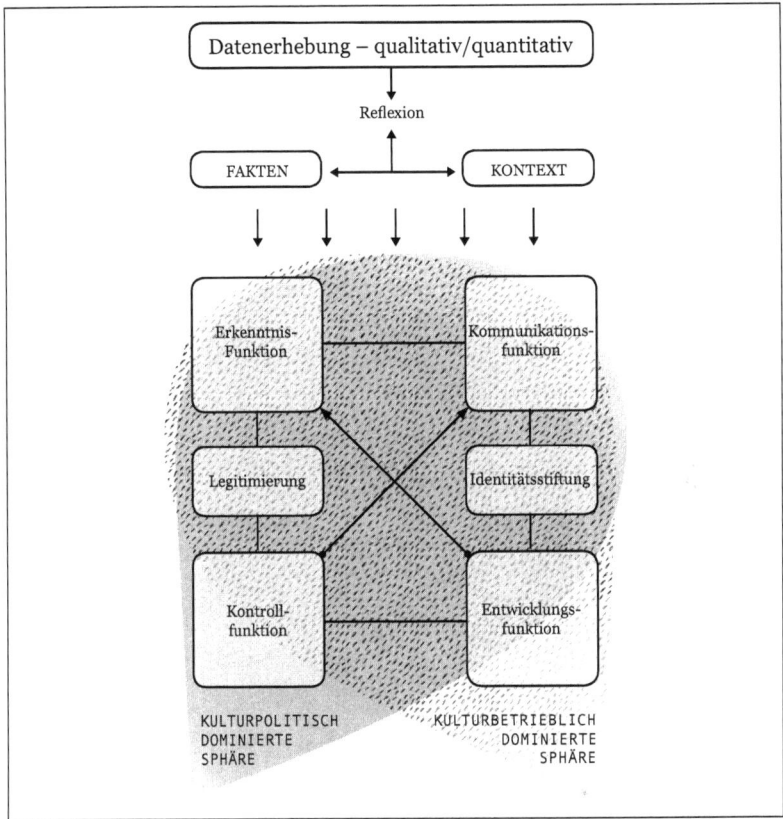

Abb. 3: *Funktionsmodell für Evaluation von öffentlich finanzierten Kulturbetrieben* (in Anlehnung an SCHULZ VON THUN 2007).

Hinsichtlich der Funktionen von Evaluation komme ich nun zurück zu dem von mir als Resultat der empirischen Forschung entwickelten Funktionsmodell für Evaluationen im Bereich des öffentlich finanzierten Kulturbetriebs. Das Modell (Abb. 3) zeigt, dass es weder eine Methode noch einen Prozess für erfolgreiche Evaluation im Kulturbetrieb geben kann. Es müssen unterschiedliche Methoden und Prozesse, die unterschiedliche Funktionen haben, miteinander kombiniert und in Balance zueinander gesetzt werden, um der Komplexität des Gegenstands gerecht zu werden.

Die Finanzierung eines Theaters durch öffentliche Mittel wird im Zusammenspiel zwischen Datenerhebung und Kontrolle kulturpolitisch legitimiert, während die künstlerische Entwicklung des Theaterbetriebs im Wechselspiel von autonomer Identitätsstiftung in einem theaterbetrieblichen Kontext in Kommunikation mit anderen Perspektiven (Perspektive des Publikums, der Politiker sowie anderer Stakeholder) stattfinden muss. Beide Seiten sollten berücksichtigt werden. Evaluation wird im Theaterbereich, auch in Deutschland, eine zunehmend größere Rolle spielen. Die Theater stehen nun vor der Herausforderung, diese Entwicklung zu ihren eigenen Gunsten zu nutzen. Sie können dies tun, indem sie sich proaktiv mit Evaluation beschäftigen und sich darüber klar werden, dass die Regeln von heute nicht die von morgen sein müssen – und vor allem, dass sie selbst die Regeln mitbestimmen können, wenn sie eine gemeinsame Sprache mit den anderen Stakeholdern entwickeln. Dabei können Evaluationsprozesse behilflich sein als Grundlage für Kommunikation und Diskussion – nicht aber als Ersatz für sie.

Autorin

Jenny Svensson war 2012-2016 wissenschaftliche Mitarbeiterin an der Hochschule für Musik und Theater Hamburg, davor freiberufliche Kulturmanagerin in den Bereichen Theaterproduktion, Festivalmanagement und PR. Nach Abschluss der Promotion ist sie als Dozentin am Institut KMM und darüber hinaus als Projektleiterin tätig.

Literatur

BAECKER, Dirk (2013): *Wozu Theater*. Berlin: Theater der Zeit.

BIRNKRAUT, Gesa (2011): *Evaluation im Kulturbetrieb*. Wiesbaden: VS.

CATASÚS, Bino/ERSSON, Sofi/GRÖJER, Jan-Erik/YANG WALLENTIN, Fang (2007): What gets measured gets ... on indicating, mobilizing and acting. – In: *Accounting, Auditing & Accountability Journal* 20/4, 505-521.

DAHLER-LARSEN, Peter (2012): *The Evaluation Society*. Stanford: UP.

DAVET, Nathalie (2012): *Spelplatz Malmö. En undersökning om aktuella möjligheter och behov kring scenkonsten för barn och unga i Malmö* [Spielplatz Malmö. Eine Untersuchung der aktuellen Möglichkeiten und Bedarfe hinsichtlich der Darstellenden Kunst für Kinder und Jugendliche in Malmö]. Malmö: Stadsteater.

ISKRA, Aldo (2009): *Ökad mångfald – 16 förslag om scenkonst och publikarbete i Skåne. Slutrapport* [Mehr Vielfalt – 16 Vorschläge für die Publikumsarbeit der Theater in Skåne. Endbericht]. Malmö.

KARLSSON, Ove (1999): *Utvärdering – mer än metod. Tankar och synsätt i utvärderingsforskning* [Evaluation – mehr als eine Methode. Gedanken und Perspektiven der Evaluationsforschung] (= A Jour. En serie kunskapsöversikter från svenska kommunförbundet [A Jour Eine Serie der Wissensvermittlung des Verbands der schwedischen Kommunen und Gemeinden], 3). Stockholm.

KULTURRÅDET (2003): *Bokslut för scenkonst* [Buchhaltung für Darstellende Kunst]. Stockholm.

LANGSTED, Jørn/HANNAH, Karen/RØRDAM LARSEN, Charlotte (2003): *Ønskekvist-Modellen. Kunstnerisk kvalitet i performativ kunst* [Das Modell Onskekvisten. Künstlerische Qualität in der Darstellenden Kunst]. Århus: Klim.

LEE, Barbara (2000): Theories of Evaluation. – In: Stockmann, Reinhard (Hg.), *Evaluationsforschung. Grundlagen und ausgewählte Forschungsfelder* (= Sozialwissenschaftliche Evaluationsforschung, 1). Opladen: Leske + Budrich, 137-176.

MALMÖ HÖGSKOLA (2008): *Självklar mågfald – oklar strategi. En kartläggning av mångfaldsarbetet på scenkonstinstitutionerna i Region Skåne* [Selbstverständliche Vielfalt – unverständliche Strategie. Eine Bestandsaufnahme der Vielfaltsarbeit der Theater und Konzerthäuser in der Region Skåne]. Hrsg. von Anne-Charlotte Ek, Kettil Nordensjö, Richard Topgaard, Joakim Tranquist (= Malmö Högskolas utvärderingsrapporter, Nr. 1, Enheten för kompetensutveckling och utvärdering [Evaluationsbericht der Hochschule Malmö. Einheit für Kompetenzentwicklung und Evaluation]).

MAYRING, Philipp (2011): *Qualitative Inhaltsanalyse. Grundlagen und Techniken.* Weinheim, Basel: Beltz.

MYNDIGHETEN FÖR KULTURANALYS (2012): *Att utveckla indikatorer för utvärdering av kulturpolitik. Redovisning av ett regeringsuppdrag. Rapport* [Indikatoren entwickeln für die Evaluation von Kulturpolitik. Berichterstattung eines Regierungsauftrags. Report]. Stockholm.

POWER, Michael (1997): *The Audit Society. Rituals of Verification.* Oxford: UP.

SCHULZ VON THUN, Friedemann (2007): *Miteinander reden: Fragen und Antworten.* Reinbek b. Hamburg: Rowohlt.

STOCKMANN, Reinhard (Hg.) (2000): *Evaluationsforschung. Grundlagen und ausgewählte Forschungsfelder*, Opladen: Leske + Budrich.

STOCKMANN, Reinhard (2008): *Zur gesellschaftlichen Bedeutung von Evaluation* (= CEval-Arbeitspapiere, 15). Saarbrücken: Centrum für Evaluation.

STOCKMANN, Reinhard/MEYER, Wolfgang (2010): *Evaluation. Eine Einführung.* Opladen, Farmington Hills: Budrich.

VAKIANIS, Artemis (2006): Besonderheiten des Managements von Kulturbetrieben anhand des Beispiels ‚Theater'. – In: Zembylas, Tasos/Schmuck, Peter (Hgg.), *Kulturbetriebsforschung. Ansätze und Perspektiven der Kulturbetriebslehre.* Wiesbaden: VS, 79-98.

VEDUNG, Evert (1999): *Evaluation im öffentlichen Sektor* (= Studien zu Politik und Verwaltung, 64). Wien. Köln, Graz: Böhlau.

VEDUNG, Evert (2006): Utvärdering som megatrend, gigatrend och fyra böljor [Evaluation als Megatrend, Gigatrend und viel Wellen]. – In: Foss Hansen, Hanne (Hg.), *Den organiserede forvaltning. Politik, viden og værdier i samspil. Forlaget Politiske Studier* [Die organisierte Verwaltung. Politik, Wissen und Werte im Zusammenspiel], 105-150.

VERMEULEN, Peter (2004): Organisationsuntersuchungen im Theater. – In: *Jahrbuch für Kulturpolitik* 4 (Theaterdebatte), 211-218.

VORWERK, Christopher (2012): *Qualität im Theater. Anforderungssysteme im öffentlichen deutschen Theater und ihr Management.* Wiesbaden: Springer VS.

WAGNER, Bernd (1994): Theaterreform im Spiegel von Theatergutachten. – In: Popp, Sebastian/Ders. (Hgg.), *Das Theater und sein Preis. Beiträge zur Theaterreform,* Frankfurt/M., Hagen: Hessische Ges. für Demokratie und Ökologie/Kulturpolitische Ges., 79-140.

WAGNER, Bernd (2007): *Methoden der Prüfung und Qualitätssicherung bei kommunalen nichtstaatlichen Theatern. Beitrag zur Tagung der DeGEval und der IfA: Methoden der Evaluation und der Qualitätssicherung in der Kulturpolitik.* Stuttgart (Mai).

Die Entwicklung eines Wirkungsziel-Managementsystems am Nationaltheater Mannheim

LAURA BETTAG*
Nationaltheater Mannheim

Abstract
Häufig erkennen traditionell produzierende Stadttheaterbetriebe für sich weder in Qualitätsmanagementsystemen noch Evaluationsmodellen einen Nutzen. Ein zusätzliches Problem des öffentlich finanzierten Theatersystems ist es, dass der gewährte Vertrauensvorschuss seitens der Träger kaum Interventionsmöglichkeiten bei Fehlsteuerungen durch die Theaterleitung vorsieht. Zumeist ist aber allen Beteiligten ein Interesse am künstlerischem Erfolg und gesellschaftlichen Wirkungen der künstlerischen Arbeit gemeinsam. Am Beispiel des Nationaltheaters Mannheim wird dargelegt, wie es parallel zur Schaffung eines Mehr-Intendanten-Modells gelang, einen vom Unterhaltsträger unterstützten Wirkungszielprozess zum beiderseitigen Gewinn zu führen. Insbesondere dessen finanzierungsrelevante Komponente begünstigte die Bereitschaft der Intendanzen, das Wirkungszielmanagementsystem in partnerschaftlicher Zusammenarbeit zu entwickeln sowie im politischen Dialog vertrauensbildend einzusetzen. Das durch das gesamtstädtische Change-Management initiierte Wirkungszielmanagement bietet Ansätze zur Selbstevaluation und Verknüpfung mit Qualitätsmaßnahmen im Theaterbetrieb.

Keywords
Kulturfinanzierung, Kulturökonomie, Kulturverwaltung, Theater, Stadt

1. Sediment der Fallstudie

Die von der öffentlichen Hand getragenen und zu finanzierenden ca. 140 Theaterbetriebe in Deutschland sehen sich nicht nur teils starken Haushaltskürzungen, sondern auch einem wachsenden Legitimationsdruck ausgesetzt. Diesen Entwicklungen versucht das New Public Management seit den 1990er Jahren zu begegnen. Zielsetzung war es zunächst, die vielfältigen und sich wandelnden Aufgabenstellungen des öffentlichen Sektors über die Reform und Modernisierung von Staat und Verwaltung zu einer leistungsfähigen Aufgabenerfüllung zu führen. Insbesondere die Kommunen versuchten frühzeitig, ihre Theaterbetriebe im Sinne des Neuen Steuerungsmodells dafür zu befähigen. Schrittweise etablierte sich im Zuge der Ökonomisierung der Betriebsführung (SCHAUER

---

* Email: laura.bettag@mannheim.de

2015) allmählich das kaufmännische Rechnungswesen. Seit 2010 wird eine wirkungszielgeleitete Haushaltsaufstellung erprobt. Bei dieser Form der Verwaltungssteuerung werden Zielstellungen bei der Aufgabenerfüllung fokussiert, bei denen dem Verwaltungshandeln ein Output sowie anzustrebende Wirkungen zuzumessen sind. Die damit einher gehende komplexe Situation in den öffentlichen Verwaltungen unterliegt ständiger Weiterentwicklung und Diskussion (HARMS/REICHARD 2003; JANSEN/PRIDDAT/STEHR 2007; KGST 2007), die auch die Beziehung zwischen Theaterträger und Theaterleitung angeht. Eine Besonderheit des Managements von Kulturbetrieben, die per Rechtsform als öffentliches Unternehmen geführt werden, ist die Beziehung zum Träger. Durch die Übertragung der öffentlichen Aufgabe des Trägers an das öffentliche Unternehmen, wird eine Rechenschaftslegung über die Erfüllung von Sach- und Formalzielen erforderlich (FABRY/AUGSTEIN 2011). Die damit einhergehende Notwendigkeit eines Kontrollsystems beschreibt die Prinzipal-Agent-Theorie. Im Zentrum dieses Modells steht die Agency-Beziehung:

> A contract under which one or more persons (the principal[s] engage another person [the agent]) to perform some service on their behalf which involves delegating some decision making authority to the agent. (JENSEN/MECKLING 1976: 308)

Es ist dabei der generellen Annahme zu folgen (PLEIER 2008: 99f.), dass beauftragten Personen während der Delegation ihren Nutzen maximieren, persönliche Interessenslagen verfolgen, sich opportunistisch verhalten oder mit einer beschränkte Rationalität arbeiten, die auf Informationsasymmetrien basiert. Daher ist es naheliegend anzunehmen, „dass der Agent in einem Beziehungsverhältnis von Menschen nicht immer im Sinne des Prinzipals handeln wird." (JENSEN/MECKLING 1976: 308) Nach der Prinzipal-Agent-Theorie ist diesem Risiko mit auf Anreizen basierenden Entlohnungs-Verträgen zwischen Prinzipal und Agent zu begegnen, wobei sich die Erwartungen des Agenten erfahrungsgemäß an die Ziele des Prinzipals angleichen (HELMIG/JEGERS/LAPSLEY 2004: 103).

Die Vielfalt und Multidimensionalität von Adaptions- und Integrationsleistungen, die demnach in einem größeren Mehrspartenbetrieb zu leisten sind, ziehen zudem noch Probleme im Bereich des Performance Measurement nach sich. Über die Messung in einem rein quantitativen Kennzahlensystem hinaus, bedarf es insbesondere im Theater als Kunst- und Kulturinstitution einer ganzheitlichen Betrachtung möglichst vieler Einflussgrößen. Nur so lässt sich eine erfolgreiche Performance als Ausdruck der Integration von Ergebnis und Leistung erreichen.

Die Setzung von Anreizen durch finanzielle Mittel im öffentlichen Dienst, zu dem die meisten Theaterbetriebe faktisch zählen, ist beschränkt. Eine Alternative kann es sein, eine Methode anzubieten, die die bestehenden Ressourcen und Potenziale der Wirkungen von Theaterarbeit erschließt, erhält und möglichst ausbaut. In der Fallstudie wird am Beispiel des Eigenbetriebs Nationaltheaters Mannheim gezeigt, wie der kommunale Unterhaltsträger und die sich neu konstituierende Theaterleitung über einen Wirkungszielfindungsprozess zu einer strategischen Grundlage für das Management des Theaters gelangten. Anstatt auf das Konfliktpotenzial zwischen künstlerischem Anspruch und der Wirtschaftsführung eines Theaters (VAKIANIS 2006) zu fokussieren, konnte das Augenmerk der Fallstudie auf den Erwerb einer dialogfähigen Haltung zur kulturpolitisch legitimierten Theaterarbeit für die Stadtgesellschaft gerichtet werden.

2. Typologie des Theaterbetriebes

2.1 Das Nationaltheater Mannheim (NTM)

Das Mannheimer Nationaltheater ist eines der größten und ältesten Theaterbetriebe Deutschlands, in dem seit seiner Gründung als Hof- und Nationaltheater 1779 ununterbrochen gespielt wurde. Aufgrund der Mitarbeit Friedrich Schillers und der Uraufführung seiner *Räuber* ist das Nationaltheater auch Schillerbühne. Oper, Konzert, Ballett und Tanz haben ebenfalls zur Geschichte des Hauses wesentliche Beiträge geleistet. 1839 erlebte das Haus seine erfolgreiche Überführung in die kommunale Trägerschaft. 1957 wurde der heute unter Denkmalschutz stehende Neubau des Architekten Gerhard Weber am Goetheplatz eröffnet. Bereits seit den 70er-Jahren besteht die Kinder- und Jugendsparte. 1995 erfolgte die Umwandlung in einen städtischen Eigenbetrieb, wodurch ein hohes Maß an Eigenständigkeit sichergestellt werden konnte. Das Vierspartentheater diversifizierte sich seit Anfang der 2000er-Jahre zur Oper mit *Junger Oper*, Schauspiel mit Mannheimer Bürgerbühne, Ballett und das Kinder- und Jugendtheater zu *Schnawwl, Junger Oper, Junger Tanz* und *Junger Bürgerbühne*. An die 700 Mitarbeitende und über 1.300 Vorstellungen für mehr als 390.000 Besucher machen das Nationaltheater zu einer überdurchschnittlich produktiven Bühne. Hohe künstlerische Leistungsfähigkeit, Ur- und Erstaufführungen in allen Sparten, über 40 Premieren, über 50 Wiederaufnahmen sowie das große Opernrepertoire mit Kultstatus prägen den täglich wechselnden

Spielplan. Das Nationaltheater veranstaltet darüber hinaus international produzierende Festivals. Der Jahresabschluss 2013/14 verzeichnete eine Gesamtsumme an Aufwendungen von nahezu 59 Millionen Euro.

2.2 Das Leitungsmodell des Theaters seit 2013

Infolge eines krankheitsbedingten Wechsels der Generalintendanz 2012 reagierte die Stadt Mannheim auf den erheblichen Leitungsaufwand für den vergleichsweise großen und dynamischen Theaterbetrieb mit der Veränderung der Leitungsstruktur. An Stelle einer Generalintendanz mit vier Spartendirektionen wurde ein Mehrintendanten-Modell etabliert, wobei die zuvor als Direktoren verpflichteten Spartenleiter zu Spartenintendanten wurden und die neu geschaffene Position des Geschäftsführenden Intendanten hinzukam. Die Eigenbetriebssatzung wurde entsprechend verändert, wobei der Geschäftsführende Intendant zum Eigenbetriebsleiter mit zwei weiteren Betriebsleitern, den Intendanten Oper und Schauspiel, bestellt wurde. Dies führte zu einem Zuwachs an Fachverantwortung sowie einer verstärkten Öffnung gegenüber der gesamtstrategischen Positionierung. Übergreifende Entscheidungen werden von allen fünf Intendanzen gemeinsam unter Moderation des Geschäftsführenden Intendanten möglichst nach dem Konsensprinzip getroffen.

Am Wirkungszielprozess nahmen neben dem externen Moderator alle fünf Intendanten, ein Personalrat, drei städtische Mitarbeiter der Strategischen Steuerung des Oberbürgermeisters, des Kulturdezernates und des Beteiligungscontrollings des Finanzdezernates teil. Die Verfasserin war als bereichsinterne Multiplikatorin zugelassen und nutzte dies in Form einer teilnehmenden Beobachtung (FLICK 2002: 206-209). Dies geschah unter Einbezug eines Vergleiches mit einem früheren Zielfindungsvorhaben des NTM, sodass der Untersuchungszeitraum der Fallstudie von 2012 bis 2016 reicht.

3. Der Einfluss des Change Managements der Stadt Mannheim

3.1 Der Modernisierungsprozess CHANGE[2]

Von 2006 bis 2013 unterzog sich die Stadtverwaltung Mannheim einem grundlegenden Veränderungsprozess unter dem Motto ‚Gemeinsam mehr bewirken!' (FÄRBER/SALM/SCHWAB 2014). Die Stadt Mannheim erhielt für diesen Verwaltungsmodernisierungsprozess 2011 den *European Public Sector Award*, wodurch u. a. auch der Imagewandel der Stadt Mannheim durch Kunst und Kultur als Motoren der Stadtentwicklung bestätigt wurde. Eine wichtige Grundlage des spezifischen urbanen Kontextes in Mannheim stellte z. B. eine stadtsoziologische Studie (LÖW 2012) dar. Eines der letzten Projekte des städtischen Veränderungsprozesses bezog sich auf die gesamtstädtische Einführung der inhaltsgeleiteten Haushaltsaufstellung und -steuerung (STADT MANNHEIM o. J.). Zugrunde lagen holistische Zielstellungen (STADT MANNHEIM 2013a) für die Gestaltungsaufgabe der Stadtgesellschaft Mannheims durch die Stadtverwaltung. Die politischen Paradigmen bei der Aufgabenerfüllung der Stadtverwaltung waren geleitet von priorisierten Zuständigkeiten, dem Aufbau einer mitarbeiterfreundlichen Organisationsstruktur und Führungskultur statt betriebswirtschaftlichem Effizienzstreben sowie einem aktiv gestaltendem Verständnis von Verwaltungshandeln für den politischen Bürger und nicht eines Konsumenten öffentlicher Dienstleistungen.

3.2 Die gesamtstrategische Infrastruktur der Stadt Mannheim

Der gesamtstädtisch organisierte Wirkungszielprozess sah die Möglichkeit vor, die Wirkungsziele der jeweiligen Dienststelle aus dem vorangegangenen gesamtstrategischen Managementzielen der Stadtverwaltung, wenn nicht linear zu deduzieren, so doch in einen produktiven Bezug zu setzen. Innerhalb des Entstehungsprozesses eines möglichen Wirkungszielsystems ging die Stadt Mannheim zunächst von folgender Definition aus:

> Wirkungsziele begründen sich auf Leistungen. Sie decken weniger als 100% des Haushalts ab. Sie beschreiben Zustände von Gesellschaft und Umwelt außerhalb der Dienststelle, die aufgrund von Leistungen der Dienststelle als Ursache herbeigeführt werden sollen. Sie sind unterteilt in 1. Wirkungsziele mit Bezug zu einem strategischen Ziel und 2. Wirkungsziele ohne Bezug zu einem strategischen Ziel.[1]

Im Verlauf des Prozesses kam man überein, bei den kunstnahen Eigenbetrieben auf die Findung von Leistungszielen zugunsten der von Wirkungszielen zu verzichten. Die Wirkungsziele haben jedoch für das gesamte Intendanten-Team verbindlichen Charakter. Sie bilden aber kein vollständig geschlossenes System, sondern stellen wichtige Fokus

---

1 <http://www.mannheim.de/sites/default/files/page/18902/informationen_haushaltsaufstellung_gesamtstrategie.pdf> [10.06.2016].

sierungspunkte des gesamten Theatergeschehens heraus. Systemische Lücken können über weitere Zielvereinbarungen zwischen dem für das Theater zuständige Dezernat für Wirtschaft, Arbeit, Soziales und Kultur und dem Geschäftsführenden Intendanten und Eigenbetriebsleiter geschlossen werden.

4. Der Wirkungszielprozess in der Teilnehmenden Beobachtung

4.1 Wirkungsziel-Workshops

In etwa zeitgleich erfolgten die Vorbereitungen zur Gestaltung des neuen Leitungsmodells am NTM sowie die Umsetzung des wirkungszielbasierten Managementsystems der Stadt Mannheim am Eigenbetrieb Nationaltheater. Das Erfahrungswissen der früheren Direktoren und nun designierten Spartenintendanten wurde mithilfe eines externen Moderators zusammengeführt. Das Bedürfnis nach einem co-kreativen Teambuilding der fünf Intendanten beförderte eine produktive Arbeitsatmosphäre. Die Routine des multiprofessionellen städtischen Teams ermöglichte eine rasche Anpassungsleistung zwischen den gesamtstrategischen Anforderungen und den theaterspezifischen Bedingtheiten. Die Stadtverwaltung übernahm zudem die gesamtstädtischen Dokumentations- und Publikationsleistungen zur Vorlage für den Gemeinderat und die Ausschüsse. Auf Theaterseite bot sich die Möglichkeit, aus langjähriger Berufserfahrung gewonnenes, teils implizites strategisches Wissen einzubringen und zu explizitem Wissen in gemeinsamer Nutzung zu überführen.

4.2 Aufbau auf dem Zielfindungsprozess 1.0

In der Spielzeit 2011/12 fanden unter Beteiligung der damaligen Generalintendanz, der Spartendirektionen sowie der Abteilungsleiterebene und Multiplikatoren des NTM auf Initiative der Stadtverwaltung Zielworkshops statt. Zu diesem Prozess 1.0 wurden Daten bis zur Überführung in den Wirkungszielprozess 2.0 erhoben. Im Vergleich sind folgende Optimierungseffekte festzustellen:

Das neue Intendanten-Team formulierte einen gemeinsamen programmatischen Anspruch zunächst nur auf Intendanzebene, wenn auch in Bezug auf die strategischen Ziele der Stadt Mannheim. Das bisherige inhaltliche Material wurde nach spartenübergreifenden Kriterien neu geordnet. Dabei war es entscheidend, dass alle Sparten zu einem Wirkungsziel beitragen konnten. Dies betraf z. B. das zuvor verwendete Kriterium Gastspiele, da die Gastspielvoraussetzungen und Einladungswahrscheinlichkeiten zwischen den Sparten nicht vergleichbar sind. Spartentypische Einzelleistungen wurden dennoch zur Profilierung des NTM aufgenommen, wobei latente Konkurrenzsituationen reduziert werden konnten. Eine horizontale Vernetzung wurde angestrebt, so dass sich innovierende und experimentelle Ansatzpunkte zu gemeinsamen Projekten der Sparten untereinander ergaben. Die Zahl von Kooperationspartnern und Koproduktionspartnerschaften wurde erhöht. Partizipative Ansätze bei Bühnenleistungen von nichtprofessionellen Mitwirkenden wurden als Gestaltungsaufgabe der Stadtgesellschaft durch ein aktives Publikum positioniert, u. a. durch die Gründung einer Bürgerbühne. Der Wirkungszielprozess 2.0 wurde von städtischer Seite mit der Haushaltsaufstellung und -steuerung gekoppelt und wurde dadurch von der neu formierten Theaterleitung als relevanter und in seinem Ergebnis als verbindlicher wahrgenommen. Die routinierte Unterstützungsleistung der gesamtstrategischen Organisation beförderte einen zeitökonomischen und sachgerechten Umgang mit betriebswirtschaftlichen Denkmodellen und Methoden des Public Managements. Die Kommunikation verlief adressatenorientierter und gewann im Detail an Formulierungskompetenz. So konnte die komplexe künstlerische Arbeit gegenüber einer größeren Zahl von Stakeholdern aus Stadtgesellschaft, überparteilich auftretender Politik, Verwaltung und Mitarbeiterschaft nachvollziehbarer und glaubwürdiger formuliert werden (z. B. ‚Identitätsstiftung' zu ‚Identifizierungsangebote').

4.3 Ergebnisse des Wirkungszielprozesses

Nach Erarbeitung der städtischen Gesamtstrategie wurden im Nationaltheater vier Wirkungsziele erarbeitet, deren Diskussion Mitte 2012 im Kulturausschuss stattfand. Die Ergebnisse dieses Feedbacks flossen in die Erarbeitung der Managementziele 2.0 ein. Die Ergebnisse der Zielworkshops wurden dem Kulturausschuss im März 2013 auf Basis standardisierter Vorlagen vorgelegt (s. Punkt 5) und mit den Wirkungszielen, Maßnahmen und Kennzahlen als Grundlage[2] für die Spielzeit 2014/2015 beschlossen. Auf Wunsch des Oberbürgermeisters wurde beim Wirkungsziel 1 zuvor die statistische Besucherzahl ergänzt. Nach

---

2 Die Wirkungsziele wurden dem Gemeinderat und der Mitarbeiterschaft des NTM mit diesen Erläuterungen nicht zuletzt als Marketingaufgabe kommuniziert.

einem gesamtstrategisch vorgesehenen Follow-up-Workshop 2015 wurde ein fünftes Wirkungsziel hinzugefügt. Die Wirkungsziele lauten seit der Spielzeit 2014/15:

Wirkungsziel 1: Das Nationaltheater Mannheim wird städtisch, regional, national und international als exzellent und innovativ wahrgenommen.

Erläuterung: Das NTM hat in allen Sparten ein spezifisches Profil entwickelt und wird vom überregionalen Fachpublikum (Presse, Kuratoren) als Forum zeitgenössischer und fortschrittlicher Kunst wahrgenommen und diskutiert. Die Oper profiliert sich als internationales Forum für Neues Musiktheater und als Wiederentdeckerin des musikalischen Erbes der Region; das Schauspiel profiliert sich als Uraufführungstheater in der Tradition der Schillerbühne; das Ballett profiliert sich als zeitgenössische Tanzkompanie in der Auseinandersetzung mit internationalen Musikgenres und Komponisten, während das Theater für junges Publikum durch sein spartenübergreifendes Arbeiten, seine transkulturelle Ausrichtung sowie und durch internationale Vernetzung auf sich aufmerksam macht. Alle Sparten des NTM gehen das Wagnis von Auftragsproduktionen und Uraufführungen ein, um die Entwicklung ihrer jeweiligen Gattung voranzutreiben und als Impulsgeber des kulturellen Diskurses zu wirken. Der Status des NTM als eine bedeutende produzierende Kulturinstitution in Deutschland manifestiert sich in Gastspieleinladungen und einer überregionalen Medienresonanz seiner Produktionen.

Wirkungsziel 2: Spielplan und Repertoire greifen Vielfalt und Dynamik der Stadtgesellschaft auf und geben Impulse in den innerstädtischen Diskurs.

Erläuterung: Das Theater reflektiert die demographischen und gesellschaftlichen Veränderungen der Stadt und trägt mit seinen Produktionen zur Pflege und Weiterentwicklung der kulturellen Identität Mannheims bei. Mit spezifischen Projekten interessiert es neue Zielgruppen und beteiligt sich mit seinen Beiträgen an der Diskussion virulenter gesellschaftlicher Themen. Multikulturelle Perspektiven schaffen Identifikationsangebote für das Publikum und die Ensembles des Nationaltheaters.

Wirkungsziel 3: Kulturelle und ästhetische Bildungsangebote werden vom Publikum in Mannheim und der Metropolregion Rhein-Neckar angenommen.

Erläuterung: Das Nationaltheater Mannheim versteht sich auch als Einrichtung zur kulturellen und ästhetischen Bildung und bietet allen Gesellschaftsschichten und Altersgruppen Angebote zur rezeptiven und aktiven Teilhabe. Grundsätzlich ist bereits der Vorstellungsbesuch selbst als kulturell bildend zu betrachten. Das Nationaltheater bietet darüber hinaus zahlreiche Spielplan begleitende Rahmenveranstaltungen für das Abendpublikum sowie Vor- und Nachbereitungen für Schulklassen. Ein für Deutschland modellhafter Ansatz ist die Gründung der spartenübergreifenden Bürgerbühne, die mit einem umfassenden Angebot von Kursen und Workshops Bürgern die Möglichkeit gibt, sich selbst kreativ im Spielraum Theater zu betätigen. Bis zu vier Inszenierungen mit Laien entstehen pro Spielzeit unter professionellen Produktionsbedingungen für das Repertoire. Vor allem dieses Projekt soll die Schwellenangst bei bisher theaterfernen Zielgruppen senken und sie für die Auseinandersetzung mit komplexer Theaterkunst und umfassender Teilhabe qualifizieren.

Wirkungsziel 4: Internationale Festivals sind durchgeführt und internationale Koproduktionen initiiert.

Erläuterung: *Schillertage*, *Mozartsommer* und *Imaginale* sind international koproduzierende und gastgebende Festivals. Sie profilieren die Stadt als Forum internationaler Darstellender Kunst, vernetzen Mannheimer Künstler sowie das Publikum mit der internationalen Theaterszene und interessieren mit den Stipendiaten zukünftige Talente für eine Mitarbeit am Nationaltheater. Die Festivals schaffen dadurch eine überregionale Aufmerksamkeit für das Nationaltheater. Im Rahmen dieser Festivals oder als deren Folge entstehen internationale Koproduktionen und internationale Theaterpartnerschaften, von denen Mannheimer Künstler und Publikum auch außerhalb der Festivals profitieren. Mannheim übernimmt außerdem die Gastgeberschaft für weitere Wanderfestivals wie 2014 das Festival des Internationalen Theaterinstituts *Theater der Welt*. Die Festivals und die internationalen Koproduktionen stärken die Kulturhauptstadt-Bewerbung der Stadt Mannheim.

Wirkungsziel 5: Die geplante Eigenfinanzierungsquote[3] ist erreicht.

---

3 Der Berechnungsmodus wurde eigens für den gesamtstädtischen Vergleich definiert.

4.4 Fortschreibung des Wirkungszielsystems

In regelmäßigem Turnus werden im Bereich der Kennzahlen von Seiten der strategischen Steuerung nicht nur Ist- und Soll-Werte abgefragt, sondern auch die Gelegenheit zu qualitativen Korrekturen gegeben. Die spätere Einführung eines 8. Managementziels bei der Stadtverwaltung hatte keine Auswirkungen auf das Wirkungszielsystem des Theaters. Die jeweils zu aktualisierenden Fassungen der Wirkungszielsysteme sind Bestandteile von Zielvereinbarungen seitens des Dezernates mit den jeweiligen Intendanten.

5. Dokumentation und Publikation

Die Kommunikation des Wirkungszielprozesses erfolgte in unterschiedlicher Weise. Für das interne Marketing wurden beispielsweise ein Newsletter (NTM intern) und dialogische Veranstaltungsformate unter Beteiligung des Intendanten-Teams initiiert. Im externen Marketing wurden Informationen zu den Wirkungszielen teils in theatereigenen, als auch in Publikationsformaten mit der Stadtverwaltung gemeinsam veröffentlicht.[4]

Die folgenden Tabellen entstammen den von der Stadtverwaltung standardisiert aufbereiteten Dokumentationen, die das im NTM erhobene Datenmaterial am ausführlichsten wiedergeben. Am Beispiel der Spielzeit 2014/15 sind neben den Wirkungszielen und den Wirkungskennzahlen die für diese Spielzeit vorgesehenen Maßnahmen aufgeführt. Die Ist-Werte beziehen sich auf die erfassten Wirkungskennzahlen aus der Spielzeit 2013/14. Ersichtlich ist auch die auf Intendanten-Ebene selbst zu stellende Prognose über die weitere Entwicklung in Form von Planzahlen für 2015/16 und 2016/17. Die prognostizierten Werte werden zudem auf voraussichtliche und tatsächliche Über- bzw. Untererfüllung abgefragt und können dann im Ist-Wert nachjustiert werden.

---

4   S. NTM-Imagebroschüre, die Mitarbeiterzeitschrift der Stadt Mannheim v. April 2013, S. 12-13 oder Kapitel zum NTM innerhalb des Berichtswesens des Dezernats.

Wirkungs-ziel 1	Das Nationaltheater Mannheim wird städtisch, regional, national und international als exzellent und innovativ wahrgenommen.			
Nr.	Wirkungskennzahlen	IST 2013 / 2014	Plan 2016 (2015 / 2016)	Plan 2017 (2016 / 2017)
1	Anzahl der Aufführungen im Rahmen von Gastspieleinladungen in den Sparten insgesamt	55	31	31
2	Anzahl der Uraufführungen sowie deutschsprachigen und deutschen Erstaufführungen in allen Sparten insgesamt	17	14	14
3	Anzahl der Auftragswerke pro Spielzeit	9	10	10
4	Anzahl der Berichterstattungen über das Nationaltheater Mannheim in Printmedien	2.533	2.300	2.300
5	Anzahl der spartenübergreifenden Projekte	9	9	9
6	Anzahl der Teilnehmerinnen und Teilnehmer an in Mannheim veranstalteten Tagungen, Seminaren, Symposien	660	50	50
7	Anzahl der Besucherinnen und Besucher	392.687	360.000	360.000
–	–	–	–	–
Maßnahmen	Aufträge an international renommierte Komponistinnen und Komponisten			
	Vergabe von Auftragskompositionen			
	Veranstaltung von Tagungen, Seminaren, Symposien			
	Innovative Interpretationen der großen Werke des Musiktheaters durch international profilierte Regisseurinnen und Regisseure			
	Auftragswerke an namhafte zeitgenössische Autorinnen und Autoren			
	Deutschsprachige Erstaufführungen und deutsche Erstaufführungen neuer internationaler Dramatik			
	Zusammenarbeit mit international profilierten Regisseurinnen und Regisseuren			
	Engagement international anerkannter Gastchoreographinnen und Gastchoreographen			
	Internationale Koproduktionen und Austauschprojekte			
	Tanz für Kinder			

Tab. 1: *Wirkungsziel 1.*

Wirkungs-ziel 2	Spielplan und Repertoire greifen Vielfalt und Dynamik der Stadtgesellschaft auf und geben Impulse in den innerstädtischen Diskurs.			
Nr.	Wirkungskennzahlen	IST 2013 / 2014	Plan 2016 (2015 / 2016)	Plan 2017 (2016 / 2017)
1	Anzahl der Kooperationspartnerschaften in der Stadt für Cross-Over-Projekte (Kultur- und Bildungseinrichtungen, politische Stiftungen, Einzelkünstlerinnen und -künstler)	15	29	29
2	Anzahl der Außenprojekte und mobilen Projekte	15	11	11
3	Anteil der Produktionen mit interkulturellem Thema am Repertoire des *Schnawwl*/der Jungen Oper	20 %	20 %	20 %
4	Anzahl der internationalen Mitglieder der Solistenensembles	41	41	41
Maßnahmen				
	Pflege der historisch begründeten kulturellen Identität Mannheims			
	Beschäftigung einer Hausautorin oder eines Hausautoren			
	Außenprojekte aller Sparten			
	Kooperation mit Kulturinstitutionen der Stadt			
	Kooperation mit Künstlerinnen und Künstlern der Mannheimer Musikszene (Hochschule/Freelancer)			
	Transkulturelle Prägung des Repertoires/Mehrsprachigkeit			

Tab. 2: *Wirkungsziel 2*.

Wirkungs-ziel 3	Kulturelle und ästhetische Bildungsangebote werden vom Publikum in Mannheim und der Metropolregion Rhein-Neckar angenommen.			
Nr.	Wirkungskennzahlen	IST 2013 / 2014	Plan 2016 (2015 / 2016)	Plan 2017 (2016 / 2017)
1	Anzahl der verkauften Schüler- und Studierendenkarten	43.861	43.861	43.861
2	Anzahl der Schulklassen und Kindergruppen aus unterschiedlichen Zielgruppen und Sozialräumen	417	417	417
3	Anzahl der Teilnehmerinnen und Teilnehmer an spielplanbegleitenden Workshops und Einführungsveranstaltungen, Vor- und Nachbereitungen im Theater und in Schulen insgesamt	21.543	21.543	21.543
4	Anzahl der Kooperationsprojekte/-vereinbarungen mit Bildungseinrichtungen	92	92	92
5	Anzahl der Teilnehmerinnen und Teilnehmer an den Spielclubs und Produktionen der Bürgerbühne und der Jungen Bürgerbühne	531	531	531
Maßnahmen				
	Projekte der Bürgerbühne aus allen Sparten			
	Angebot von Vorstellungen *Theater von Anfang an* im *Schnawwl* und als mobile Vorstellungen in Krippen und Kindertagesstätten sowie mobile Klassenzimmervorstellungen in Schulen			
	Angebot partizipativer Aufführungen in allen Sparten			
	Produktionseinführungen und -nachgespräche im Rahmen des Vorstellungsbetriebs			
	Workshops zum besseren Verständnis zeitgenössischer Komponisten			
	Weiterführung der *Schule der praktischen Weisheit* in ca. 12 Veranstaltungen für Oberstufenschülerinnen und -schüler sowie Studierende zur Abitur- und Prüfungsvorbereitung in Kooperation mit der Universität Mannheim			
	Pädagogische Veranstaltung *Tanz ganz nah*			
	Educationprojekt zum Tanzjahr 2016			
	Educationprojekt in Mannheimer Kindergärten und Grundschulen			
	Teilnahme am MAUS-Projekt: Theaterprojekte in 13 Schulen in Stadtteilen mit sozial schwieriger Struktur; 10 weitere Kooperationsprojekte mit Mannheimer Schulen und Bildungseinrichtungen			
	Kooperation mit den Theatern Pfalzbau und Heidelberg zur Durchführung des gemeinsamen Festivals *Junges Theater im Delta*			
	Vor- und Nachbereitung von Schulklassen			

Tab. 3: *Wirkungsziel 3*.

Wirkungs-ziel 4	Internationale Festivals sind durchgeführt und internationale Koproduktionen initiiert.			
Nr.	Wirkungskennzahlen	IST 2013 / 2014	Plan 2016 (2015 / 2016)	Plan 2017 (2016 / 2017)
1	Anzahl der überregionalen Gastaufführungen im Rahmen der bestehenden Festivals		4	20
2	Anzahl der Stipendiaten im Rahmen der Festivals		30	60
Maßnahmen				
	Vorbereitung und Durchführung des Festivals *Mozartsommer* (2016) mit internationalen und interdisziplinären Koproduktionen			
	Vorbereitung und Durchführung der *Schillertage* (2017) mit nationalen und internationalen Koproduktionen und Gastspielen, Theatralisierung des öffentlichen Raums			
	Durchführung des Figurentheaterfestivals *Imaginale* in Kooperation mit der *Alten Feuerwache* und der Jugendförderung			
	Vorbereitung und Durchführung des internationalen Festivals *Happy New Ears. Europäisches Musiktheater für junges Publikum* zum 10-jährigen Bestehen der Jungen Oper (2016)			
	Wiederaufnahme der internationalen Koproduktionen *Der Junge mit dem Koffer*, *König Hamed und das furchtlose Mädchen*			

Tab. 4: Wirkungsziel 4.

Wirkungs-ziel 5	Die geplante Eigenfinanzierungsquote ist erreicht.			
Nr.	Wirkungskennzahlen	IST 2013 / 2014	Plan 2016 (2015/2016)	Plan 2017 (2016/2017)
1	Eigenfinanzierungsquote	41,5 %	43,2 %	43,2 %
2	Einnahmen (Umsatzerlöse)	5.816.000	6.158.000	6.217.000
Maßnahmen				
	Umsetzung des Haushaltsstrukturprogramms	.		

Tab. 5: Wirkungsziel 5.

6. Bewertung

Dass der Wirkungszielprozess 2.0 als nutzbringend verlaufen bezeichnet werden kann, hängt nicht zuletzt von zahlreichen begünstigenden Faktoren im Untersuchungszeitraum 2012 bis 2016 ab. Die Niederlegung der Wirkungsziele, Maßnahmen und Wirkungskennzahlen ermöglichte einen aussagekräftigen Überblick über das mittelfristig verbindliche Handeln des NTM. Die von Seiten des Theaters getroffenen Priorisierungen erleichterten den Dialog zwischen der Theaterleitung und dem kommunalen Unterhaltsträger, repräsentiert durch Oberbürgermeister, Kulturbürgermeister und Gemeinderat. Von Vorteil erwies sich, dass sich über den Begriff der ‚Wirkung' und nicht der ‚Qualität' Gemeinsamkeiten zwischen den Vorstellungen des Intendanten-Teams und den Bedürfnissen des Unterhaltsträgers erschlossen werden konnten. Der von städtischer Seite gewährte Vertrauensvorschuss fand eine Entsprechung in der Ausprägung eines spartenübergreifenden Verantwortungsbewusstseins seitens der Intendanten. Aspekte der Finanzierungs- und Leistungskontrolle wurden für beide Seiten mit Wirkungserwartungen verknüpft und organisatorisch durch die Stadtverwaltung kontinuierlich unterstützt. Die Unvollständigkeit im Performance Measurement konnte durch die in dem untersuchten Zeitraum erhaltenen überregionalen Auszeichnungen und Preise[5] kompensiert werden. Die Beteiligung der Mitarbeiterschaft an der Entwicklung der Wirkungsziele erfolgte zwar in geringerem Maße als im Zielprozess 1.0, jedoch wurden mehr Informationsangebote gemacht und spezifische Veranstaltungsformate entwickelt.

7. Implikationen für das Theatermanagement

Die Frage nach der Übertragbarkeit der Mannheimer Wirkungszielprozesses auf andere Theaterbetriebe ist grundsätzlich zu bejahen, hängt aber im Wesentlichen vom Gestaltungswillen der maßgeblichen Akteure in Theaterleitung, Verwaltungsspitze und Kommunalpolitik ab. Ermöglichen die lokalen Verhältnisse einen realistischen Blick auf Ressourcen und Potenziale des Theaters in seiner stadtgesellschaftlichen Prägung? Die bedingte Generalisierbarkeit der Mannheimer Erfahrungen bildet bei der Übertragung ein Risiko, wenn auch kein Hindernis. In der Offenheit des Prozesses ist ein Vorzug zu sehen. Zudem eröffnete sich innerhalb des NTM[6] die Chance, den Wirkungszielprozess auch als Instrument zur Selbstevaluation zu entwickeln. Hinsichtlich des Themas

---

5 2014 verlieh die Zeitschrift *Opernwelt* die Auszeichnung der Uraufführung des Jahres für *Böse Geister* von A. Hölszky sowie den Titel Opernchor des Jahres. Im gleichen Jahr erhielt die Intendantin des Kinder- und Jugendtheaters den *FAUST-Preis* des Deutschen Bühnenvereins für ihre Regie von *Tanz Trommel*. 2015 erhielt die Produktion *Esame di Mezzanotte* von L. Ronchetti die gleiche Auszeichnung als Uraufführung des Jahres sowie den Titel Opernhaus des Jahres (gemeinsam mit Frankfurt/M.).

6 M. Rottler teilte als Feedback mit, dass bei der regelmäßigen Erhebung der Ist-Daten die Möglichkeit besteht, eigene Arbeitsergebnisse selbstreflexiv einzuschätzen.

Fremdevaluation sind jedoch aktuell keine Anstrengungen zu erwarten. Der Kulturbürgermeister bilanzierte:

> Das Modell läuft sehr gut und störungsfrei [...]. Eine Evaluation wurde nicht beschlossen. Ich sehe auch keine Notwendigkeit. Aber wir können das natürlich machen, wenn der Gemeinderat es wünscht. (Interview im *Mannheimer Morgen* v. 15.04.2016)

Des Weiteren wäre durch die wirkungszielbasierte Arbeitsgrundlage eine Anschlussmöglichkeit zum Qualitätsmanagement gegeben. Andererseits bieten die Ergebnisse des Wirkungszielprozesses Theatern, die mit dem Aufbau von Qualitätsmanagementsystemen begonnen haben, allgemeine Anhaltspunkte, ihre Qualitätspolitik[7] zu komplettieren.

Für die weiteren Entwicklungen in Mannheim wäre eine Langzeitstudie hilfreich, um die weitere Entwicklung zu beobachten und abschließend zu bewerten. Zukünftige Herausforderungen für die Fortschreibung des Wirkungszielprozesses bilden die Intendanzwechsel Oper und Tanz zur Spielzeit 2016/17 sowie der Intendanzen Geschäftsführung und Junges Nationaltheater ab 2017/18.

Autorin

Dr. Laura Bettag, MA studierte in Stuttgart, Ludwigsburg und Köln. Nach dem Masterabschluss des Kulturmanagements promovierte sie mit einer Studie zum Selbstmanagement von Bühnentänzern im Theaterbetrieb. Als Referentin der Eigenbetriebsleitung am Nationaltheater Mannheim entwickelt sie u. a. Grundlagen für dessen strategisches Kulturmanagement.

Literatur

DETTLINGER, Stefan M./LANGHALS, Ralf C. (2016): Mannheimer Modell hat sich bewährt. – In: *Mannheimer Morgen* (15.04.2016).

FABRY, Beatrice/AUGSTEN, Ursula (2011): *Unternehmen der öffentlichen Hand.* Baden-Baden: Nomos.

FÄRBER, Gisela/SALM, Marco/SCHWAB, Christian (2014): *Evaluation des Verwaltungsmodernisierungsprozesses „CHANGE 2" der Stadt Mannheim.* Deutsche Universität für öffentliche Verwaltung <http://www.mannheim.de/sites/default/files/institution/13085/072015_internet.pdf> [12.06.2016].

FLICK, Uwe (2002): *Qualitative Sozialforschung. Eine Einführung.* Reinbek: Rowohlt.

HARMS, Jens/REICHARD, Christoph (Hgg.) (2003): *Die Ökonomisierung des öffentlichen Sektors. Instrumente und Trends.* Baden-Baden: Nomos.

HELMIG, Bernd/JEGERS, Marc/LAPSLEY, Irvin (2004): Managing Nonprofit Organizations. A Research Overview. – In: *Voluntas: international journal of voluntary and nonprofit organizations* 15/2, 101-116.

---

7   S. Definition ‚Qualitätspolitik' im DIN ISO-Handbuch. Diese Festlegung hat demzufolge jedem Aufbau eines Qualitätsmanagement-Systems voranzugehen.

JANSEN, Stephan A./PRIDDAT, Birger P./STEHR, Nico (Hgg.) (2007): *Die Zukunft des Öffentlichen. Multidisziplinäre Perspektiven für eine Öffnung der Diskussion über das Öffentliche.* Wiesbaden: VS.

JENSEN, Michael C./MECKLING, William H. (1976): Theory of the firm. Managerial behavior, agency costs and ownership structure. – In: *Journal of Financial Economics* 3/4, 305-360.

KGST (Hgg.) (2007): *Das neue Steuerungsmodell. Bilanz der Umsetzung* <http://www.kgst.de/themenfelder/organisationsmanagement/organisatorische-grundlagen/neues-steuerungsmodell> [15.08.2016].

LÖW, Martina (2012): *Die Seele der Mannheims – Eine Studie zur Eigenlogik der Stadt.* Ostfildern: Thorbecke.

NATIONALTHEATER MANNHEIM (Hgg.) (2014). *Das Nationaltheater Mannheim 2014 – 1839 – 1779* <http://www.nationaltheater.de> [15.08.2016].

PLEIER, Nils (2008): *Performance-Measurement-Systeme und der Faktor Mensch. Leistungssteuerung effektiver gestalten.* Wiesbaden: Gabler.

SCHAUER, Reinbert (2014): *Rechnungswesen in öffentlichen Verwaltungen. Von der Kameralistik zur Doppik.* Wien: Linde.

STADT MANNHEIM (Hgg.) (2010): *Leitlinien für Führung, Kommunikation und Zusammenarbeit der Stadtverwaltung Mannheim.* <http://www.mannheim.de/sites/default/files/page/16/leitlinien_fkz_10_07_24.pdf> [03.06.2016].

STADT MANNHEIM (Hgg.) (2013): *Wirkungsorientiertes Ziel- und Steuerungssystem der Stadt Mannheim* <http://www.mannheim.de/sites/default/files/institution/13085/072015_internet.pdf> [06.06.2016].

STADT MANNHEIM (Hgg.) (2013): *Gemeinsam mehr bewirken. Verwaltungsmodernisierung CHANGE – ein Rückblick auf sechs Jahre Veränderung.* Pressemitteilung <http://www.mannheim.de/presse/gemeinsam-mehr-bewirken> [03.06.2016].

STADT MANNHEIM (Hgg.) (2013): *Magma: das Magazin für die Mitarbeiterinnen und Mitarbeiter der Stadt Mannheim* (April 2013).

STADT MANNHEIM (Hgg.) (o. J.): *Das Modell Mannheim. Informationen zur neuen Haushaltsaufstellung entlang der Gesamtstrategie und den sieben strategischen Zielen Mannheims* <http://www.mannheim.de/sites/default/files/page/18902/informationen_haushaltsaufstellung_gesamtstrategie.pdf> [10.06.2016].

STADT MANNHEIM (Hgg.) (2016): *Acht strategische Ziele, Leistungs- und Wirkungsziele der Dienststellen und Eigenbetriebe sowie der persönlichen Ziele.* <maob_1568_001_Aufsteller_Ziele_D.pdf> [über Verfasserin].

STADT MANNHEIM/DEZERNAT WIRTSCHAFT, ARBEIT, SOZIALES, KULTUR (Hgg.) (2015): *Dezernat für Wirtschaft, Arbeit, Soziales und Kultur. Themen, Projekte und Impulse 2008-2015. Leistungsbericht.*

STADT MANNHEIM/KULTURAMT (Hgg.) (2015): *Kulturförderbericht der Stadt Mannheim. Geschäftsbericht 2012-2014* <http://www.mannheim.de/mediathek/beitrag/geschaeftsbericht-2012-2014-zur-kulturfoerderung-stadt-mannheim> [12.06.2016].

STADT MANNHEIM/RECHNUNGSPRÜFUNGSAMT (Hgg.) (2016): *Bericht über die Prüfung des Jahresabschlusses 2014/15 des Eigenbetriebes Nationaltheater Mannheim.*

QUALITÄTSPOLITIK (o. J.): <http://www.din-iso-zertifizierung-qms-handbuch.de> [07.05.2016].

VAKIANIS, Artemis (2006): Besonderheiten des Managements von Kulturbetrieben anhand des Beispiels „Theater". – In: Zembylas, Tasos/Tschmuck, Peter (Hgg.), *Kulturbetriebsforschung – Ansätze und Perspektiven der Kulturbetriebslehre*. Wiesbaden: VS, 79-98.

Means-end-Evaluation am Beispiel des Technorama

HELGE KAUL[A]*, ROY SCHEDLER[B]
[A]ZHAW Winterthur; [B]Swiss Science Center Technorama, Winterthur

Abstract
Neuen Ansätzen im Public Management folgend ist die Schaffung von Gemeinwohlwert (public value) erst gegeben, wenn damit verbundene Aktivitäten zu einer entsprechenden Bewertung auf der individuell-psychologischen Ebene führen. Im Rahmen der hier vorgestellten ‚Means-end-Evaluation' werden jene Personen zum Maßstab für das Handeln öffentlicher Institutionen, die einen unmittelbaren Wert aus kulturellen Projekten oder Objekten ziehen: die Zuschauer, Zuhörer, Leser oder Besucher. Am Beispiel des *Swiss Science Center Technorama* wird gezeigt, wie mittels einer Laddering-Analyse die mit einer Einrichtung und ihren Angeboten assoziierten Wertvorstellungen aufgedeckt werden können. Die auf diesem Wege gewonnenen Erkenntnisse können sowohl zur Bewertung und gegebenenfalls Legitimation öffentlich geförderter Leistungsprogramme dienen als auch zur publikumsorientierten Weiterentwicklung von kulturellen Angeboten und Vermittlungsprogrammen.

Keywords
Besucherforschung; Evaluation; Kultursoziologie; Marketing

1. Verwirklichte Werte als Evaluationsbasis

Evaluationen stellen Informationen für die Gestaltung von Politik, die Verbesserung von Abläufen in Organisationen und die Weiterentwicklung der Fachpraxis bereit. Dabei geht es im Wesentlichen darum, etwas – sei es einem Prozess, Projekt, Programm bzw. einer Leistung oder Organisation – einen Wert zuzuschreiben (BIRNKRAUT 2011: 9ff.). Bei der Frage, wer im kulturpolitischen Feld diese Bewertungen vornehmen sollte, richten sich neue Ansätze im Public Management gegen eine „objektiv"-monetäre und klassisch angebotsorientierte Sicht: Die Schaffung von Gemeinwohlwert bzw. public value (MOORE 1997), so betont etwa Meynhard (2008), sei nur gegeben, wenn damit verbundene Aktivitäten zu einer entsprechenden Bewertung auf der individuell-psychologischen Ebene führen. Auf der Basis bedürfnistheoretischer Annahmen werden somit die Bewertungen jener Personen zum Maßstab für das Handeln öffentlicher Institutionen, die einen unmittelbaren Wert aus den zu bewertenden Angeboten ziehen: Im Fall kultureller Angebote

* Email: kaul@zhaw.ch

der Zuschauer, Zuhörer, Leser, Besucher – oder allgemein der Kulturkonsument. Im Rahmen des sogenannten ‚customer value' gilt nur als wertvoll, was „im Wertempfinden des Einzelnen als wertvoll anerkannt wird. [...] Erst durch eine solche psychologische Fundierung ‚ist' ein Wert" (MEYNHARD 2008: 460).

Diese im Marketing zentrale Annahme (RUDOLF-SIPÖTZ/ TOMCZAK 2001) wird für das öffentliche Handeln allerdings erst dann bestimmend, wenn individuelle Wertungen sozial wirksam, d. h. kollektiv verankert werden. In demokratischen Willensbildungsprozessen kommen die relevanten Gruppen, Institutionen und Experten zu einer Entscheidung darüber, was wertvoll und erstrebenswert für das Gemeinwesen sein soll. Umgekehrt jedoch müssen die in der Gemeinschaft vorhandenen Werte und Einstellungen verinnerlicht werden, sodass diese zum inneren Maßstab im individuellen Handeln werden: Wert muss emotional-motivational vermittelt werden, damit er als persönlicher Wert[1] für den Einzelnen erfahrbar wird (MEYNHARD 2008: 462).

Zum Verständnis der Frage, wie Werte erfahrbar vermittelt werden, kann die sogenannte Means-end-Theorie wertvolle Hinweise liefern (LIEBEL 2007: 454). Gemäß dieser Theorie liegt menschlichem Verhalten eine individuelle Motivstruktur aus persönlichen Werten und Bedürfnissen zugrunde. Dabei stehen Werte und subjektiver Nutzen grundsätzlich in einem Zweck-Mittel-Verhältnis (TOLMAN 1932). Indem Nutzenkomponenten ihrerseits an wahrnehmbare Eigenschaften eines Objekts (Produkte, Prozesse etc.) geknüpft sind, entsteht eine Means-end-Kette (GUTMAN 1982, Abb. 1). Dieses Wirkungsmodell kann als Evaluationsgrundlage genutzt werden. Demnach gilt es zu erfahren, welche Werte etwa hinter dem Besuch einer kulturellen Veranstaltung stehen und wie diese mit den Eigenschaften der Veranstaltung oder der anbietenden Institution in Verbindung gebracht werden. Erst auf dieser Grundlage lässt sich glaubhaft prüfen und darlegen, inwieweit gemeinschaftlich gewünschte und z. B. per Kulturauftrag legitimierte Werte auf individueller Ebene wirksam werden. Darüber hinaus kann ein Anbieter die gewonnenen Erkenntnisse nutzen, um seine Angebote und deren Kommunikation gezielt an diesen Werterwartungen auszurichten.

---

[1] Persönliche Werte interpretiert Hauke (2001) als „Wünsche zweiter Ordnung", die es der Person ermöglichen, zu den eigenen Bedürfnissen wertend Stellung zu nehmen.

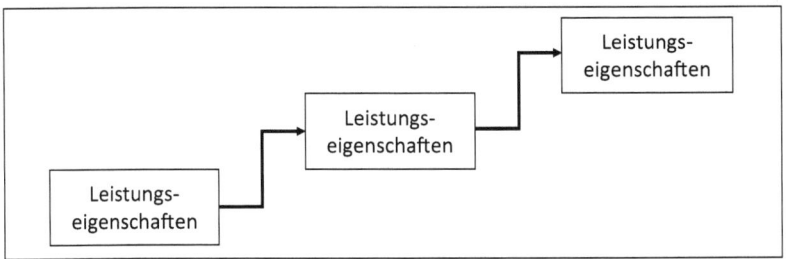

Abb. 1: *Die drei Bedeutungsebenen der Means-end Theory* (Darstellung in Anlehnung an LIEBEL 2007: 456)

2. Besucherforschung im Technorama Winterthur

Diese theoretischen Überlegungen begleiteten im Jahr 2014/15 ein Forschungsprojekt, das zum Gegenstand hatte, die Besucherstruktur des *Swiss Science Center Technorama* zu analysieren und die Motive ausgewählter Besuchergruppen zu ermitteln. Das *Technorama* in Winterthur ist eines der größten und renommiertesten Science Center der Welt und über seine Attraktivität als Freizeiteinrichtung hinaus mit jährlich über 68.000 Schülerinnen und Schülern der größte außerschulische Lernort der Schweiz. Das gemeinsam mit der Zürcher Hochschule für angewandte Wissenschaften (ZHAW) durchgeführte Besucherforschungsprojekt umfasste drei Phasen: Zunächst wurde eine quantitative Publikumsanalyse primär unter Betrachtung von Soziodemographie und Zufriedenheit durchgeführt. In der zweiten Stufe wurden anhand der ‚visitor identities'-Typologie von Falk (2009) Besuchergruppen mit homogenen Motivmustern identifiziert. Ebenso wie die Means-end-Theorie beruht das Konzept von Falk auf der Annahme, dass Akteure ihre Entscheidungen aufgrund individueller Motivationsstrukturen treffen und dass Motivationen auf einer subjektiven Bewertung von Leistungseigenschaften beruhen, die ein Akteur in einer konkreten Situation wahrnimmt:

> Participation in an activity depends on the potential participants' perception of benefits provided by that activity, and not on their making an objective evaluation of the ability of the activity to satisfy their motives, needs, or preferences […]. Consequently, a person acts on his or her perception of reality, rather than on the actual reality – that is, on his or her interpretation of the benefits of a museum visit, and not what the museum actually offers. This factor is often overlooked by museum planners (HOOD 1992: 22).

In dem Projekt wurden Lehrpersonen als separate Besuchergruppe analysiert. Lehrerinnen und Lehrer sind eine überaus wichtige Zielgruppe des *Technorama*, sowohl auf der Stufe Volksschule, Sekundarstufe I als auch Gymnasium. Die Interessen und Motive der Lehrpersonen sind ausschlaggebend für den Klassenbesuch. Sie nutzen die Ausstellungen, die Workshops in den Laboren und die didaktischen Unterlagen mit explizitem Bezug zum Schulunterricht. Lehrpersonen werden nach der Typologie von Falk zumeist als ‚facilitators' eingestuft, deren Hauptmotiv darin besteht, anderen Personen (Schülerinnen und Schülern) eine besondere Erfahrung zu ermöglichen. In der dritten, qualitativen Projektphase wurde allerdings klar, dass diese Gruppe von weiteren Interessen und Motiven geleitet wird (s. u.). Hier kam die Laddering-Methode zur Anwendung, eine assoziative Befragungstechnik, die sich zum Messen mentaler Strukturen und zur Identifikation von Handlungsmotiven eignet (GENGLER/REYNOLDS 1995).[2] Im Folgenden soll das Vorgehen beim Laddering genauer erläutert werden.

3. Laddering-Methode und Vorgehensweise

Die explorative Laddering-Methode basiert auf einer psychologischen Interviewtechnik, die zur Identifikation von Handlungsmotiven genutzt werden kann. Ergebnis sind sogenannte ‚hierarchical value maps' (HVM) die nicht nur persönliche Ziele (Wertvorstellungen) aufdecken, sondern auch konkrete Nutzenerwartungen und deren Verknüpfungen mit Eigenschaften einer Einrichtung und ihrer Angebote (REYNOLDS/GUTMAN 1988). Im Bereich des Kulturmanagements setzt etwa Rohde die Laddering-Technik ein, um das Image von Museumsmarken zu analysieren und die Markenidentität zu gestalten – eine typische Anwendung in der Konsumentenforschung (ROHDE 2007). Wichtiger Ausgangspunkt des Verfahrens ist die Auswahl von geeigneten Probanden für die Erhebung. Gemäß Reynolds und Gutman (1988) sollten sogenannte ‚brand champions' befragt werden. Dabei handelt es sich um Kunden bzw. Nutzer, die die Einrichtung bzw. Marke besonders schätzen und dieser ein hohes Interesse entgegenbringen. Diese Personen können besonders gut motiviert werden, ihre Perzeptionen zur Einrichtung mitzuteilen. Da es bei der Means-end-Analyse nicht primär um eine repräsentative Abbildung der Besucherstruktur geht, sondern um eine möglichst tiefe und

---

2 Dieser Anwendungsbereich wird durch die means-end theory begründet.

reichhaltige Erfassung leistungsbezogener Assoziationen, sind in der Regel sieben bis zehn ca. einstündige Interviews pro Besuchergruppe anzusetzen (REYNOLDS/GUTMAN 1988). Beim *Technorama* wurden dafür insgesamt vier Interviewer eingesetzt.

Ein Laddering wird zumeist in Form persönlicher, offener und halbstrukturierter Einzelinterviews durchgeführt. Das generelle Vorgehen bei der Analyse ist in Abb. 2 dargestellt. Zunächst wird der Besucher nach den für ihn relevanten Eigenschaften der Einrichtung und des kulturellen Angebots befragt. So ist bspw. einer Person die Vielfalt der gezeigten Ausstellungsobjekte besonders wichtig.

Ausgehend von den wichtigsten Eigenschaften (ca. 3-7) werden nun sequenzielle Fragen nach den tiefer liegenden Besuchsmotiven gestellt (z. B. ‚Warum ist die Vielfalt der Exponate wichtig für Sie?'). Über die sinngemäße Frage ‚Warum ist ... wichtig für Sie?' arbeitet sich der Interviewer auf der ‚Leiter' ([engl.] ladder) eine Bedeutungsebene nach der anderen herunter. So gelangt er über die subjektiven Nutzen schließlich zu situationsübergreifenden Werthaltungen. Der Interviewer sollte nicht erwarten, die persönlichen Werte des Besuchers nach nur drei abrupten Fragen aufzudecken. Mitunter sind 20 Fragen nötig, bis sich ein terminaler Wert offenbart (WARNSINK 2003: 113ff.). Es zeigt sich auch, dass Assoziationsketten nicht nur gradlinig von oben nach unten gebildet werden. In der Regel entstehen vielfältige Verknüpfungen zwischen den ‚Leitern', und manche Befragte gelangen von Nutzen und Werten zurück zu Eigenschaften, oder sie springen mehrmals zwischen den Ebenen hin und her. Bereits während des Interviews werden die individuellen Assoziationsmuster in grafischer Form festgehalten. Dies ermöglicht es dem Interviewer, die Untersuchungsebenen zu überblicken und ggfs. an beliebigen Stellen neu mit der Befragung einzusteigen.

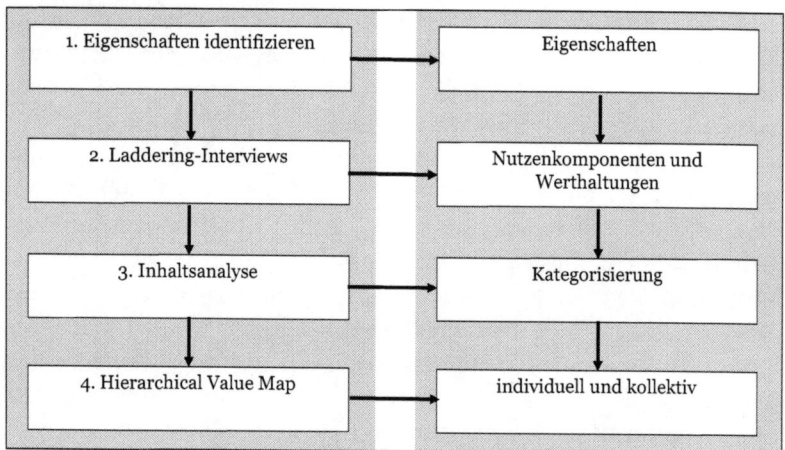

Abb. 2: *Idealtypisches Vorgehen bei der Laddering-Analyse.*

Die Grafik und eine Tonaufzeichnung des Interviews sind Ausgangspunkte für eine strukturierende Inhaltsanalyse (MAYRING 1985), bei der Elemente und Verknüpfungen der individuellen Assoziationsmuster kategorisiert und codiert werden. Zunächst wird ein Ausdruck gebildet, der möglichst nahe an der Aussage des Interviewpartners formuliert ist. Dieser wird, soweit möglich, einer der drei Untersuchungsebenen (Eigenschaften, Nutzenkomponenten, Werthaltungen) zugeordnet und entsprechend codiert. Die erste Strukturierung während des Interviews wird hinterher am aufgezeichneten Material überprüft. Im Fall des *Technorama* war die inhaltliche Auswertung besonders kritisch, da die individuellen HVP nicht nur pro Besuchergruppe, sondern auch für eine Gesamtdarstellung der Dachmarke aggregiert werden sollten. Für diese übergreifende Kategorisierung glichen die Interviewer in mehreren Teamsitzungen die relevanten Textstellen und deren inhaltlichen Kontext ab (MAYRING 1985: 75ff.), da sich viele Aussagen erst aus dem Sinnzusammenhang ergeben. Für eine einheitliche Kategorisierung der terminalen Werthaltungen, wurde die ‚list of values' (LOV) herangezogen, die neun generelle persönliche und soziale Lebensziele unterscheidet: Gefühl, etwas erreicht zu haben, Freude und Spass am Leben, Erlebnisorientierung, Selbstverwirklichung, Sicherheit, Zugehörigkeit, gute Beziehungen zu anderen, respektiert sein, Selbstachtung (KAHLE 1983).

Die Aggregation der individuellen Assoziationsmuster zu einer Gesamtdarstellung erfolgte über eine sogenannte Implikationsmatrix, die sich gleichende Assoziationen bzw. Verbindungen erfasst und auszählt

(Tab. 1). In den Zeilen und Spalten der Matrix werden die codierten Means-end-Elemente eingetragen, in den Zellen die Häufigkeiten, mit denen eine Assoziation der entsprechenden Kategorie zu einer Assoziation der nächst tieferen Kategorie geführt hat (ROHDE 2007). Der Empfehlung von Reynolds/Gutman (1988) folgend, wurden in der Implikationsmatrix sowohl direkte als auch indirekte Assoziationen bzw. Verbindungen erfasst. Es ist zumeist nicht sinnvoll, sämtliche Verknüpfungen zu berücksichtigen, sondern erst jene ab einer bestimmten Anzahl von Nennungen prozentual zur Gesamtanzahl (cut-off level). Im Fall des *Technorama* wurde ein cut-off level zwischen 6 und 8 % gewählt. Die relevanten means-end Ketten und die gesamte HVM lassen sich letztlich durch Abtragen der meistgenannten Verbindungen in einer grafischen Übersicht rekonstruieren (Abb. 3).

Implikationsmatrix für Motivgruppe: Lehrer														
unten geht auf ->	AA1	AA2	AA3	AA4	AA5	AA6	AA7	AA8	AA9	AA10	AA11	FN1	FN2	FN3
KA1		1	1	1							1			
KA2	1	1									1			
KA3					1									
KA4														
KA5							1	1			1			
KA6	1	1												
KA7						1								
KA8	1													
KA9	1													
KA10								1	1					
KA11										1				
KA12											1			
KA13			1											

Tab. 1: Beispiel und Ausschnitt einer Implikationsmatrix beim TECHNORAMA.

4. Wertmuster der Lehrpersonen im Technorama

Bei der wichtigen Besuchergruppe der Lehrpersonen waren soziale Motive weniger dominant als pragmatische und emotionale Motive. In der Analyse kristallisierten sich drei sehr unterschiedliche Wertmuster heraus: Pragmatiker, Erlebnisstifter und Persönlichkeitsentwickler. Pragmatische Lehrpersonen suchen das Gefühl, etwas mit dem Besuch erreicht zu haben, und schätzen den effizienten Einsatz von Ressourcen und Zeit (etwa in der Unterrichtsvorbereitung). Die Erlebnisstifter wollen Schülerinnen und Schülern prägende Eindrücke und innere Reflexion ermöglichen. Für Persönlichkeitsentwickler steht im Vordergrund, Schülerinnen und Schüler zu eigenständigem Handeln zu ermächtigen („Lebenskompetenz erwerben'). Diese Lehrergruppe sieht für das spätere Technikinteresse Schlüsselerlebnisse als prägend an. Solche Schlüsselerlebnisse, die bei Kindern oder Jugendlichen einen nachhaltigen Eindruck hinterlassen, führten auch dazu, dass sich Schülerinnen und Schüler in ihrem Interesse an Technik gefördert fühlen.[3] Anders als bei den Erlebnisstiftern steht für Persönlichkeitsentwickler das Erlebnis vor der Vermittlung (und ist nicht etwa Primärziel).

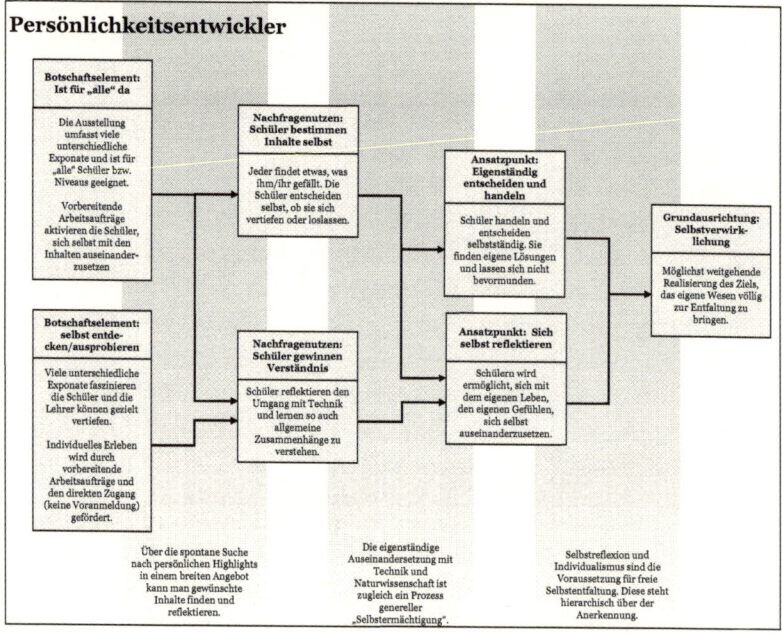

Abb. 3: *Wertsegment der Persönlichkeitsentwickler aus der Besuchergruppe Lehrpersonen.*

Die Means-end-Evaluation deckt nicht nur bestimmte Wertvorstellungen auf, sondern führt diese auch auf konkrete Angebote, Eigenschaften oder Kompetenzen der Einrichtung zurück. Dieser Aspekt kann Argu-

---

3 Dieses Ergebnis korrespondiert eng mit den Erkenntnissen des „MINT-Nachwuchsbarometer Schweiz" (SATW 2014).

mente liefern, um die öffentliche Förderung einer Institution politisch zu legitimieren. Sie zeigt zudem konkrete Möglichkeiten der Schwerpunktsetzung und Optimierung auf, was wiederum der Begründung entsprechender Investitionen mit öffentlicher Unterstützung dienen kann. Im Fall des *Technorama* erwies sich die Vielfalt der Exponate und Angebote als zentrale Wertquelle in allen drei genannten Mustern. Das *Technorama* wartet auf drei Etagen mit über 500 Experimentierstationen aus verschiedenen Themengebieten auf, sodass ein Besucher mit einiger Sicherheit an der ein oder anderen Station ‚hängen bleibt' – unabhängig von Alter, Schulstufe, Interesse oder Vorwissen. Vor dem Hintergrund der obigen Ausführungen ist herauszuheben, dass Vielfalt dabei kein ‚objektives' Evaluationskriterium darstellt. Vielmehr hat die Angebotsvielfalt im Kontext des jeweiligen Wertmusters eine ganz eigene Bedeutung: Für die Persönlichkeitsentwickler steht der Nutzen im Vordergrund, dass Schülerinnen und Schüler selbst wählen und entscheiden können, welche Themen sie weiter vertiefen wollen. Erlebnisstifter sehen den Vorteil, dass mannigfaltige Anreize für ein gesteigertes ‚inneres Erleben' gegeben werden. Pragmatiker hingegen schätzen die Arbeitserleichterung und Effektivität, welche die Vielfalt mit sich bringt. Das Interviewzitat einer Lehrerin mag dies verdeutlichen:

> Es ist halt so kompakt, ich glaube, ich müsste mir das sonst an vielen Orten zusammensuchen [...] ich weiss keinen Ort, wo man so viel beieinander hat [...]. Ich geh raus und habe das Gefühl, jedes Kind konnte etwas mitnehmen.

5. Weiterer Nutzen und kritische Reflexion

Abgeleitet vom Konzept des Customer Value können Means-end-Analysen nicht nur politische Evaluationsprozesse unterstützen, sondern auch bzw. zugleich die Analyse und Planung im Marketing. Die Aggregation der individuellen HVP aller Besuchergruppen (s. o.) führt zu einer gesamthaften Darstellung des Image des *Technorama* als Freizeitdestination. Bei den terminalen Werthaltungen zeigte sich eine Kombination von kognitiven und affektiven Aspekten über alle Besuchergruppen: Mit dem *Technorama* verbinden die Besucher ‚das Gefühl, etwas erreicht zu haben' und die Erfahrung von ‚Freude und Spass am Leben' (die intellektuelle Herausforderung ist ebenso ein zentrales Motiv wie die positiv besetzte emotionale Selbsterfahrung). Durch einen Werteabgleich mit der vom Management gewünschten Identität lassen sich Vorgaben für die Positionierung und Kommunikation der Dachmarke herleiten. Diese

Vorgaben wurden in ein sogenanntes ‚copy briefing' überführt, das einer Werbeagentur zur Entwicklung einer Imagekampagne diente. Die beiden Kernbotschaften wurden im Kreativprozess in Bild und Text kombiniert, verdichtet und in Form der Kampagne ‚Brainfood' aufbereitet: Die Belohnung, in Gestalt von drei verschiedenen Süßigkeiten, einem naturwissenschaftlichen Phänomen nachempfunden, wird zum ‚eyecatcher' für das Plakat, das selbst zum visuellen Exponat wird (Abb. 4).

Abb. 4: *Plakatkampagne des Technorama auf Grundlage der Means-end-Analyse.*

Auch wenn in diesem Beitrag die Anwendung als Evaluationsinstrument im Vordergrund steht, so zeigte das Projekt, wie vielseitig und synergiefördernd die Means-end-Analyse eingesetzt werden kann. Die Laddering-Methode kann zusätzlich zur publikumsgestützten und gezielten Innovationsentwicklung dienen, wenn die Probanden (gleichsam im umgekehrten Weg) von gewünschten Werten ausgehend zu möglichen neuen oder verbesserten Angeboten geführt werden. Herausgehoben sei die besondere Relevanz des Laddering für das Kulturmanagement: Gerade im kulturellen Bereich handeln Konsumenten häufig nicht (nur) aufgrund rationaler Entscheidungen sondern (auch) aus emotionalen Gründen oder aufgrund gelernter Schemata und sozialem Druck (LIEBEL 2007: 456). Mithilfe der Laddering-Technik können zunächst unbewusste oder versteckte Einflüsse erfasst, aufgezeigt und deren Wirkungen veranschaulicht werden. Beim *Technorama* zeigte sich der oder die Befragte nach den Interviews häufig erstaunt darüber, „dass mir zuvor gar nicht klar war, dass ich eigentlich aus diesem Grund hier bin".

Den vielfältigen praktischen Nutzen der Analyse stehen allerdings einige Herausforderungen bei der praktischen Anwendung gegenüber. Auch wenn das Befragungsverfahren grundsätzlich einfach wirkt, sollten erfahrene Interviewer eingesetzt werden, die einerseits strukturiert bei der Abfrage und Begriffsbildung vorgehen, andererseits aber flexibel auf Äußerungen eingehen und ggf. in der Mental Map ‚hin- und herspringen' können. Obwohl die Analyse ihren Nutzen aus freien Assoziationen der Befragten zieht, erweist sich die Verwendung eines Leitfadens als hilfreich, um den Interviewablauf zu strukturieren.

Schnell werden beim Laddering zudem tief liegende psychologische Aspekte oder Probleme expliziert, die dem Befragten unangenehm sind (im Fall des *Technorama* z. B. die dominante Rolle des Vaters oder das Empfinden von Nationalstolz), sodass eine kompetente und feinfühlige Gesprächsführung erforderlich ist. Der gesamte Prozess der Means-end-Analyse ist kaum standardisierbar, und insbesondere die Aufbereitung und Auswertung der erhobenen Daten ist überaus aufwändig. Die Bildung und der Abgleich von Begriffen und Kategorien erfordert ein strenges inhaltsanalytisches Vorgehen, um zu validen Ergebnissen zu gelangen. Resümierend bleibt festzuhalten, dass es sich bei der Means-end-Analyse um einen effektiven Ansatz zur Evaluation und Entwicklung von Angeboten – auch und gerade im Kulturbereich – handelt, der allerdings nur mittels Erfahrung und methodischer Planung hinreichend effizient eingesetzt werden kann.

Autoren

Helge Kaul ist Projektleiter und Dozierender am Zentrum für Kulturmanagement der ZHAW und verantwortlich für den Bereich Kulturmarketing, Eventmarketing und strategisches Management.

Roy Schedler ist Leiter Marketing und Partnerschaften *Swiss Science Center Technorama*.

Literatur

BIRNKRAUT, Gesa (2011): *Evaluation im Kulturbetrieb*. Wiesbaden: VS.

FALK, John H. (2009): *Identity and the Museum Visitor Experience*. Walnut Creek: Left Coast.

GENGLER, Charles E./REYNOLDS, Thomas J. (1995): Consumer Understanding and Advertising Strategy: Analysis and Strategic Translation of Laddering Data. – In: *Journal of Advertising Research* 25/7, 19-33.

GUTMAN, Jonathan (1982): A Means-End Chain Model based on Consumer Categorization Processes – In: *Journal of Marketing* 46, 60-72.

HOOD, Marilyn G. (1992): After 70 Years of Audience Research, What Have We Learned? Who Comes to Museums, Who Does Not, and Why? – In: *Journal Visitor Studies* 5/1, 16-27.

HAUKE, Gernot (2011): Persönliche Werte. – In: *Psychotherapie* 6/6/1, 5-28.

KAHLE, Lynn R. (1983): *Social Values and Social Change: Adaptation to Life in America*. New York: Praeger.

LIEBEL, Franz (2007): Motivforschung – Eine kognitionspsychologische Perspektive. – In: Naderer, Gabriele/Balzer, Eva (Hgg.), *Qualitative Marktforschung in Theorie und Praxis*. Wiesbaden: Gabler, 451-468.

MAYRING, Philipp (⁴1999): *Einführung in die qualitative Sozialforschung: eine Anleitung zu qualitativem Denken*. Weinheim: Beltz.

MEYNHARD, Timo (2008): Public Value – oder: was heißt Wertschöpfung zum Gemeinwohl? – In: *dms – der moderne staat – Zeitschrift für Public Policy, Recht und Management* 2, 457-468.

MOORE, Mark. H. (1997): *Creating Public Value: Strategic Management in Government*. Cambridge: Harvard UP.

REYNOLDS, Thomas J./GUTMAN, Jonathan (1988): Laddering Theory Method: Analysis and Interpretation – In: *Journal of Advertising Research* 28/1, 11-31.

ROHDE, Thomas (2007): *Museumsmarke und Markenpersönlichkeit: die Konzeption der besucherorientierten Markenpersönlichkeit von Kunstmuseen*. Marburg: Tectum.

RUDOLF-SIPÖTZ, Elisabeth/TOMCZAK, Torsten (2001): Kundenwert in Forschung und Praxis. – In: *Fachbericht für Marketing* 2, 127-155.

Schweizer Akademie der Technischen Wissenschaften SATW (2014): *MINT-Nachwuchsbarometer Schweiz (MINT 2015)*. Zürich: SATW.

SCHULZE, Gerhard (2005 [1992]): *Die Erlebnisgesellschaft: Kultursoziologie der Gegenwart*. Frankfurt/M., New York: Campus.

TOLMAN, Edward Chace (1932): *Purposive Behavior in Animals and Men*. New York: Century.

WARNSINK, Brian (2003): Using Laddering to Understand and Leverage a Brand's Equity. – In: *Qualitative Marketing Research* 6/2, 111-118.

De numeris non est disputandum!
Die Zahl als Rechtfertigungsargument in der bildenden Kunst der Gegenwart

AUDE BERTRAND*
Fakultät für Kulturreflexion der Universität Witten/Herdecke

> Aren't we incurably romantic to believe that art still represents a value of its own, which transcends the economics and politics of art? (Arjo Klamer, *The Value of Culture*, Amsterdam 1996)

Abstract
Von der Kunstsoziologie hin zu moderneren Besucherbefragungen, Projekt- oder Programmevaluationen tasten sich Evaluationen an Rahmenbedingungen und Wirkungen des künstlerischen Schaffens heran, etwa Profil, Anzahl und Beweggründe der Besucher, Audience Development, Customer Journey, mediale Resonanz. Pragmatisch gesehen, spricht so gut wie nichts gegen Evaluationen im Kunstbereich – bleiben doch das Kunstschaffen und die Kunsterfahrung an sich davon unberührt. Doch wie wirkmächtig sind Evaluationen und was implizieren sie in unserem Umgang mit und unserer Bewertung von Kunst? In diesem Aufsatz vertrete ich die These, dass die Verbreitung von Evaluationen in der bildenden Kunst – und spezifischer bei Kunstprojekten im öffentlichen Raum – exemplarisch für eine neue, eindimensionale Rezeptionsästhetik steht. Mit diesem Paradigma kommt nicht nur der Zahl als Qualitätssignal, sondern auch der Kunst eine neue Rolle zu. Daraus folgt ein Appell, das Faszinosum der Zahl zu überwinden und eine mehrdimensionale Axiologie zu erdenken, die das traditionell Ästhetische, das Performative und das Gesellschaftliche gleichermaßen mit einbezieht.

Keywords
Kunst, Evaluation, Kulturwirtschaft, Ästhetik, Besucherforschung

1. Kultur - as usual?

Als Kulturmanagerin setze ich mich intensiv und seit einigen Jahren auch wissenschaftlich mit öffentlich zugänglichen Kunstprojekten unserer Gegenwart auseinander – einer neueren Kunstform, die auch unter dem Label ‚new public art' bekannter wurde und die einen erweiterten Kunstbegriff voraussetzt.

Als Marketingmanagerin für eine Kunstorganisation im Ruhrgebiet besteht mein Hauptziel darin, möglichst viele Besucher für unsere Kunstprojekte zu sensibilisieren, zu gewinnen und zu engagieren. Kunst für alle, reloaded: Wir verfolgen ein demokratisches Ideal, denn unsere

* Email: aude.bertrand@uni-wh.de

Projekte sind in der Regel kostenlos, draußen, und somit potentiell jedem zugänglich. Mittels neuester Marketing- und Werbetools soll sich so gut wie jeder angesprochen fühlen – natürlich unter bestmöglicher Allokation unserer vergleichsweise recht begrenzten Ressourcen.

2. Von der performativen Kultur zum Kult der Performance

Um festzustellen inwieweit dies uns gelingt, werden Indikatoren bestimmt und regelmäßig gemessen: etwa Besucher- und Auslastungszahlen, Anzahl von Presseclips, von neuen Followern und Newsletterabonnenten, Click- und Conversion-Raten, Reichweite (Anzahl erreichter Personen) oder monetärer Equivalenzwert durchgeführter Kommunikations- und Vermittlungsmaßnahmen. Auch der Zufriedenheitsgrad des Besuchers hinsichtlich Freundlichkeit des Aushilfspersonals, Auffindbarkeit unserer Installationen oder Informationsgehalt des Gesamterlebnisses sind aufschlussreiche, mittels Fragebögen systematisch messbare Parameter. Als Messung der Wirksamkeit meiner Berufstätigkeit bergen diese z. T. von mir selbst mitdefinierten *Key Performance Indicators* zwar die Gefahr, rein quantitativ und somit einseitig an der Vermarktung eines nicht für einen Markt bestimmten, größtenteils unplanbaren Ereignisses zu arbeiten, statt an der Vermittlung eines komplexen, mehrdimensionalen Projekts.

So werden bisher durchgeführte und durchaus sinnvolle Vermittlungsmaßnahmen, die im Raster der Leitindikatoren unsichtbar werden, bei einer zu engen Verfolgung dieser Indikatoren womöglich nicht fortgesetzt, da der Nutzen nicht unmittelbar erfasst und somit nicht sichtbar ist. Die Gestaltung von Erfolgsmessungsindikatoren ist eine Methode, die nicht nur der exogenen Beobachtung dient, sondern einen direkten Rückkoppelungseffekt hat: Das Instrument selbst filtert und gestaltet unsere Taten. Was man erzeugt, ist das, was man messen will.

Was irritiert ist hierbei nicht so sehr die an sich (sowohl betriebsintern als auch kulturpolitisch betrachtet) lobenswerte Zielsetzung, ausreichend und noch mehr Besucher zu gewinnen; auch nicht das Effizienzgebot im Umgang mit den von der Öffentlichen Hand zur Verfügung gestellten Mitteln.

Was als problematisch erscheint ist vielmehr die Feststellung, dass ausgerechnet diese Zahlen, dafür nicht unsere Kunstprojekte, für sich stehen und sprechen.

3. Messbarer Erfolg als Substitut für Qualitätsurteil

Vor allem Besucherzahlen dienen nicht nur der internen Wirkungsevaluation sondern der externen Berichterstattung. Die Rekordzahl mutiert zum Hauptinformationsgehalt: Mangels einer breit geteilten Qualitätsgrundlage avanciert Erfolgsmessung zum Qualitätsmaßstab. Hierbei verschmelzen zwei Dimensionen, die performative Dimension des Erfolgs (vs. Misserfolg) und die ästhetische Dimension des gelungenen vs. misslungenen Kunstwerks oder Kunstprojekts. Der damit einhergehende schleichende Prozess ist nichts anderes als die Substitution oder Reduktion einer mehrdeutigen, ästhetischen Betrachtungsweise auf eine quantitative, eindeutige (das heißt: eindimensionale) sachfremde Logik. Eine analoge und vieldiskutierte Logik ist auf dem Kunstmarkt sichtbar, mit der Hervorhebung von Rekordpreisen oder Rankings vor der Kunstkritik (GRAW 2008: 232ff.).

Dieser Sachverhalt verdeutlicht eine Spezifität der bildenden Kunst im Vergleich zu anderen gesellschaftlichen Praktiken: Anders als beispielsweise das Gesundheits-, Sozial- oder Rechtswesen ist die Kunst ohne vordefinierten Zweck, d. h. sie ist kein sich selbst realisierender deklarativer Akt sondern lediglich ein potentieller, deklarativer Vorschlag, der rein axiologisch determiniert ist, sich also erst durch Wertung und nicht durch Wirkung vollzieht (oder nicht). Durch den ihr beigemessenen Wert vollzieht sich zugleich ihr Status oder Wesen als Kunst. Behaupte ich, dieser leere Raum sei Kunst, treffe ich dabei nicht zwangsläufig auf Konsens. Es sei denn, es befinden sich in unserem Bezugsrahmen gute Gründe oder geltende Referenzen, die diese Bewertung erst möglich machen. Behaupte ich wiederum, einen Patienten zu kurieren, können meine Methoden zwar als unorthodox erscheinen; die Wirkung meines Handelns kann aber durch eine einfache Untersuchung des Patienten vor und nach meiner Intervention festgestellt werden. Ein Unterschied zur gesellschaftlichen Praktik des Sports ist, dass dort die Regeln vorfestgelegt sind: Sowohl Spieler und Betrachter wissen, um welche Sportart es sich handelt. Die Kenntnis der Regeln ist Grundvoraussetzung für das Zustandekommen des Spiels, also zugleich konstitutiv für den Sport, ob Profi oder Amateur: Keiner stellt die Tatsache infrage, dass gerade Fußball (oder eine andere Spielart) gespielt wird. Ausgewertet wird also nicht das Wesen der Performanz sondern die Performance (etwa als Können: etwa Virtuosität vs. Dilettantismus, Schönheit des Spiels...

[Welsch 2012: 101-105], aber natürlich auch als Leistung: Erfolg, also ob das Team gewonnen hat oder nicht).

Die Regeln der Kunst wiederum verfolgen ihr eigenes Gesetz: Sie können noch beim performativen Akt oder aber auch nachwirkend neujustiert oder gar radikal neudefiniert werden. Somit ist ein Versuch, den Erfolg eines Kunstprojekts zu messen oder zu definieren immer zeitgleich ein Versuch, ein Kunstprojekt oder – Objekt als solches zu legitimieren oder im Umkehrschluss, seinen Status als Kunstprojekt infrage zu stellen.

Durch zahlenbasierte, eindimensionale Erfolgsmessungsinstrumente (ob Marktpreis, Ranking, Besucherzahl) schrumpft der Raum der Interpretationsmöglichkeiten. Bleibt diese Logik von der Mehrheit unhinterfragt, so entpuppt sie sich schnell als eine Art Tautologie des Erfolges: nicht mehr ex post, sondern bereits ex ante kann ein Künstler zum Erfolgskünstler gemacht werden (SAGOT-DUVEAUROUX/MOUREAU 2010: 67-85). Dieser Erfolgskreislauf erweist sich als erstaunlich, wenn man sich die Tatsache vor Augen führt, dass der Unterschied im Können zwischen dem Erst- und Drittligisten in der Kunst (eben ganz anders als beim Sport) kaum feststellbar ist (MENGER 2009: 237-245; 399-406). Der Kunstsoziologe Pierre-Michel Menger kommt interessanterweise nicht nur bei bildenden Künstlern, sondern auch bei jungen Profi-Pianisten zu einem analogen Schluss: Der preisgekrönte Finalist unterscheidet sich vom Können her kaum von seinen Mitstreitern; trotzdem wird er durch dieses Ereignis mit einem Sonderstatus versehen, einem vermeintlichen Talent, mit einem Laufbahn- und Gehaltsunterschied vergleichbar zu dem Topmanager vs. dem exakt gleich gebildeten leitenden Angestellten (Menger 2006: 37-51).

4. Zahl als neue Legitimationsstrategie: vom Gemeinschaftsgut (,commons') zum gemeinsamen Nenner (,common grounds')

Der zahlenbasierte Ansatz (ob durch Rankings, Besucherzahlen, oder monetäre Äquivalenzwerte) bietet nicht nur eine breit verteilte oder argumentativ kaum bestreitbare Grundlage (common grounds) in Abwesenheit sonstiger allgemein-gültiger annehmbarer Qualitätskriterien.

Er ist zugleich symptomatisch dafür, dass Kultur und spezifisch öffentlich geförderte Kulturprojekte nicht mehr als Gemeinschaftsgut oder Allmende (commons) betrachtet wird. Das Besondere an der bildenden Kunst seit der Postmoderne bis in die Gegenwart ist nicht nur die Öffnung eines Feldes mit ko-exisiterenden, heterogensten Praktiken jenseits eines vorgeschriebenen Kanons, sondern damit einhergehend der Zerfall der Autoritätsfigur in Sachen Kunstkritik (wie wir sie in der Moderne im Paris des neunzehnten Jahrhunderts, bis in der Spätmoderne mit dem in den 1960er-Jahren einflussreichen amerikanischen Kritiker Clement Greenberg erlebt haben). Kennzeichnend für die Kunst seit der Moderne ist ihre Emanzipation aus den vorgegebenen Repräsentationsformen, dem klassischen Kanon und damit einhergehend die scheinbar endlose Variabilität (oder Verformbarkeit) ihrer Gestaltungs- und Rezeptionsmöglichkeiten. Doch was häufig als Krise der Postmoderne speziell im Feld der bildenden Kunst ab den 1970er-Jahren und bis in die Gegenwart bedauert wird (JIMENEZ 2005: 140-145; 157-162 oder ULLRICH 2005: 209-215; 2013: 11-21), oder den Eindruck eines Werteverfalls oder des Durcheinanders erwecken kann, kann auch als eine gewichtige Mutation von Kunst gelesen werden: von einem qua Autorität festgelegten (und somit exklusiven) Besitztum zu einem gemeinschaftlich verhandelbaren Gut.

Wenngleich die Kritik an das streng kodifizierte Kunstmilieu oder an die Kunstwelt(-en) die Institutionen auf die Probe stellt (angefangen mit den *Feinen Unterschieden* Pierre Bourdieus [1979] oder der Analyse der Kunstwelten – s. Arthur C. Danto [1964: 571-584], Howard S. Becker [1982: 28-36]), bildet sich in ihnen eine diskursive Praxis, ein Austausch, wodurch künstlerische Positionen nicht mehr durch formale Normen, sondern in ihrem Bezug zu verschiedenen Aspekten, Referenzen, Theorien ausgelotet und ausgewertet werden.

Der Wechsel von einem diskursiven Prozess zu einer zahlenbasierten Argumentationsgrundlage erzwingt den Konsens: Eine Debatte über die Kunst erübrigt sich, denn die Zahlen sprechen für sich. So fungiert die Zahl nicht nur als Qualitätssignal sondern als neue Verkörperung von Autorität: Über Zahlen wird nicht diskutiert. Daraus resultiert eine Fetischisierung der Zahl, die um jeden Preis erreicht werden muss: auf die Gefahr hin, dass die Produktion von und Reflexion über Inhalt, resp. die Sinnhaftigkeit, der Produktion und Zur-Schau-Stellung von Zahlen untergeordnet wird.

Diese Zahlen-Fetischisierung geht einher mit dem Wechsel von einem gemeinschaftlichen, diskursiven Modell (Kunst als Gemeinschaftsgut, dessen Wert kollektiv verhandelbar ist) zu einem Investorenmodell: Auf Zahlen reduziert kann Kunst nun als eine von mehreren Ressourcen betrachtet werden. Etwa als eine Einkommensquelle, wenn es darum geht, ein kommunales Defizit durch den Verkauf eines Gemäldes von Andy Warhol auszugleichen. Oder als Wahrzeichen, Publikums- und Kreativitätsmagnet, wodurch eine Stadt an Standortattraktivität zu gewinnen versucht.

Diese Neubetrachtung von Kunst als Ressource, die sich gleichermaßen im Privaten (im Unternehmen bzw. bei privaten Sammlern) als auch im Öffentlichen verbreitet, knüpft wieder an die Tradition der Funktionalisierung der Kunst an, wie sie von der Antike bis zur Vormoderne galt (etwa mit Repräsentativität und Machtdarstellung, Ornament oder religiöser Kontemplation).

5. Ein Plädoyer für eine neue, mehrdimensionale Ästhetik

Dass die Logik der (Besucher-)Zahlen auch bei Kunstprojekten im öffentlichen Raum an Einfluss gewinnt, erweist sich als paradox: Denn gerade diese Projekte – ob Interventionen, interaktive Installationen oder partizipative Gemeinschaftsprojekte (community-based projects) sind gekennzeichnet durch den Versuch, neue Wege und Prinzipien kollektiven Handelns auszutesten oder zu definieren. Oder, anders formuliert, in Dialog mit der Stadtgesellschaft zu treten. Entscheiden sich Kunstschaffende nicht für eine monumentale interaktive Installation, sondern suchen sie gezielt den Kontakt mit einer lokalen Gemeinde auf, ist quantitativer Misserfolg vorprogrammiert: Besucherzahlen blieben unterhalb dessen, was vorzeigbar wäre. Qualitative Aspekte wiederum, wie die Intensität der Auseinandersetzung mit und zwischen den Menschen vor Ort, oder mögliche langfristige Auswirkungen für die Projekt-Teilnehmer, bleiben unerwähnt.

Wie können diese Projekte auch jenseits von Besucherzahlen geltend gemacht werden? Es wäre hier sinnlos, für eine Rückkehr zu überholten modernen ästhetischen Kriterien, etwa der Suche nach einer innovativen Formensprache, zu plädieren. Auch eine komplette Abkehr von der zahlenbasierten Performance-Logik erscheint ausweglos: In Zeiten des Pagerank-Algorithmus (PASQUINELLI 2009: 171-178; 2014: 99-100) ist es uns geradezu unmöglich, über Hit-Listen, Blockbuster, mediale Highlights hinwegzusehen. Kunstprojekte können nicht mehr einzig als (performativer) Akt betrachtet werden: Sie sind immer zugleich (performante) Leistung.

Die ästhetische Theorie, eine normative, legitimierende Disziplin, befindet sich derzeit noch in einer Sackgasse, die es zu überwinden gilt: Die Rechtfertigungskrise einer als beliebig plural wahrgenommenen („anything goes", nach der berühmten Formel vom Kunsttheoretiker Arthur C. Danto), größtenteils marktorientierten und in Institutionskritik verwickelten Disziplin Kunst, kann nicht mehr durch Ausgrenzung und Ausdifferenzierung erfolgen, wie dies seit Immanuel Kant der Fall war (etwa Kunst vs. Nicht-Kunst, schöne vs. nicht-schöne Künste, erhaben vs. banal, avant-gardistisch vs. kitschig, Hochkultur vs. Pop, oder noch politisch-konfrontativ vs. polizeilich-konform).

Die Kunst der Gegenwart bedarf einer inklusiven statt einer exklusiven ästhetischen Theorie. Ein solcher Ansatz würde sich (transdisziplinär statt einzig selbstreflexiv) mit den verschiedensten Facetten der bildenden Kunst unserer Zeit auseinandersetzen – also einschließlich der Wirkungs- und Leistungsfrage, aber auch des gesellschaftlichen Kontexts. Das Zur-Gesellschaft-Kommen der bildenden Gegenwartskunst, als eine neuere Kunstform im Dialog mit Stadtgesellschaft verstanden, setzt also eine Neudefinition der Ästhetik voraus, die neben klassisch-ästhetischen (im Sinne von Formgebung, sinnlicher Erfahrung und Atmosphäre, kunstgeschichtlicher Referenzen, sowie Performanceakt) und performativen bzw. performance-geleiteten Erfolgskriterien auch gesellschaftliche Aspekte und Kontexte gleichermaßen berücksichtigen muss.

Autorin

Die Kulturmanagerin Aude Bertrand studierte an der ESCP Europe in Paris, Oxford und Berlin und sammelte Erfahrungen als Marketing- und Kommunikationsberaterin für internationale Marken, bevor sie sich der Kunstvermittlung widmete. Seit 2008 arbeitet sie für Gegenwartskunsteinrichtungen in NRW. Derzeit promoviert sie über die Sozioökonomisierung der bildenden Kunst an der Universität Witten-Herdecke.

Literatur

BECKER, Howard S. (1982): *Art Worlds*. Berkeley, Los Angeles, London: California UP.

BECKER, Howard S. (1997): Kunst als kollektives Handeln. – In: Gerhards, Jürgen (Hg.), *Soziologie der Kunst. Produzenten, Vermittler und Rezipienten*. Wiesbaden: VS, 23-40.

BOURDIEU, Pierre (1979): *La distinction. Critique sociale du jugement*. Paris: Éd. de minuit.

CARROLL, Noël (2012): *Art in Three Dimensions*. Oxford: UP.

DANTO, Arthur C (1964): The Artworld. – In: *Journal of Philosophy* 61/19, 571-584.

GRAW, Isabelle (2008): *Der große Preis. Kunst zwischen Markt und Celebrity Kultur*. Köln: DuMont.

JIMENEZ, Marc (2005): *La querelle de l'art contemporain.* Paris: Gallimard.

KLAMER, Arjo (1996): *The Value of Culture: On the Relationship Between Economics and Arts.* Amsterdam: UP.

KWON, Miwon (2004): *One Place after Another. Site-Specific Art and Locational Identity.* Cambridge/MA, London/UK: MIT.

LUHMANN, Niklas (1998): *Die Kunst der Gesellschaft.* Frankfurt/M.: Suhrkamp.

MENGER, Pierre-Michel (2006 [2002]): *Kunst und Brot. Metamorphosen des Arbeitnehmers.* Konstanz: UVK.

MENGER, Pierre-Michel (2009): *Le travail créateur. S'accomplir dans l'incertain.* Paris: Seuil Gallimard.

MOULIN, Raymonde (2003): *Le marché de l'art. Mondialisation et nouvelles technologies.* Paris: Flammarion.

MOULIN, Raymonde (1986): *La sociologie des arts.* Paris: Éd. La documentation francaise.

MOULIN, Raymonde (1992): *L'artiste, l'institution et le marché.* Paris: Flammarion.

MOULIN, Raymonde (1967): *Le marché de la peinture en France.* Paris: Ed. de minuit.

MOUREAU, Nathalie (2000): *Analyse économique de la valeur des biens d'art.* Paris: Economica.

PASQUINELLI, Matteo (2014): *Gli algoritmi del capitale. Accelerazionismo, macchine della conoscenza e autonomia del comune.* Verona: Ombrecorte.

PASQUINELLI, Matteo (2008): *Animal Spirits: A Bestiary of the Commons.* Rotterdam: NAi, Institute of Network Cultures.

PASQUINELLI, Matteo (2009): Googles PageRank: Diagramm des kognitiven Kapitalismus und Rentier des gemeinsamen Wissens. – In: Becker, Konrad/Stalder, Felix (Hgg.), *Deep Search: Politik des Suchens jenseits von Google.* Wien: Studien, 171-180.

SAGOT-DUVEAUROUX, Dominique/MOUREAU, Nathalie (2010): *Le marché de l'art contemporain.* Paris: Repères ed. La découverte.

ULLRICH, Wolfgang (2013): *Alles nur Konsum. Kritik der Warenästhetischen Erziehung.* Berlin: Wagenbach.

ULLRICH, Wolfgang (2005): *Was war Kunst? Biographien eines Begriffs.* Frankfurt/M.: Fischer.

WELSCH, Wolfgang (2012): Moderne Transformationen des Kunstbegriffs und ihre Folgen für die Möglichkeit, Sport als Kunst zu sehen. – In: Ders., *Blickwechsel. Neue Wege der Ästhetik.* Stuttgart: Reclam, 88-115.

(Wie) Kultur wirkt
Wirkungsorientierte Evaluation von Kulturarbeit und kultureller Bildungsarbeit am Goethe-Institut

TINA LIERHEIMER[A]*, ANKE SCHAD[B]
[A]Goethe-Institut, München; [B]Evaluatorin und Beraterin, Wien

Abstract
Unter dem programmatischen Titel *Kultur wirkt* initiierte das *Goethe-Institut* 2013 einen über dreijährigen Prozess zur Entwicklung eines wirkungsorientierten Evaluationskonzepts für seine Kultur- und kulturelle Bildungsarbeit. Der Beitrag fasst im ersten Teil diesen Prozess und die konzeptionellen Überlegungen, die in ein 2016 veröffentlichtes Evaluationskonzept mündeten, zusammen. Insbesondere durch die Aufmerksamkeit auf die Dimension des Throughput (wertebasierte Arbeitsweise) und durch die Analyse von Wirkungsbeziehungen (Transfer) wird gegenüber bestehenden Evaluationsansätzen ein Mehrwert geschaffen. Im zweiten Teil des Beitrags wird die Anwendung des Evaluationskonzepts anhand eines Fallbeispiels konkretisiert. Hier wird insbesondere die Erkenntnisgenerierung durch die Akteur-Netzwerk-Theorie nach Bruno Latour und Michel Callon im Rahmen von Kulturevaluationen dargestellt.

Keywords
Evaluation; Interkultur; International; Zivilgesellschaft/Dritter Sektor; Methodenentwicklung

1. Das Projekt Kultur wirkt im Kontext von Evaluation und Strategieentwicklung am Goethe-Institut: Wie evaluiert man ‚das K'?

Das *Goethe-Institut e.V.* ist das weltweit tätige Kulturinstitut der Bundesrepublik Deutschland. Es ist mit 159 Instituten in 98 Ländern vertreten, zwölf Institute befinden sich in Deutschland. Zu den drei Hauptaufgaben zählen laut Satzung „Sprache.Kultur.Deutschland":

> Die Förderung der Kenntnis deutscher Sprache im Ausland, die Pflege der internationalen kulturellen Zusammenarbeit und die Vermittlung eines umfassenden Deutschlandbildes durch Informationen über das kulturelle, gesellschaftliche und politische Leben (GOETHE-INSTITUT 2015).

Wie evaluiert man die Kulturarbeit als eine der drei Hauptaufgaben? Wie wirkt Kultur? Dieser Frage ging das *Goethe-Institut* mit einer interdisziplinären, wissenschaftlich begleiteten Arbeitsgruppe in einem über dreijährigen Prozess nach. Er mündete in ein Anfang 2016 veröffentlichtes Evaluationskonzept für die Kultur- und kulturelle Bildungsar-

* Email: lierheimer@goethe.de

beit unter dem Titel *Kultur wirkt – mit Evaluation Außenbeziehungen nachhaltiger gestalten* (GOETHE-INSTITUT 2016), im Folgenden als *Kultur-wirkt*-Konzept abgekürzt.

Die Frage bettet sich in einen bereits über 15 Jahre andauernden, umfassenden gesamtinstitutionellen Veränderungsprozesses ein – einen Wandel von operativer hin zur strategischen Steuerung. Vereinfacht gesagt ging es seit dem Jahr 2000 um einen Bewusstseinswandel: Lag der Fokus früher auf der Frage, wie viele Mittel in welche Vorhaben fließen (Input), so geht es heute schwerpunktmäßig darum, was mit diesen Mitteln erreicht wird, d. h. inwieweit die gesetzten Ziele erreicht werden und welche Wirkung durch die Arbeit des *Goethe-Instituts* entsteht (Output, Outcome, Impact).

Dieser Wandel erfolgte in Etappen und hatte viele Dimensionen: Angefangen von einem Prozess der Dezentralisierung, das heißt einer Verlagerung wichtiger Aufgaben und Verantwortlichkeiten von der Zentrale in Deutschland an die Auslandsinstitute des *Goethe-Instituts*, über die Einführung von Zielvereinbarungen mit dem Hauptmittelgeber, dem Auswärtigen Amt, bis hin zur Einführung von kaufmännischer Buchführung. Dies ging mit der Anpassung von Verfahren und Instrumenten der Steuerung einher, zu Planung, Monitoring, Qualitätsmanagement und Berichtswesen. Auch Evaluationen wurden bereits 2007 systematisch etabliert.

Dennoch schienen Kulturprojekte und -programme der *Auswärtigen Kultur- und Bildungspolitik* (AKBP), was sowohl ihre Wirkungsweise als auch, was ihren jeweiligen Wirkungskontext angeht, nach wie vor sehr komplex und schwierig erfassbar (SCHAD 2016: 55). Kulturarbeit entzieht sich meist einer kausalen Logik. Wie lässt sich nachweisen, welche Erkenntnisse, Erfahrungen, Haltungen, neue Netzwerke, kreative Ideen und erweiterte Handlungshorizonte aufgrund der Kulturarbeit des *Goethe-Instituts* entstanden sind? Gerade im interkulturellen Kontext sind die Prozesse oft wichtiger als das Ergebnis, nicht immer entsteht ein ‚Werk'. Zur Dimension des Input, Output, Outcome und Impact kommt daher die Dimension des Throughput (SCHMIDT 2015: 92) – hier verstanden als die Art und Weise, ‚wie' das *Goethe-Institut* arbeitet – hinzu. Darüber hinaus gibt es in den jeweiligen Gastländern des *Goethe-Instituts* zahlreiche Faktoren und Interessensgruppen, deren Einfluss und Beziehungen auf die Arbeit des *Goethe-Instituts* wirken (SCHAD 2016: 55). Das bedeutet, dass auch der jeweilige Kontext in der Wirkungsanalyse eine entscheidende Rolle spielt.

Auch wenn die Aufgabe komplex ist, besteht doch die Notwendigkeit Kulturarbeit zu evaluieren – nicht nur zur Legitimation der Mittel als öffentlich geförderte Institution, sondern auch um systematischer Wirkungen einzuschätzen, strategische Entscheidungen zu treffen und Lernprozesse anzustoßen. Dabei geht es nicht darum, ‚alles umfassend' zu evaluieren, sondern gezielt und exemplarisch Fragestellungen zu entwickeln und diese mithilfe von Evaluationen beantworten zu können (GOETHE-INSTITUT 2016: 1).

2. Nicht von der Evaluation aus denken, sondern zunächst: Wie funktioniert Kulturarbeit?

Eine Arbeitsgruppe, bestehend aus Mitarbeitenden der Strategieabteilung und der Kulturabteilung der Zentrale des *Goethe-Instituts* sowie aus Auslandsinstituten half, das Thema aus unterschiedlichen Perspektiven neu zu beleuchten. Eine Projektbegleitung durch Expertinnen und Experten aus Wissenschaft und Evaluationspraxis sowie ein umfassender Review-Prozess sollten das Konzept auf ein solides Fundament stellen. Über eine Literaturrecherche wurden Bezüge zur Theorie aufbereitet. Die aktuelle Fach- und Methodendiskussion in der Evaluationspraxis bildete den Referenzrahmen. Pilotevaluationen, vergeben an verschiedene externe Auftragnehmer und mit inhaltlichen Bezügen zu möglichst unterschiedlichen Schwerpunkten im breiten Spektrum der Kultur- und kulturellen Bildungsarbeit dienten einerseits dazu, verschiedene, auch experimentelle Evaluationsansätze zu erproben und andererseits dazu, das Erfahrungswissen in die Konzepterstellung einfließen zu lassen. Die Erfahrungen aus einer Pilotevaluation werden in Teil 2 der Fallstudie zusammengefasst.

Da Kulturarbeit auch im *Goethe-Institut* aus bereits genannten Gründen als ‚schwer messbar' eingeschätzt wird, ging es in der Arbeitsgruppe zuallererst darum, die Bedenken ernst zu nehmen und sich dem Thema schrittweise zu nähern. Dabei halfen zunächst folgende grundlegenden Fragen: Wie funktioniert Kulturarbeit? Welche Herangehensweisen sind dem *Goethe-Institut* wichtig bei der Kulturarbeit? Welche Ziele und Wirkungen verfolgt das *Goethe-Institut* mit ihr? Was sind die Voraussetzungen, damit Kulturarbeit wirken kann? Anschließend führten die Fragen an das Thema Evaluation heran: Was war gut an bisherigen Evaluationen? Was genau? Was hat bisher gefehlt? Woran ist erkennbar, dass eine Evaluation wirklich Denkanstöße gibt, bei der Steuerung hilft?

Systemische Fragetechniken (RADATZ 2010), die sich in Coaching-Situationen bewährt haben, konnten bei der Moderation der Arbeitsgruppe durch die Strategieabteilung dabei helfen, zukunftsgerichtet Lösungsansätze zu entwickeln. Dies sind z. B. offene Fragen (W-Fragen im Gegensatz zu geschlossenen Fragen) oder ziel- und lösungs- sowie ressourcenorientierte Fragen (Woran würde das *Goethe-Institut* nach ein paar Jahren merken, dass das Ziel, Kulturevaluationen dem Gegenstand angemessener zu gestalten, erreicht wurde?).

3. Entwicklung von zentralen Prämissen und Grundüberlegungen zu Methoden für Kulturevaluation

Durch die Literaturrecherche, verschiedene Pilotevaluationen und den Input der Arbeitsgruppe kristallisierten sich im Projektverlauf zentrale Prämissen und Überlegungen zu Ansätzen und Methoden, die für die Erfassung der Wirkung von Kulturarbeit zentral sind, heraus:

- Relevanz ist die zentrale Voraussetzung dafür, dass Kulturarbeit Wirkung entfalten kann. Dies basiert auf der Vorannahme: Je mehr es dem *Goethe-Institut* gelingt, die Kultur- und kulturelle Bildungsarbeit im Dialog mit den lokalen Szenen und damit relevant zu gestalten, umso größer ist die Wahrscheinlichkeit, Wirkung zu erzeugen und über die Partner und Öffentlichkeit nachhaltig zu multiplizieren (GOETHE-INSTITUT 2016: 9).
- Künstlerische beziehungsweise kulturelle Kreativität hat einen Eigenwert, der gesellschaftliche Dynamik erzeugt. Diese Dynamik ist nicht notwendigerweise zweckgerichtet und nicht immer vorhersehbar (GOETHE-INSTITUT 2016: 2). Eine weitere Voraussetzung für die Wirkung von Kultur- und kultureller Bildungsarbeit ist, dass gegenseitig Bereitschaft zum Dialog besteht, gleichzeitig aber auch jeweils andere Aneignungs- und Interpretationsformen intendiert bzw. erwünscht sind. Die aktive Rezeption von Ideen, Informationen, Artefakten, Arbeitsweisen ist selbst ein kreativer kultureller Vorgang (BURKE 2009). Indem Bewusstsein für die aktive Rezeption besteht, weitet sich der Blick für komplexere, auch unerwartete Wirkungsentfaltung, die über die intendierten Wirkungen der Arbeit des *Goethe-Instituts* hinaus auch nicht-intendierte Wirkungen umfasst.
- Soziale und kulturelle Phänomene sind dynamisch und prozesshaft (GEERTZ 2003; BHABHA 2000). Qualitative, insbesondere dialog-

orientierte Methoden scheinen geeignet, um ein ganzheitliches Bild von Wirkungen und Zusammenhängen zu entwickeln und stoßen während der Evaluation Lernprozesse an. Durch kontextadäquate und kultursensible Erhebungsmethoden können die Irritationen, die aus unterschiedlichen Wahrnehmungen entstehen, erkannt, überprüft und bearbeitet werden. Die besonders bedeutsamen bzw. kritischen Punkte für die Wirkungsentfaltung – die „rich points" (AGAR 2006: 4), bzw. Momente des „most significant change" (DAVIES/DART 2005: 8) – geraten so in den Blick.

- Bei Kulturevaluationen geht es demzufolge nicht darum, ‚eindeutige' Antworten zu finden, sondern die richtigen, dem Kontext angemessenen Fragen zu stellen und ihnen mit quantitativen und qualitativen Methoden nachzugehen (SCHÖNHUTH 2009).

4. Wirkungsmodell: Auch die Arbeitsweise macht den Unterschied

Aufbauend auf diesen Überlegungen wurde ein dynamisches Wirkungsmodell für die Evaluation von Kulturarbeit entwickelt. Es bildet den Rahmen, um angelehnt an die Evaluierungsstandards der *Organisation für wirtschaftliche Zusammenarbeit und Entwicklung* (OECD 2010) Fragen der Relevanz (Wird das Richtige getan?), Effektivität (Werden die Ziele erreicht?), Effizienz (Stehen Aufwand und Ergebnis der Arbeit in einem günstigen Verhältnis?), der kultur- und bildungspolitischen Wirkung (Zu welchen langfristigen und gesellschaftlichen Wirkungen trägt die Arbeit im Sinne der Auswärtigen Kultur- und Bildungspolitik bei?) und der Nachhaltigkeit (Sind die Wirkungen von Dauer?) zu beantworten (GOETHE-INSTITUT 2016: 12). Neben diesen etablierten Fragestellungen wurden zwei Dimensionen mit entsprechenden Fragen ergänzt:

- Wertebasierte Arbeitsweise (Throughput): Inwieweit werden die an die Arbeitsweise des *Goethe-Instituts* gestellten Ansprüche erfüllt? Gerade im Kulturbereich reicht ein pragmatisch orientiertes Werteverständnis nicht aus. Der englische Begriff der Accountability trifft sowohl die pragmatische Nutzenorientierung in Bezug auf Effizienz und Effektivität als auch die Legitimation des Handelns anhand moralischer, ethischer und darüber hinaus ästhetischer sowie emotionaler Rationalitäten bzw. Wertekonventionen (BOLTANSKI/THÉVENOT 2006).

- Transfer, als Grundlage für Nachhaltigkeit (Impact): Inwieweit wird die Grundlage für Langzeit- und Übertragungseffekte geschaffen, sodass sich vor Ort Konzepte, Aktivitäten und Strukturen unabhängig von ursprünglich fördernden Institutionen entwickeln können? Die Überlegungen bauen hier auf der Akteur-Netzwerk-Theorie (ANT) von Bruno Latour (2005, 2007) und Michel Callon (1986) auf. Die ANT richtet die Aufmerksamkeit nicht auf statische, ‚abgeschlossene' Ergebnisse, sondern auf die Relationen, die Vernetzung (dynamische, auch überraschende Weiterentwicklung) ermöglichen. Diese Relationen wurden im *Kultur-wirkt*-Konzept als Transfer beziehungsweise Transferkanäle gefasst.

Grundgedanke bei der ersten Dimension, d. h. der wertebasierten Arbeitsweise ist: Das *Goethe-Institut*, als Mittlerorganisation der Auswärtigen Kultur- und Bildungspolitik, arbeitet auf Basis von Werten eines pluralistischen und demokratischen Gemeinwesens, woraus sich Grundsätze der Arbeitsweise für die Kulturarbeit ableiten (GOETHE-INSTITUT 2016: 2). Wird im Rahmen von Evaluationen die Umsetzung bzw. das Maß der Einlösung dieser Werte berücksichtigt, entsteht ein wichtiger Erkenntnisgewinn. Die Einlösung bzw. Nichteinlösung der Ansprüche an die Arbeitsweise kann die Wirkungen auf Output-/Outcome- und Impactebene beeinträchtigen. Die Arbeitsgruppe identifizierte folgende Kriterien, die je nach Evaluationskontext und -gegenstand in unterschiedlicher Zusammensetzung und Gewichtung im Hinblick auf ihre Einlösung hinterfragt werden.

Grundlegend für die Arbeit von Akteuren der AKBP wie dem *Goethe-Institut* ist es,
- den interkulturellen Verständigungsprozess zu ermöglichen
- partnerschaftlich-dialogisch insbesondere mit zivilgesellschaftlichen mit Akteuren im Kultur- und Bildungsbereich der Gastländer zusammenzuarbeiten und dabei den Fokus auf Koproduktionen zu legen
- den Eigenwert ästhetischer Kreativität anzuerkennen und damit der kreativen und sozialen Kraft von Kultur Raum zu geben
- den Anspruch auf hohe Qualität und Innovation einzulösen
- kultur- und kontextsensibel zu arbeiten
- auf Kontinuität und Nachhaltigkeit zu achten
- als Akteur der Szenen im Ausland zu agieren und dabei die Verankerung in Deutschland zu nutzen. (GOETHE-INSTITUT 2016: 2)

Konkret heißt dies, beispielsweise zu evaluieren, inwieweit in einem Projekt wirklich partnerschaftlich-dialogisch mit den Projektpartnern gearbeitet wurde, oder inwieweit tatsächlich kultur- und kontextsensibel im Laufe des Projekts vorgegangen wurde. Dies ermöglicht Einblicke auf einer anderen Ebene, indem nicht nur das ‚Was' getan und erreicht, bzw. nicht wird, sondern auch das ‚Wie' gearbeitet wird, d. h. mit welcher Haltung (der Prozess bzw. Throughput) kritisch hinterfragt wird. Im Selbstverständnis als lernende Organisation (KIESER/EBERS 2006) kann das *Goethe-Institut* aus den Prozessen steuerungsrelevantes Wissen für Folgeprojekte gewinnen bzw. in laufenden Programmen und Projekten anwenden.

Die zweite Dimension, gefasst als Transfer, richtet die Aufmerksamkeit auf die durch Kultur- und kulturelle Bildungsarbeit initiierten Beziehungen (als Transferkanäle). Sie stellt den Versuch dar, zusätzlich zu einer Orientierung an langfristigen Wirkungen (dem Impact, der sich meist nicht direkt-kausal nachweisen lässt) auch die oft verzweigten und komplexen Beziehungen nachvollziehbar zu machen, die – im Erfolgsfall – durch Programme und Projekte gestiftet wurden und einen Nährboden für nachhaltige Wirkungen schaffen können, indem sie die Impulse weitergeben. Konkret können Transferkanäle in Evaluationen identifiziert werden und auf ihre Wirkung hin untersucht werden: Welche Individuen (z. B. Vermittler, Multiplikatoren), Institutionen und Netzwerke, Medien (Presse in Form von Print-, Online-, Hörfunk-, TV-Berichterstattung; weitere Internet-/Social-Media-Kanäle) sowie Aktanten (LATOUR 2007) bzw. ‚Dinge' und Technologien wirken als Transferkanäle, welche nicht? Wie wirken die Transferkanäle, d. h. wie ermöglichen, befördern, verhindern, erschweren sie Transfer bzw. das Entstehen von Beziehungen?

Ein Fokus auf die Arbeitsweise (Throughput) und die Wirkungsbeziehungen (Transfer) bildet sich in einem dynamischen Wirkungsmodell ab. Dazu kommt eine systemische Perspektive (WILHELM 2015), die Evaluation im Hinblick auf unterschiedliche Wirkungsräume strukturiert. Im Modell sind zwei Wirkungsräume abgebildet, der Aktionsraum und der gesellschaftliche Kontext.

- Der Aktionsraum bezeichnet den Raum, in dem die Kulturarbeit des *Goethe-Instituts* und seiner Projekt- und Programmpartner zusammenwirkt. Er unterteilt sich in vier Ebenen, welche auch im Rahmen von Evaluationen betrachtet werden: die wertebasierte Arbeitsweise (Throughput), Input, Output und Outcome (GOETHE-INSTITUT 2016: 13).
- Der gesellschaftliche Kontext umfasst den Impact. Neben der Erfassung dieser Langzeiteffekte gilt es, den Kontext mit in den Blick zu nehmen, d. h. im Falle des *Goethe-Instituts* die veränderlichen Gegebenheiten in den Gastländern sowie die (Rück-)Wirkung nach Deutschland. In den Ländern, in denen das *Goethe-Institut* tätig ist,

beeinflussen zahlreiche Faktoren und Interessensgruppen dessen Arbeit. Über eine möglichst genaue Kontextualisierung der zu evaluierenden Projekte und Programme können Bedingungen herausgearbeitet werden, die für spezifische intendierte Wirkungen förderlich oder hinderlich sind. Soweit verfügbar sollen Datenquellen zum lokalen Kontext bzw. zur politischen, wirtschaftlichen und gesellschaftlichen Situation vor Ort herangezogen werden. Die Erforschung von Kontextbedingungen kann dabei nie vollständig und allumfassend erfolgen (GOETHE-INSTITUT 2016: 9).
- Der Transfer stellt das Bindeglied zwischen den beiden Wirkungsräumen Aktionsraum und gesellschaftlichem Kontext dar. Langzeiteffekte (Impact) entstehen, wenn ein Transfer von Wirkungen über den Aktionsraum hinaus in die Gesellschaft stattfindet bzw. Beziehungen zwischen Aktionsraum und gesellschaftlichem Kontext nachweislich hergestellt werden. Im Falle des *Goethe-Instituts* geht es dabei oftmals darum, dass neue oder weiterentwickelte Konzepte, Aktivitäten oder Strukturen entstehen, die langfristig vor Ort unabhängig von ursprünglich fördernden Institutionen realisiert werden. Transferkanäle, die Wirkungen ermöglichen oder verhindern, sind beispielsweise Medien, Personen, die Beziehungen über den Aktionsraum hinaus herstellen, oder auch nicht-materielle Einflussfaktoren. Letztere können sehr divers sein – von der politischen Situation vor Ort über technische Gegebenheiten (wie der Transportfähigkeit eines Bühnenbildes) hin zu klimatischen Bedingungen, die Einfluss auf die Breiten- und Langzeitwirkung von Projekten nehmen. Lässt sich nach Projektende nicht direkt der Impact erfassen, so lohnt es sich dennoch zu evaluieren, ob, bzw. inwieweit möglichst gute Bedingungen (weitertragende bzw. sich weiterentwickelnde Transferkanäle) für nachhaltige Wirkungen geschaffen werden konnten (GOETHE-INSTITUT 2016: 13).

5. Methodische Offenheit

Das Modell schafft einen analytischen Rahmen, in den die Grundüberlegungen für die Evaluationen einbezogen sind, legt jedoch keine Methode zur Datenerhebung fest. Diese Flexibilität trägt der Tatsache Rechnung, dass die Projekte und Programme des *Goethe-Instituts* sehr divers sind und entsprechend nur eine flexible Herangehensweise die Möglichkeit gibt, Fragestellungen mit den jeweils geeigneten Methoden auf den

Grund zu gehen. Dies ermöglicht auch, dass Erfahrungen mit experimentellen Methoden gesammelt werden können und das Konzept somit laufend um neue Anwendungserfahrungen bereichert wird.

Im Laufe des *Kultur wirkt*-Projekts wurden bereits einige Methoden identifiziert und erprobt, die sich für die Evaluation von Kulturarbeit als besonders passend erwiesen. Folgende Beispiele seien an dieser Stelle genannt:

- Die soziale Netzwerkanalyse (JANSEN 2013) kann im Rahmen von Evaluationen das „Sozialkapital" (BOURDIEU 1983) eines Instituts oder einer Projektgruppe sichtbar machen. Wird sie vor und nach einem Projekt oder einem Strategiezyklus angewendet, werden Veränderungen der Netzwerkstruktur (Dichte des Netzwerks, der Erreichbarkeit, Einbindung und Position wichtiger Akteure) ersichtlich (GOETHE-INSTITUT 2016: 20).
- Kognitive Karten sind zeichnerische Abbildungen mehrdimensionaler, komplexer Zusammenhänge und haben ihren Ursprung in der Stadtplanung (DOWNS/STEA 1982). Werden Interviewte gebeten, sich an einen bestimmten Zeitraum zu erinnern und eine kognitive Karte zum zugehörigen Ort (z. B. mit Wegen, bedeutsamen Bereichen) zu zeichnen, können Erinnerungen und besonders bedeutsame Momente wachgerufen und im Rahmen des Interviews ausgewertet werden (GOETHE-INSTITUT 2016: 27).
- Die Akteur-Netzwerk-Theorie (ANT) nach Bruno Latour (2005, 2007) und Michel Callon (1986) nimmt Akteure und nicht-menschliche Einflussfaktoren (als Aktanten) in Phasen der Netzwerkbildung in den Blick. Komplexe Prozesse und dynamische Beziehungsbildungen können so nachvollzogen werden. Die ANT bietet die Möglichkeit, unerwartete Ereignisse, unvorhersehbare Wendungen und Beziehungsbrüche zu erforschen und erscheint aus diesen Gründen bei Evaluationen von Kulturprojekten in sich wandelnden Gesellschaften besonders geeignet (GOETHE-INSTITUT 2016: 17).

Das folgende Fallbeispiel illustriert die Grundlagen des *Kultur wirkt*-Konzepts anhand der Anwendung der Akteur-Netzwerk-Theorie.

6. Fallbeispiel Evaluation des Cultural Innovators Network

Das *Cultural Innovators Network* (CIN) (<http://www.culturalinnovators.org>) ist ein Projekt des *Goethe-Instituts*, das im Rahmen der *Deutsch-Arabischen Transformationspartnerschaft* des Auswärtigen Amtes 2012 initiiert wurde. Es beteiligen sich mehr als zwanzig *Goethe-Institute* im Mittelmeerraum. Die Gesamtkoordination liegt seit 2014 beim *Goethe-Institut Rabat*. Inhaltliches Hauptziel des Projekts CIN ist es, mit künstlerischen Mitteln und kulturellen Prozessen demokratischen Wandel zu unterstützen. Auf struktureller Ebene zielt das Projekt auf den Aufbau einer Netzwerkstruktur, die zunehmend vom Initiator *Goethe-Institut* unabhängig wird bzw. in die Lage versetzt wird, sich nachhaltig selbst zu erhalten. Zielgruppe des Projekts sind junge, zivilgesellschaftlich und kulturell aktive Menschen aus Europa und der Region Nordafrika und Nahost. Seit 2014 wird das CIN durch ein Steuerungskomitee von sieben Mitgliedern, die durch die Mitglieder des Netzwerks gewählt wurden, bei der Umsetzung strategischer Aufgaben wie Kommunikation, Fundraising, Capacity Building und strategische Partnerschaften unterstützt. Ebenfalls seit 2014 ist CIN juristisch selbstständig und verfügt über ein Kontaktbüro in Brüssel. Das *Goethe-Institut* beauftragte *Educult – Denken und Handeln im Kulturbereich* auf Basis eines Ausschreibungsverfahrens mit der Evaluation des CIN. Der Evaluationsauftrag wurde unter der Projektleitung von Anke Schad zwischen Juli 2014 und März 2015 realisiert. Die Evaluation war angelegt als begleitende Evaluation, die Zwischenergebnisse des Projekts erarbeitet und Handlungsempfehlungen entwickelt. Im Sinne der zunehmenden Unabhängigkeit des CIN sollte die Evaluation nicht nur dem *Goethe-Institut* als Reflexions- und Legitimationsgrundlage dienen sondern insbesondere zur Weiterentwicklung durch das Steuerungskomitee genutzt werden können.

Die Projekte im Rahmen der Transformationspartnerschaften sind in besonderer Weise von Kontingenz und Komplexität geprägt. Zwischen 2011 und 2012 setzte die Hoffnung auf demokratischen Wandel in den Ländern des ‚arabischen Frühlings' bei Akteuren der auswärtigen Kulturpolitik Ressourcen frei und ermöglichte Projekte wie CIN. Während der Projektlaufzeit kehrten sich die politischen Umstände in der Region überwiegend in eine Situation zunehmender Instabilität um. In der Evaluation ging es daher auch darum, zu analysieren, wie das CIN im betrachteten Zeitraum 2012-2014 mit diesen Entwicklungen umging. Als methodisch-theoretischen Rahmen zur Umsetzung der Evaluation hat *Educult* in seinem Angebot die Akteur-Netzwerk-Theorie vorgeschlagen. Im Folgenden wird die Anwendung in der Evaluation nachvollzogen. Dabei werden die Verbindungen mit dem *Kultur wirkt*-Konzept hervorgehoben. Entsprechend sind die Ergebnisse der Evaluation nicht im Fokus dieses Beitrags sondern illustrieren das methodische Vorgehen.

7. Methodische Herangehensweise Akteur-Netzwerk-Theorie

Die Akteur-Netzwerk-Theorie (ANT) richtet als soziologische Handlungstheorie die Aufmerksamkeit auf Interaktionsprozesse. Bislang vor allem im Rahmen der Wissenschafts- und Techniksoziologie rezipiert, bietet sie erkenntnisgenerierende Konzepte, die für die Evaluation von Kultur- und kulturellen Bildungsprojekten wertvoll sein können. Insbesondere in einem entwicklungsorientierten Rahmen (wie jenem der Transformationspartnerschaften) können Handlungsprozesse als vielschichtig, deutungsoffen, provisorisch und unsicher nachvollzogen und zugleich im Hinblick auf entscheidende Phasen und sich stabilisierende Effekte beschrieben werden (FAIK et al. 2013). Die ANT stellt damit einen Weg dar, um reflektiert mit Wirkungen im Bereich der Kultur- und kulturellen Bildungsarbeit umzugehen und diese nicht auf kausale Ursache-Wirkungsbeziehung zu reduzieren, sondern die mehrdimensionalen Qualitäten der Beziehungen und verketteten Handlungen (in der ANT als Übersetzung bzw. ‚Translation' gefasst) zu untersuchen. Die ANT geht davon aus, dass nicht Ordnung, sondern Performanz die Regel ist, wenn es um die Bildung von Netzwerken geht. Das „zu Erklärende, die erstaunlichen Ausnahmen, besteht in jeglicher Art von Stabilität über einen längeren Zeitraum hinweg und in einem größeren Maßstab" (LATOUR 2007: 63). Damit bietet die ANT Raum für Unsicherheiten, Unerwartetes, Wendungen, Brüche und erscheint auch aus diesem Grund für die Evaluation eines Kulturprojekts im Kontext der Transformationspartnerschaften besonders passend. Die Aufmerksamkeit für die Handlungsmacht nicht-menschlicher Entitäten, gefasst als Aktanten, ist ein zentrales Merkmal der ANT und lenkt in der Evaluation von Kulturprojekten den Blick beispielsweise auf Werke und Güter und die Bedingungen und Möglichkeiten, diese zu ‚übersetzen' – durch physischen Transport, aber auch durch Rezeption unter anderen normativ-kulturellen, sozialen und politischen Bedingungen. Auch die ‚Übersetzung' finanzieller Ressourcen (Aktant ‚Projektgelder') und deren unterschiedliche normativ-symbolische Aufladung bzw. Rezeption in Machtgefügen kann so nachverfolgt werden. Des Weiteren sind Raum und Zeit weitere Aktanten des Netzwerks und werden damit nicht auf den Handlungskontext reduziert. Gerade in transnationalen Projekten ist der Einfluss von Grenzen und Möglichkeiten zu deren Überwindung (durch Online-Kommunikation, durch die Unterstützung bei Visaansuchen, durch Übernahme von Reisekosten) eine zentrale Analysedimension. Die Wirkungsmacht des Akteur-Netzwerks wird in der ANT als Ergebnis der Intensität und Stärke der Beziehungen/Bindungen (Assoziationen) (LATOUR 2005: 119) gedeutet. Die Aufgabe der Evaluation ist es somit, den Akteuren zu folgen (LATOUR 2005: 227) und zu analysieren, wie das CIN in seiner Funktion als Ermöglichungsinstanz von Projekten der Mitglieder und als Instanz zur gegenseitigen Unterstützung der Mitglieder bei ihren gesellschaftspolitischen und kulturellen Aktivitäten in Transformationsländern wirkt. Die fünf generellen Ebenen der (idealtypischen/modellhaften) Akteur-Netzwerkbildung – Problematisierung, Interessement, Enrolment, Mobilisierung, Dissidenz – nach Michel Callon (1986) hatten im Rahmen der Evaluation sowohl eine erkenntnisgenerierende als auch eine strukturierende Funktion. Sie eröffneten auf heuristischer Weise die Möglichkeit, den dynamischen Prozess der Netzwerkbildung empirisch-interpretativ zu rekonstruieren.

8. Erhebungsschritte

Die Daten wurden multimethodisch und multiperspektivisch erhoben, um auf diese Weise eine möglichst dichte Beschreibung (GEERTZ 2003) zu generieren. Nach einem Auftragsklärungsgespräch und der Sichtung der vorhandenen Dokumente, Projektdaten und Konzepte wurden die Evaluationsziele, Wirkungsindikatoren und Fragestellungen konkretisiert und verfeinert und ein detailliertes Evaluationskonzept erstellt. Über einen Zeitraum von zwei Wochen wurde eine Online-Befragung der CIN-Mitglieder freigeschaltet. Die Befragung enthielt neben quantitativen Fragen auch eine Reihe von qualitativen Fragen. Der Fragebogen wurde an alle 139 Mitglieder (Stand Oktober 2014) des CIN versandt. Von 80 Fragebogen konnten 66 gültige (vollständig ausgefüllte) ausgewertet werden. Dazu haben die Evaluatorinnen 15 qualitative Leitfadeninterviews mit Mitgliedern des Netzwerks und des Steuerungskomitees, beteiligten Mitarbeitern des *Goethe-Instituts* sowie einem externen Berater geführt. Ein Großteil der Interviews wurde telefonisch bzw. über Skype geführt, ein kleiner Teil bei einem Treffen des Steuerungskomitees in Izmir. Bei diesem dreitägigen Treffen wurden auch ein Evaluationsworkshop sowie teilnehmende Beobachtungen durch eine Evaluatorin durchgeführt. Gegen Ende der empirischen Phase erfolgte eine weitere teilnehmende Beobachtung bei einem öffentlichen Netzwerktreffen in Berlin.

9. Aktive Rezeption als Voraussetzung für Netzwerkbildung

In der Evaluation wird deutlich, dass das Prinzip der aktiven Rezeption für den Prozess der Netzwerkbildung von großer Bedeutung war. Im *Kultur-wirkt*-Konzept wird das Prinzip der aktiven Rezeption als grundlegende Haltung des *Goethe-Instituts* beschrieben, nach der Wirkung nur dann entstehen kann, wenn andere Aneignungsformen erwünscht sind. Ideen, Informationen, Werke, Praktiken werden durch den Akt der Rezeption nicht einfach übernommen, sondern auf vielfach unvorhersehbare Weise adaptiert, übersetzt und verändert (BURKE 2009: 69). Bei CIN lag die inhaltliche Verantwortung für die Gestaltung des Netzwerks bei den Mitgliedern, den jungen Menschen aus Europa, Nordafrika und Nahost, die sich als Medienaktivisten, Künstler, ‚Social Entrepreneurs'/Sozial-Unternehmer und NGO-Mitarbeiter für eine Teilnahme beworben hatten und 2012 unter Einbezug der Expertise der lokalen *Goethe-Institute* (im zweiten Auswahlprozess 2014 durch das Steuerungskomitee) ausgewählt wurden. In einem im Rahmen der Evaluation geführten Interview berichtet ein Projektkoordinator des *Goethe-Instituts* von diesem signifikanten Moment der Übergabe der Verantwortung für das Projekt bei einem der ersten gemeinsamen Treffen. Die Worte des Projektkoordinators, ‚es ist euer Netzwerk', leiteten dabei einen entscheidenden Übersetzungsmoment ein, in dem die Mitglieder als Kollektiv angesprochen wurden und damit ein gemeinsames Engagement für ‚ihr' Netzwerk ermöglicht wurde.

10. Nachvollziehen, wie Beziehungen hergestellt werden

Die Latour'sche Grundannahme, dass weder die Gesellschaft noch das Soziale a priori existieren, sondern dass der Prozess des Sozialwerdens nur durch eine Analyse der Beziehungen, die nicht-soziale Entitäten verbinden, nachvollzogen werden kann (LATOUR 2005: 36) regt dazu an, vermeintliche Setzungen, Dualismen und Ordnungen kritisch zu hinterfragen. Die ANT fordert dazu auf, die Qualität der Verbindungen bzw. Übersetzungen (in der Evaluation als Wirkungsbeziehungen gefasst) zwischen Akteuren bzw. Akteuren und Aktanten zu untersuchen. Die Haltung der Evaluatoren ist dabei explorativ. Es geht darum, den Akteuren zu folgen und dabei nachzuvollziehen, wie diese vorgehen, um das Netzwerk zusammenzufügen, „to make it fit together" (LATOUR 2005: 12). Nach Latour ist dieses Herstellen von Verbindungen weniger ein strategisches Vorgehen, als ein ‚wildes' Erfinden von Handlungs- bzw. Übersetzungsversuchen. Dem sind andere handlungstheoretische Auslegungen entgegenzuhalten, denen zufolge das Entscheidungs-Handeln der Akteure aufgrund des Erfahrungswissens der Projektbeteiligten nicht zufallsgeleitet bzw. präreflexiv ist, sondern sowohl durch normativ-kulturelle Faktoren wie Wertekonventionen (BOLTANSKI/THÉVENOT 2006, 2014), durch begrenzte Möglichkeiten zur rationalen Entscheidung (‚bounded rationality', SIMON 1959) als auch durch Intuition und Emotionen beeinflusst wird (BÖHLE 2009: 1). Die Relationen, die Übersetzungsprozesse beinhalten, wurden im *Kultur-wirkt*-Konzept als Transfer gefasst. Das Konzept Transfer soll in der Evaluation für die Analyse von Wirkungsbeziehungen sensibilisieren. Wie kommen Verbindungen zustande? Wie werden Handlungen im Netzwerk übersetzt bzw. vermittelt? Methodisch wurde in der Evaluation danach gestrebt, potentielle Transferkanäle (d. h. individuelle und kollektive Akteure [Organisationen, Institutionen], Aktanten [Werke, Güter, Technologien, Metapher etc.]) zu identifizieren. Ihre Stellung innerhalb des komplexen Beziehungsgefüges, ihre Kommunikations- und Multiplikatorenrolle, bzw. -leistung und der Grad der Interaktion, d. h. ihre Rück- und Wechselwirkungsfunktion (innerhalb des Aktionsraums, zwischen Aktionsraum und gesellschaftlichem Kontext, z. B. zwischen Deutschland und Gastland/Gastregion) wurden soweit möglich empirisch erhoben und auf Basis möglichst dichter Daten interpretiert. Dementsprechend kann etwa die Rolle von menschlichen Akteuren (Vermittlern) als Transferkanäle untersucht werden. Beispielsweise war ein entscheidender Vermittler bei CIN ein unabhängiger Berater, der sowohl die institutionellen Rahmenbedingungen des *Goethe-Instituts* gut kannte als auch als Trainer und Facilitator auf die Bedürfnisse der CIN-Mitglieder eingehen konnte. Zusätzlich zu menschlichen Akteuren können auch Aktanten, beispielsweise Zeit- und Raum-Metaphern (OTTO/WELSKOP 2014) eine übersetzende Transferwirkung erzeugen. Der im Evaluationsworkshop mit dem CIN-Steuerungskomitee beschriebene einzigartige Moment im Zeitraum 2011-2012, die metaphorische Welle der vor allem von jungen Menschen getragenen politischen Bewegungen in der arabischen Welt und in Teilen Europas brachte eine besondere Dynamik des Aufbruchs mit. Die dafür notwendige kinetische Energie wird auch über Emotionen erzeugt (zur Rolle von Emotionen in Entscheidungsprozessen im Kulturbetrieb siehe Tröndle 2006: 69-75), die hier im Sinne einer Kollektivierung als „Verkettung oder Verstärkung singulärer Affektionen" (Marchart 2013: 444) entscheidend zur Bildung einer transnationalen sozialen Bewegung beitragen. In der Terminologie der ANT kann dieser Moment als einflussreicher Aktant (LATOUR 2007: 92) gedeutet werden. In der Terminologie des *Kultur-wirkt*-Konzepts entspricht dieser Moment einem Transferkanal, der eine starke Handlungsinitiative, Agency, auslöst. Durch diesen „einzigartigen Moment" werden die Akteure im Netzwerk – das Auswärtige Amt und das *Goethe-Institut* sowie die Kulturaktivisten aus unterschiedlichen Ländern im europäischen und arabischen Mittelmeerraum miteinander verbunden.

Für die Frage, wie Transferkanäle wirken, bietet die ANT nach Michel Callon ein weiteres Konzept zur Erkenntnisgenerierung – das des „Obligatory Passage Points" (OPPs) (CALLON 1986: 204). Beim Fallbeispiel CIN ist das Internet ein mächtiger Obligatory Passage Point. Ohne das Internet wäre ein hochkommunikatives, transnationales Projekt wie CIN nicht möglich. Demokratische Transformation als Leitmotiv des Projekts setzt Möglichkeiten zur öffentlichen Diskussion voraus. Andererseits bietet das Internet ohne entsprechende Maßnahmen keinen geschützten Raum. In der Online-Befragung im Rahmen der Evaluation gaben 17 % der Mitglieder an, sich aufgrund ihrer politischen Aktivitäten persönlich bedroht zu fühlen, was insbesondere in politisch instabilen Staaten bzw. Staaten mit restriktiven Maßnahmen durch die Regierungen gegenüber kritischen Bürgern hoch problematisch ist. Dementsprechend stellte sich die Frage, welchen Risiken sich die CIN-Mitglieder aussetzen, und mit welchem Mitteln das Netzwerk darauf reagiert, ohne dabei auf Transparenz und offenen Meinungsaustausch als Grundprinzipien zu verzichten. Ein Dilemma, das nur durch sorgfältiges Abwägen der Vor- und Nachteile entsprechender Möglichkeiten durch die Mitglieder des CIN entschieden werden kann, da diese sowohl Betroffene sind, als auch als Akteure der sogenannten ‚Facebook- oder Twitter-Revolution' selbst kompetent im Umgang mit Kommunikationstechnologien in ihrem politischen Kontext. Entsprechend ist es nicht die Aufgabe der Evaluation, dafür Lösungen bereitzustellen, sondern die Mitglieder des Netzwerks und das *Goethe-Institut* für dieses Dilemma (zusätzlich) zu sensibilisieren.

11. Prozessrekonstruktion

Die Callon'schen Phasen der Akteur-Netzwerkbildung bieten für die Analyse einen strukturierenden Rahmen, der auch eine Chronologie der Entstehung und Entwicklung des Akteur-Netzwerks suggeriert. Auch dadurch eignet sich die Struktur für die analytische Prozessrekonstruktion, d. h. eine Untersuchung der Arbeitsweise (Throughput) die bei einer begleitenden Evaluation unmittelbarer ist als bei einer Ex-post-Evaluation. In der Phase der Problematisierung richtete sich der analytische Fokus auf die Definition des Sachverhalts und die Identifikation der Akteure. Dabei ging es zunächst um die Ausgangssituation des CIN: Wer war in welcher Weise bei der Definition der Ziele des Projekts in der Konzeptionsphase 2011/2012 beteiligt und wer hatte welche Kompetenzen bzw. Handlungsspielräume? Welche Wirkungsintentionen spielten in der Konzeption eine Rolle und von welchen Akteuren? Im Rahmen der Phase des Interessement wurden die Fragen untersucht: Wie wurden weitere Akteure mit in das Projekt eingebunden (bzw. nicht eingebunden? Wie wurde das Akteur-Netzwerk insbesondere im Mittelmeerraum ausgeweitet? Welche Aktanten wurden wie beteiligt, welche stellten sich in den Weg? Hier ging es auch darum, intervenierende Variablen bzw. Faktoren zu benennen, die auf den Verlauf und die Wirkungen des Projekts Einfluss haben könnten. Konkret wurde die weitere Projektentwicklung nach der Konzeptionsphase und die Durchführung im Hinblick auf die räumliche Mobilität, den kulturellen Austausch sowie Qualifizierungs- und Vernetzungsmaßnahmen analysiert. In der Phase des Enrolment spielen unter anderem Machtverhältnisse eine Rolle: Wie sind die Verhandlungen zwischen den Akteuren abgelaufen? Welche Hierarchien bestimmten das Machtgefüge? Gab es Widerstände? Wann, von wem, wo? Wie haben diese sich geäußert? Welche Lösungsansätze gab es bei (Macht-)Konflikten? Michel Callon hat dafür wie bereits beschrieben das Konzept der Obligatory Passage Points (OPP) geprägt, über welche die Verhandlungen zwingend verlaufen müssen und welche insofern eine bestimmte Definitionsmacht und größere Handlungsfähigkeit besitzen. Gab es im Projektverlauf OPPs und wie standen sie im Verhältnis zu anderen Akteuren? In der Phase der Mobilisierung wurde unter anderem die Frage analysiert: Ist das CIN erfolgreich? Erfolgreich bedeutet, dass ein stabiles Akteur-Netzwerk erreicht wurde, welches als eigenständiger Akteur handelt und weitere Akteure (z. B. Multiplikatoren, Medien) in das Akteur-Netzwerk integrieren kann. Resultat dieser Phase kann ein stabiles Netzwerk sein, das die Identitäten, Kompetenzen und Handlungsspielräume der beteiligten Akteure in verbindlicher Form definiert. In der Phase der Dissidenz wurde das Akteur-Netzwerk schließlich im Hinblick auf seine Stabilität untersucht. In der ANT ist ein Netzwerk nie ‚fertig': Es lebt weiter, es können sich andere, langfristige Verbindungen ergeben, oder es kann schwächer werden. Im Hinblick auf diese Phase wurden insbesondere die Maßnahmen zur Verstärkung und Erweiterung des CIN untersucht. Dazu gehörte etwa das Bemühen um eine zunehmende Professionalisierung der Koordination durch das Steuerungskomitee und die Einbindung weiterer strategischer Partner (etwa Stiftungen, die Europäische Union). Wie tragen diese Bemühungen zur (De-)Stabilisierung des Netzwerk bei?

In allen Phasen zeigte sich, dass die Beziehungen im Untersuchungszeitraum 2012-2015 wesentlich über wachsendes Vertrauen zwischen den Mitgliedern des CIN und zwischen involvierten Mitarbeitern des *Goethe-Institut* sowie dem vermittelnden Berater stabilisiert wurden. Damit ist ebenfalls die Dimension der wertebasierten Arbeitsweise, die im *Kultur-wirkt*-Konzept beschrieben wird angesprochen. Auch Vertrauen ist nicht ‚gegeben' oder ‚fertiges' Ergebnis, sondern Gegenstand von laufenden Aushandlungs- und Übersetzungsprozessen. Nachzuvollziehen, wie diese verlaufen, ist entscheidend für die Analyse der veränderlichen Qualitäten der Beziehungen im Netzwerk. Das insbesondere vom Steuerungskomitee als vertrauensvoll beschriebene Verhältnis mit dem *Goethe-Institut*, das sich bei CIN bis 2015 etabliert hat, basiert auf der jahrelangen Präsenz des *Goethe-Instituts* in der Region Nordafrika und Nahost vor den revolutionären Entwicklungen 2011 und auf dem hohen Engagement der Projektkoordinatoren in der Anfangsphase des Projekts. Gleichzeitig war der Moment der Übergabe zentral, um die Mitglieder zu befähigen, ‚es selbst zu tun'. Dennoch gab diese Ermöglichung eines Handlungs- und Gestaltungsspielraums gerade in der Anfangsphase auch Anlass zur Verunsicherung. Innerhalb des *Goethe-Instituts* befürchten einzelne Akteure, dass dieser inhaltliche Freiraum die Ausgangsbasis für Ideen sein könnte, die im Widerspruch zu den ursprünglich formulierten Zielen stehen könnten. Umgekehrt zeigten die jungen Aktivisten trotz ihrer teilweise beachtlichen Erfahrung als zivilgesellschaftliche Akteure in der Anfangsphase angesichts eines großen, etablierten und finanzkräftigen Akteurs, von dessen Wohlwollen das Projekt strukturell abhängig ist, eine gewisse Zurückhaltung bzw. Unsicherheit, was von ihnen erwartet würde. Zusätzlich zur strukturellen Beziehung zwischen dem *Goethe-Institut* und CIN war es daher auch wichtig, in der Evaluation zu untersuchen, inwiefern es gelungen ist, auch direkte persönliche Beziehung zwischen Mitarbeitern lokaler *Goethe-Institute* und CIN-Mitgliedern in lokal umgesetzten Projekten zu etablieren. Besonders in Ländern, in denen die staatlichen Institutionen instabil oder inexistent sind, stellt eine vertrauensvolle lokale Zusammenarbeit nicht nur für die zivilgesellschaftlichen Akteure vor Ort eine wichtige Ressource dar, die ihnen eine Projektumsetzung ermöglicht, sondern bildet auch für das *Goethe-Institut* eine Voraussetzung, um seine mit dem *Auswärtigen Amt* vereinbarten Ziele partnerschaftlich umzusetzen.

12. Evaluation als kommunikativer Prozess

Im Sinne der pragmatischen und normativen Auftragsdimension der Evaluation, aus den Ergebnissen Handlungsempfehlungen für das *Goethe-Institut* und vor allem für die Mitglieder des CIN, insbesondere das Steuerungskomitee abzuleiten, wurden die Ergebnisse nicht nur mit den Koordinatoren des *Goethe-Instituts*, sondern auch mit dem Steuerungskomitee diskutiert. Dies entspricht dem Gedanke von *Kultur wirkt*, die Kommunikation von Wirkungen systematisch in Evaluationsprozesse zu integrieren. Evaluationen selbst schaffen Gesprächsanlässe, vom Auftragsklärungsgespräch über Interviews und Fokusgruppen bis hin zur Ergebnisdiskussion. Insbesondere die Methode des CIN – ein stabiler, etablierter, und handlungsmächtiger Akteur mit einer internationalen Infrastruktur wie das *Goethe-Institut* baut mit dem ihm zur Verfügung stehenden Ressourcen ein neues Netzwerk auf und überlässt den zivilgesellschaftlichen Akteuren im Netzwerk dabei großen inhaltlichen Gestaltungsraum – wurde auch von anderen handlungsmächtigen Akteuren wie der Europäischen Union mit Aufmerksamkeit verfolgt. Hier verdeutlicht sich, dass ein Evaluationsprozess durch die systematische Dokumentation der Akteur-Netzwerkbildung eine Möglichkeit zur weiteren Übersetzung und damit zur Erweiterung des Akteur-Netzwerks schafft.

13. Reflexion

Der *Kultur-wirkt*-Prozess bot dem *Goethe-Institut* die Möglichkeit, aus unterschiedlichen Perspektiven Grundlagen für die Evaluation von Kulturarbeit zu entwickeln. Deutlich wurde dabei, dass Evaluation, (die ja an sich eine Kulturtechnik ist bzw. über Kulturen der Bewertung erzählt), ein viel breiteres methodisches Spektrum bietet als jene Messtechniken, die als Reminiszenzen eines industriellen Zeitalters den Glaube an ‚eine' Rationalität der Verfahren und Systeme aufrecht erhalten. Das Konzept *Kultur wirkt*, das inzwischen auf Deutsch und Englisch vorliegt (GOETHE-INSTITUT 2016), ist somit ein Referenzpunkt in einem kontinuierlichen Entwicklungsprozess, bei dem es darum geht, als Organisation mehr über die eigene Arbeit zu lernen und diese stetig zu verbessern.

In der konkreten Anwendung liegt der Fokus darauf, die erarbeiteten Grundlagen pragmatisch und in einem stimmigen Verhältnis von Aufwand und Ergebnis bei Evaluationen einzusetzen. Dies gilt für Evaluationen, die von externen Experten durchgeführt werden, sowie für die interne Anwendung. Erste Erfahrungen zeigen, dass das Konzept hierfür eine sinnvolle Grundlage bildet.

Das veröffentlichte Konzept ist darüber hinaus auch eine Einladung zur Weiterführung eines kritischen Dialogs zur Evaluation von Kulturarbeit und zur Weiterentwicklung und Erprobung unterschiedlicher methodischer und theoretischer Werkzeuge im Sinne des Erkenntnis- und Erfahrungsgewinns.

Autorinnen

Tina Lierheimer leitet den Arbeitsbereich Evaluation und Qualitätsmanagement am *Goethe-Institut*. Sie berät zu diesen Themen und bildet Kolleginnen und Kollegen weltweit fort. Sie studierte Psychologie und Pädagogik mit einer Zusatzqualifikation in Betriebswirtschaftslehre an der Ludwig-Maximilians-Universität München und der Universität de Barcelona und ist ausgebildete systemische Beraterin.

Anke Schad arbeitet als Forscherin, Beraterin und Evaluatorin in den Bereichen Kulturmanagement, Kulturpolitik und kulturelle Bildung von Wien aus in internationalen Kontexten. In ihrer PhD-Forschung am Institut für Kulturmanagement und Gender Studies der Universität für Musik und darstellende Kunst beschäftigt sie sich mit Cultural Governance.

Literatur

AGAR, Michael (2006): Culture: Can You Take It Anywhere? – In: *International Journal of Qualitative Methods* 5 /2, 1-12.

BHABHA, Homi K. (2000): *Die Verortung der Kultur*. Tübingen: Stauffenburg.

BÖHLE, Fritz (2009): Weder rationale Reflexion noch präreflexive Praktik – erfahrungsgeleitet-subjektivierendes Handeln. – In: Böhle, Fritz/Weihrich, Margit (Hgg.), *Handeln unter Unsicherheit*. Wiesbaden: VS, 203-230.

BOLTANSKI, Luc/THÉVENOT, Laurent (2006): *On Justification: Economies of Worth*. Princeton: UP.

BOURDIEU, Pierre (1983): Ökonomisches Kapital – Kulturelles Kapital – Soziales Kapital – In: Kreckel, Reinhard (Hgg.), *Soziale Ungleichheiten*. Göttingen: Schwartz, 183-198.

BURKE, Peter (2009): Translating Knowledge, translating Cultures. – In: North, Michael (Hg.), *Kultureller Austausch: Bilanz und Perspektiven der Frühneuzeitforschung*. Wien, Köln, Weimar: Böhlau, 69-77.

CALLON, Michel (1986): Some Elements of a Sociology of Translation: Domestication of the Scallops and the Fishermen of St Brieuc Bay. – In: Law, John (Hg.), *Power, Action and Belief: a New Sociology of Knowledge?* London: Routledge, 196-223.

DAVIES, Rick/DART, Jess (2005): *The 'Most Significant Change' (MSC) Technique: A Guide to its Use*. <http://www.mande.co.uk/docs/MSCGuide.pdf> [13.02.17].

DOWNS, Roger M./STEA, David (1982): *Kognitive Karten. Die Welt in unseren Köpfen*. New York: Harper & Row.

FAIK, Isam/THOMPSON, Mark/WHALSHAM, Geoff (2013): *Facing the Dilemmas of Development: Understanding Development Action through Actor-Network Theory* (=Actor-Network-Theory for Development Working Paper Series, 2). Manchester: University of Manchester.

GEERTZ, Clifford (2003): *Dichte Beschreibung. Beiträge zum Verstehen kultureller Systeme*. Frankfurt/M.: Suhrkamp.

GOETHE-INSTITUT e.V. (2015): *Satzung vom 21. September 2000 in der Fassung vom 30. Juni 2015*. München: Goethe-Institut e. V.

GOETHE-INSTITUT e.V. (2016): *Kultur wirkt – mit Evaluation Außenbeziehungen nachhaltiger gestalten*. München: Goethe-Institut e. V.

JANSEN, Dorothea (2013): *Einführung in die Netzwerkanalyse: Grundlagen, Methoden, Forschungsbeispiele*. Wiesbaden: Springer VS.

KIESER, Alfred/EBERS, Mark (Hgg.) ([6]2006): *Organisationstheorien*. Stuttgart: Kohlhammer.

LATOUR, Bruno (2005): *Reassembling the Social – An Introduction to Actor-Network-Theory*. Oxford: UP.

LATOUR, Bruno (2007): *Eine neue Soziologie für eine neue Gesellschaft: Einführung in die Akteur-Netzwerk-Theorie*. Frankfurt/M.: Suhrkamp.

MARCHART, Oliver (2013): *Das unmögliche Objekt. Eine postfundamentalistische Theorie der Gesellschaft*. Berlin: Suhrkamp.

OECD Organisation für wirtschaftliche Zusammenarbeit und Entwicklung (2010): Qualitätsstandards für die Entwicklungsevaluierung. <http://www.oecd.org/dac/evaluation/dcdndep/45263677.pdf> [14.02.17].

OTTO, Danny/WELSKOP, Nelly (2014): Handlungsanregende Potentiale einer schallenden Metapher – eine empirische Untersuchung der Metapher als Aktant. – In: Junge, Matthias (Hg.), *Methoden der Metaphernforschung und -analyse*. Wiesbaden: Springer VS, 251-270.

RADATZ, Sonja (2010): *Einführung in das systemische Coaching*. Heidelberg: Auer.

SCHAD, Anke (2016): Es gibt noch viele Entwicklungsmöglichkeiten. Über wirkungsorientierte Evaluation von Kultur- und kultureller Bildungsarbeit. – In: *Kulturpolitische Mitteilungen* 152, 55-56.

SCHMIDT, Vivian A. (2015): Forgotten Democratic Legitimacy: "Governing by the Rules" and "Ruling by the Numbers". – In: Blyth, Mark/Matthijs, Matthias (Hgg.), *The Future of the Euro*. New York: Oxford UP, 90-114.

SCHÖNHUTH, Michael (2009): *Kultur und Entwicklung – ein Blick in die Küche der Entwicklungsexperten* <http://www.uni-trier.de/fileadmin/fb4/ETH/Dokumente/Schoenhuth2009_VortragGoetheBerlin_K_E.pdf> [14.02.17].

SIMON, Herbert A. (1959): Theories of Decision-Making in Economics and Behavioral Science. – In: *The American Economic Review* 49 /3, 253-283.

TRÖNDLE, Martin (2006): *Entscheiden im Kulturbetrieb*. Bern: h.e.p.

WILHELM, Jan Lorenz (Hg.) (2015): *Evaluation komplexer Systeme. Systemische Evaluationsansätze in der deutschen Entwicklungszusammenarbeit*. Potsdam: Universitätsverl. Potsdam.

Die Potenziale, Innsbruck urban zu machen
Evaluation zu einem Förderinstrument der freien Szene

VERENA TEISSL[A*], KLAUS SELTENHEIM[B]
[A, B] FH Kufstein Tirol

Abstract

Im Februar 2016 beauftragte das Kulturamt der Stadt Innsbruck ein Team der FH Kufstein Tirol mit der Evaluation der Förderschiene *stadt_potenziale* (gegründet 2008). Sie richtet sich an die freie Szene und steht im Zeichen experimenteller Auseinandersetzung mit Urbanität im Allgemeinen und der Stadt Innsbruck im Besonderen. Die summative Evaluation umfasste Datenanalysen, baute auf einer Umfrage unter den Projektandinnen und Projektanden auf und kontextualisierte die Ergebnisse u. a. mit Richard Florida. Die besondere Herausforderung erwuchs dem Umstand, dass die Evaluation klein(st)er Fördernehmer/-innen in Österreich kaum angewandt wird, das Verständnis gegenüber der freien Szene bei politischen Entscheidungsträgern und Entscheidungsträgerinnen nicht vorausgesetzt werden kann und es keine kulturpolitischen Tendenzen gibt, Potenziale der freien Szene strategisch zu stützen. Die Case Study reflektiert den Verlauf und einige zentrale Ergebnisse der Evaluation und zieht Rückschlüsse für die Rolle von Evaluatoren und Evaluatorinnen für dieses sensible Feld.

Keywords
Kulturpolitik, Evaluation, Kulturfinanzierung, Stadt, Zivilgesellschaft/Dritter Sektor

1. Einordnung freie Szene

Als zweites Bundesland nach Vorarlberg wurde 1979 (novelliert 2010) in Tirol ein Kulturfördergesetz erlassen, das sich auf die veränderte Angebotslandschaft durch zivilgesellschaftliches Engagement gerichtet und privatrechtlich-gemeinnützigen Anbietern Förderwürdigkeit zugesprochen hat. In Zusammenhang mit diesen autonomen Kulturinitiativen wird auch der Begriff ‚freie Szene' verwendet, der sich zugleich einer genauen Definition entzieht und als Kategorisierung für jene dient, die zeitgenössische Kunstformen für gesellschaftspolitische Diskursstiftung einsetzen (TEISSL 2015; VESELY 1993). Der Charakter ihrer Arbeit ist politisch, einmischend und partizipiert am gesellschaftlichen Diskurs bzw. ermöglicht eine Teilhabe daran (IG KULTUR ÖSTERREICH 2016; KNOBLICH 2016). Aus dem Verständnis ihres demokratiepolitischen

---

* Email: Verena.Teissl@fh-kufstein.ac.at

Beitrags argumentiert sich die Förderwürdigkeit solcher Initiativen und Projekte aus wissenschaftlicher Perspektive (MOKRE 2005). In der Praxis zählen die freien Szenen zu einem Nischenbereich, was sich in Legitimationsdiskussionen, Förderhöhen und daraus folgenden prekären Arbeits- und Rahmenbedingungen ausdrückt (LINGITZ 2015; LUNGSTRASS/RATZENBÖCK 2013). Seit Mitte der 1980er-Jahre treten Interessensvertretungen (IG) der autonomen Kulturinitiativen sowohl auf Landes- als auch auf Bundesebene für verbesserte Rahmenbedingungen ein.[1]

Während in deutschen Bundesländern eine kulturpolitisch motivierte Hinwendung an die als ‚Soziokultur' bezeichneten Kulturinitiativen stattfindet (HESSE 2016; BLUMENREICH 2016), ist dieser Begriff in Österreich ebenso wenig gebräuchlich[2] wie keine vergleichbaren kulturpolitischen Maßnahmen zu Wandlungs- und/oder Unterstützungsprozessen alternativer Kulturanbieter/-innen eingeleitet werden. Auch wenn Kulturinitiativen neben den als repräsentativ wahrgenommenen hochkulturellen und volkskulturellen Bereichen in Tirol Tradition haben, so ist die Einbettung hinsichtlich ihrer spezifischen Potenziale in der (Kultur-)Politik unbestimmt und der ihr zugeschriebene Stellenwert von Ambivalenz getragen. Die sowohl von Kulturverwaltung als auch freier Szene erwünschte Evaluation eines auf die freie Szene in Innsbruck zugeschnittenen Förderinstruments ist vor diesem Hintergrund ungewöhnlich.[3]

---

[1] Neben kulturpolitischem Lobbying, Rechtsberatung, Weiterbildungsangeboten und der Durchführung von Kampagnen erstellen die IGs auch alternative Kulturberichte und betreiben KulturnutzerInnenforschung abseits der offiziellen Kulturstatistiken (exemplarisch ALTON 2011; IG KULTUR 2016)

[2] In der Selbstdefinition der vertretenden Einrichtungen verweist etwa die deutsche Bundesvereinigung Soziokultureller Zentren auf die Hauptziele kulturelle Bildung und gesellschaftlichen Zusammenhalts (BUNDESVEREINIGUNG SOZIOKULTURELLER ZENTREN 2016), während die österreichische bundesweite IG Kultur für „die Ideen des politischen Antirassismus, der radikalen Partizipation, des nichtidentitären Feminismus, des Antifaschismus und des Antikapitalismus" steht (IG KULTUR 2016).

[3] Die 2003 eingeleitete Reform der Theaterförderung in Wien unter Miteinbeziehung der freien Theaterszene wurde 2012 einer Gesamtevaluierung unterzogen. Darüber hinaus sind keine kulturpolitischen Evaluationen der freien Szene bekannt. Hingegen können Evaluationen der öffentlichen Fördervergabe durch die Stadt Graz (ZEMBYLAS/ALTON 2011) und eine genderspezifische für die Kulturförderung des Land Vorarlberg, durchgeführt von der IG Kultur Vorarlberg auf Seiten der Fördergeber/-innen genannt werden (ALTON/BENZER).

2. stadt_potenziale Innsbruck

2004 startete auf Initiative der Dachverbände der unterschiedlichen freien Kulturszenen in Innsbruck, die sich unter dem Namen *bættlegroup for art (bættlegroup)* spartenübergreifend zusammenschlossen, ein Diskussionsprozess über erweiterte Fördermaßnahmen der Stadt Innsbruck für eine diskursive, projektorientierte, künstlerische und kulturelle Produktion. An diesem Prozess beteiligten sich sowohl Kulturverwaltung als auch politische Entscheidungsträger/-innen, insbesondere die damalige Bürgermeisterin Hilde Zach. Als erstes Ergebnis fand eine Erhebung der Bedürfnisse der freien Szene Innsbruck statt, in der sich der Wunsch nach einem speziell auf diese Vertreter der Kulturarbeit zugeschnittenen Fördertopf artikulierte. Daraus entstanden 2008 die mit 70.000[4] Euro dotierten *stadt_potenziale*. Diese Förderschiene soll experimentelle Kunst- und Kulturarbeit ermöglichen, die sich thematisch mit Urbanität auseinandersetzt und so einen Beitrag leistet, Innsbruck zu einem lebendigen und kommunikativen Kulturraum zu machen.[5] Die Projekte sollen einem Ansatz folgen, der „Kunst als intensive Gesellschaftsforschung mit offenem Ausgang begreift", gesellschaftskritische Zugänge, Vernetzung und Kooperation ermöglichen sowie soziale Dynamiken befördern (BÆTTLE, GROUP FOR ART 2013). Ausgewählt werden die Projekte durch eine von der *bættlegroup* vorgeschlagene Fachjury in regionaler und überregionaler Zusammensetzung, Einreichung und Projektabwicklung liegen beim Kulturamt der Stadt Innsbruck (Kulturamt).

3. Innsbrucks spezifischer Kontext der Evaluierung

Der Wunsch nach einer Evaluierung wurde von den Initiatorinnen und Initiatoren des Fördertopfes (*bættlegroup*, Kulturamt) sowie dem Kulturausschuss unter Vorsitz der amtierenden Bürgermeisterin Christine Oppitz-Plörer als politisches Gremium geäußert. Die zugrunde liegenden Interessen sind allerdings heterogener Natur. Seitens der Vertreter/-innen der freien Szene sowie der Kulturverwaltung entstand der Eindruck, dass Entwicklungspotenziale auf operativer Ebene identifiziert werden

---

4 2010 wurde der Fördertopf auf 100.000 Euro erhöht und 2016 wieder auf 70.000 Euro reduziert.
5 <http://www.stadtpotenziale.at/about/konzeption.html> [03.06.2016].

sollen, die in weiterer Folge zu einer Unterstützung der Erreichung der Ziele der *stadt_potenziale* beitragen. Dennoch vermittelten sich unterschiedliche Interessenslagen: Seitens der Kulturverwaltung wurde die Evaluierung der Diversität der Einreichenden und angesprochenen Publika gefordert, um die Breitenwirkung des Fördertopfes auch hinsichtlich einer Urbanisierung des Stadtimages analysieren zu können. Für die Vertreter/-innen der freien Szenen stand der über die Förderschiene hinausreichende Stellenwert des zeitgenössischen, projektorientierten Kunst- und Kulturschaffens im Fokus; damit in Zusammenhang die Grundsatzfrage nach entweder Freiheit im gering geförderten Nischendasein oder einer spürbaren Aufwertung mit zugleich unklaren Folgeansprüchen. Auf politischer Ebene wiederum schien man aus nochmals anderen Motiven zu handeln. Die Kürzung der Mittel der *stadt_potenziale* nach einer vorübergehenden Erhöhung von 2011-2015 auf 100.000 Euro auf die ursprüngliche Summe von 70.000 Euro im Jahr 2016 sowie Äußerungen kommunalpolitischer Entscheidungsträger/-innen, ob die umgesetzten Projekte denn überhaupt Kunst seien, evozieren den Eindruck, dass die Existenzberechtigung des Topfes diskutiert werden soll.

Die Kürzung der Mittel kann zugleich nicht als genuines politisches Desinteresse an autonomen Kunst- und Kulturzugängen interpretiert werden, sondern als weitere Herausforderung für den Evaluationskontext: In den letzten Jahren haben sich abseits von Projektarbeiten Institutionen gegründet, die im Bereich der Kulturinitiativen zu verorten sind. Sie bieten in eigenen Räumlichkeiten ganzjährige Programme, sprechen ein junges Publikum an und beeinflussen, wie in den Gesprächen mit Kulturverwaltung und *bættlegroup* angesprochen, die Allokation der kommunalen Kulturpolitik.

Die Evaluierung fand somit im Kontext eines etablierten Förderprogrammes statt, das sich geänderten Rahmenbedingungen bei gleichbleibenden Fördermitteln gegenüber sieht. Der Umgang mit dem Anforderungsprofil an die freie Szene und die politische Unbestimmtheit gegenüber ihren Potenzialen flankierten den Evaluationsprozess nicht nur hinsichtlich der Verteilung beschränkter Mittel. Je nach Lesart befinden sich die *stadt_potenziale* in einem Legitimationszwang oder sind aufgerufen sich im Spiegel neuer Rahmenbedingungen reflexiv weiterzuentwickeln.

4. Evaluierung der stadt_potenziale

Der Fokus der summativ durchgeführten Evaluierung lag auf der Generierung von Erkenntnissen, aus denen Handlungsempfehlungen abgeleitet werden können (BIRNKRAUT 2011). Die Durchführung stützte sich auf drei Instrumente bzw. Datenlagen:

- Die Analyse der vorhandenen Daten des Kulturamts über Anzahl der Einreichungen und durchgeführte Projekte.
- Die Erhebung quantitativer und qualitativer Kennzahlen (Erreichung der Ziele, Sichtbarkeit und Finanzierung der Projekte) mittels einer Befragung unter jenen, deren Projekte seit Bestehen der Schiene ausgewählt wurden.
- Mit Vertreterinnen und Vertretern des Kulturamts und der *bættlegroup* wurden Gespräche geführt, die der Standortbestimmung und dem Eruieren der jeweiligen Sichtweisen für eine zukünftige Entwicklung dienten.

Daraus ergab sich folgendes Bild: Zwischen 2008 und 2016 haben ca. 250[6] Projektträger/-innen 337 Ansuchen gestellt, von denen 94 ausgewählt und 92 umgesetzt wurden. Die Altersstruktur[7] weist eine heterogene Zusammensetzung auf. Seit den 1970er-Jahren sind alle Alterskohorten vertreten. Die 1980er stechen dabei hervor. Die folgende Dekade – die unter 30-Jährigen – fehlt beinahe gänzlich.

Die Liste der Projektandinnen und Projektanden lässt außerdem den Schluss zu, dass die Anzahl von Menschen und Vereinen mit interkulturellen Hintergründen verschwindend gering ist, während Interkulturalität als relevantes Thema in der Befragung bestätigt wird. Auch befassen sich zahlreiche Projekte mit dieser Thematik, allerdings verkörpert durch die Mehrheitsgesellschaft. Insofern wird der Diskurs ‚über' den Themenkomplex geführt und seltener von Betroffenen selbst.

Bezüglich der Erreichung der gesetzten Ziele des Förderprogrammes muss festgehalten werden, dass nur ein Teil der Ziele der *stadt_potenziale* (Raum für Experimentelles geben, Auseinandersetzung mit Urbanität ermöglichen, gesellschaftlichen Diskurs befördern) von den Projektandinnen und Projektanden als erfüllt angesehen wird. Das Aus-

---

6 Durch die unterschiedliche Zusammensetzung in Vereinen und losen Zusammenschlüssen von Einzelpersonen kann die genaue Anzahl der Einreichenden nicht entschlüsselt werden.

7 Es wurden die Geburtsjahrgänge der Projektanden bzw. die Gründungsdaten der Vereine abgefragt.

lösen von sozialen Dynamiken und das Ermöglichen von Kooperationen bzw. Vernetzung, die ebenfalls in den Zielvorstellungen genannt werden, gilt es allerdings noch zu verbessern.

Im Bereich der Sichtbarkeit sowohl der Ausschreibung der *stadt_potenziale* als auch hinsichtlich der Bewerbung der durchgeführten Projekte werden Defizite ausgewiesen. So mangelt es an Erfahrungen und Ressourcen für Marketing und Pressearbeit. Die Wahrnehmung der *stadt_potenziale* wird in erster Linie in der Kunst- und Kulturszene verortet. Aus Sicht der Projektandinnen und Projektanden tragen sie aber dazu bei, deren eigene Bekanntheit als Kunst- und Kulturschaffende zu erhöhen.

Trotz der Möglichkeit zur Ausfinanzierung der Projekte aus dem Topf der *stadt_potenziale,* was eine Besonderheit dieser Förderschiene darstellt, müssen die Projektträger/-innen mehrheitlich weitere Finanzierungsmöglichkeiten mit entsprechendem bürokratischen Aufwand in Anspruch nehmen. Den Schritt aus dem Nischendasein kann die Schiene *stadt_potenziale* unter den aktuellen finanziellen Rahmenbedingungen eben so wenig ermöglichen wie deren Anspruch einlösen, Innsbruck in einem breiten Wirkungsradius urbaner zu machen.

In den Gesprächen mit Verwaltung und freier Szene wurde bereits vor der Evaluation die Idee geboren, Projektabwicklung, Bewerbung und Vernetzung auch mit Meinungsbildnerinnen und -bildnern aus anderen Bereichen mittels personeller Ressourcen (seitens der Stadt) zu unterstützen. Diese Idee findet laut Umfrage unter den Projektandinnen und Projektanden großen Anklang, wobei auch Bedenken hinsichtlich eines drohenden Verlustes der Unabhängigkeit geäußert werden. Generell besteht aber eine hohe Zufriedenheit in der Zusammenarbeit mit der Kulturverwaltung.

Zu den zentralen Handlungsempfehlungen zählten vor diesen Erkenntnissen u. a.:

- Identifikationsmöglichkeiten bei jenen Entscheidungsträger/-innen zu schaffen, denen repräsentative Kulturangebote näher sind als die der freien Szenen;
- Gezielte Einbindung der unter 30-Jährigen zu betreiben;
- Kulturelle Diversität nicht nur zu thematisieren, sondern dazu zu ermächtigen;
- Entwicklung von Finanzierungs- und Kooperationsstrategien.

Diese Vorschläge sollen mittels einer einzurichtenden Koordinationsstelle gebündelt umgesetzt werden, deren Ausgestaltung zugleich in einem Ausverhandlungsprozess aller Beteiligten zu entwickeln wäre. Bei der Ergebnispräsentation vor Kulturverwaltung, Kulturausschuss und *bættlegroup* wurde dieser Empfehlung eine klare Absage von der amtierenden Bürgermeisterin erteilt, hingegen reagierten die Vertreter/-innen der freien Szene ablehnend auf die gezielte Ansprache der unter 30-Jährigen. In der anschließenden Diskussion zeigte sich, dass sowohl auf sprachlicher Ebene als auch auf jener des gegenseitigen Verständnisses Diskrepanzen herrschen, die Unverständnis befördern.[8]

5. Herausforderungen im kulturmanagerialen Kontext

Die Evaluierung der *stadt_potenziale* sollte eine Entscheidungsgrundlage für den Kulturausschuss der Stadt Innsbruck liefern. Darauf aufbauend liegt es am Gemeinderat mögliche Änderungen für den Fördertopf zu beschließen. Diese Aussage nimmt den Begriff der Veränderung vorweg, der, vor den unterschiedlichen Interessenslagen, eine multiperspektivische Betrachtung des Diskurses notwendig macht. Eine damit möglicherweise verbundene Neuausrichtung der Fördertopfes oder einer Umwidmung der darin gebundenen Gelder birgt die Dichotomie von Verlierenden und Gewinnenden. Diese zweidimensionale Sichtweise befördert ein diametrales anstatt eines dialektischen Widerspruchsverständnisses. Letzteres gilt es von Kulturmanagerinnen und Kulturmanagern mittels eines ganzheitlichen Blicks auf die Fragestellungen zu bewirken und unter Wahrung der Unabhängigkeit den beteiligten Stakeholdern zu vermitteln (FÖHL/WOLFRAM 2013).

Die Ermöglichung zur Annäherung an den Kulturbegriff der freien Szene für jene, deren Begriffsverständnis auf Hoch- und Volkskultur fixiert ist, stellte sich als wesentliche Herausforderung in der Evaluation heraus. Bei der Erstellung des Kulturentwicklungsplanes für Linz wurde auf das Phänomen verwiesen, dass trotz des Statements der Stadtver-

---

[8] Die Frage nach Zuschauer/-innenzahlen, die einen Return-on-Investment-Gedanken implizieren und das Anzweifeln des künstlerischen Charakters mancher Projekte kann auf der Seite der politisch Verantwortlichen genannt werden. Die ablehnende Reaktion von Vertreterinnen und Vertretern der freien Szene, sowie deren fehlendes Verständnis von polit-bürokratischen Abläufen manifestierten beinahe klischeehaft die unterschiedlichen Verständnishorizonte.

antwortlichen die freie Szene fördern zu wollen, von politischer Seite Skepsis gegenüber dieser bleibt (PHILIPP/STIEBER 2011). Eine ähnliche Befremdlichkeit gegenüber der freien Szene seitens der politisch Verantwortlichen schien sich in diesem Fall in Innsbruck zu bestätigen. Das Überblicken mehrerer in Zusammenhang stehender Felder und die semantischen Unterschiede des Begriffs Kultur für die beteiligten Stakeholder steht hinsichtlich der Kulturarbeit der freien Szene vor besonderen Herausforderungen: Deren Pionierarbeit seit den 1970er- und 1980er-Jahren wird anerkannt, aber sowohl im Selbst- als auch im kulturpolitischen Verständnis als Nische. Gemeinsame Ziele und die gesellschaftliche Weiterentwicklung sollten beidseitig mehr Beachtung finden, um verfestigte Standpunkte aufzulösen. Einen möglichen Anknüpfungspunkt bietet der Begriff der ‚creative class', der von dem Evaluierungsteam als Bypass in die Diskussion eingebracht wurde, um Konflikte über Kulturbegriffe zu umgehen: Als Antwort auf ökonomische Herausforderungen der Postindustrialisierung kann dieser auf die Kunst- und Kulturszene befördernd wirken (FLORIDA 2005) und zur Koalitionsbildung zwischen freier Szene und Stadtpolitik beitragen. In Anlehnung an Kirchberg (2016) scheint aus Sicht der Stadtverantwortlichen das Zusammenspiel aus Kreativität, Kultur und Stadtökonomie in Innsbruck nicht als Aspekt von kultur- und stadtplanerischen Aktivitäten gesehen zu werden. Innsbruck kann dabei bei einer Einwohner/-innenzahl von 130.000 (MELDEREGISTER INNSBRUCK 2016) mit über 30.000 Studierenden (UNIVERSITÄT INNSBRUCK 2016)[9], von denen über ein Drittel aus dem Ausland kommt, auf ein Reservoir potenzieller Vertreter/-innen der ‚creative class' zurück greifen. Die Wechselwirkung zwischen Ausbildungsstand der Bevölkerung, stadtökonomischen Potenzialen und dazu notwendigen Standortfaktoren wie Inklusion und Diversität (FLORIDA 2005) können für die politischen Verantwortungsträger/-innen auch im Spiegel der *stadt_potenziale* einen auf Innsbruck bezogenen, vielleicht bislang verstellten Zusammenhang herstellen. Speziell für das studentische Milieu eröffnet der Fördertopf Möglichkeiten der Selbstverwirklichung und Diskurspartizipation, die dazu beitragen können, jenen Boden aufzubereiten, der Innsbruck als Wohnort über die Studienzeit hinaus attraktiv machen kann. Auch hinsichtlich der Rolle von Kunst und Kultur für das Zusammenleben in der Stadt bzw. Stadtteilen (KIRCHBERG 2016) bieten die *stadt_potenzi-*

---

9 MCI Management Center Innsbruck <http://www.mci.edu/de/university/facts-figures> [10.06.2016].

ale Chancen, Bürger/-innen in aktuelle Herausforderung wie die zunehmende kulturelle Diversität einzubeziehen und den Betroffenen selbst ein Sprachrohr zu bieten (MOKRE 2005): 25 % der Bewohner/-innen Innsbrucks haben Migrationserfahrung (STADT INNSBRUCK 2016).

Neben dem Ausverhandlungsprozess zwischen kommunaler Kulturpolitik und freier Szene, wofür die *stadt_potenziale* exemplarisch stehen, sollte die Gemeinsamkeit der Ziele einen übergeordneten Stellenwert für die Potenzialerfassung erhalten. Dazu zählt im Sinne eines aktivierenden Kulturmanagements (SCHEYTT 2008) auch der Fokus auf die Bevölkerung nicht nur als Publikum, sondern als Kulturproduzierenden. Als problematisch erwies sich in diesem Zusammenhang das Selbstverständnis der freien Szene. Wenn die Projektandinnen und Projektanden das Bewusstsein über die Existenz der *stadt_potenziale* fast ausschließlich im eigenen Feld der Kunst- und Kulturschaffenden sehen und sich darin genügen, beschneidet sich die freie Szene selbst in ihrer Innovationskraft.

Die kategorische Ablehnung der Bürgermeisterin, eine Koordinierungsstelle einzurichten, lässt Spielraum für Interpretationen. Einerseits stellt sich die Frage der Kommunikation des Vorschlags hinsichtlich der finanziellen Folgewirkungen. Andererseits muss auf die in der Präsentation geäußerte Frage, ob das denn noch Kunst sei, eingegangen werden: Der von der freien Szene erkämpfte Platz innerhalb der Definitionsdiskussion von Kunst, die in Österreich seit den 1960er-Jahren geführt wurde und in Gerichtsverfahren gegen Künstler/-innen auch in der Rechtsauffassung angekommen ist (ZEMBYLAS 2007), wird dabei zur Disposition gestellt. Diesbezüglich stellt sich die strategische Frage, inwieweit Überzeugungsarbeit geleistet werden kann, oder ob es gelingt, über das Verknüpfen der Ideen und Ziele der *stadt_potenziale* – nämlich Innsbruck urban zu machen – mit anderen Feldern aus Stadtpolitik und -ökonomie den Fokus auf das gestalterische Potenzial zu lenken. Eine solche Verschiebung kann auf der einen Seite das dem Spardiktat unterworfene Verwaltungsdenken kommunaler Agenden aufbrechen und auf der anderen Seite die freie Szene aktivieren, sich nicht als Bittstellerin in der Nische zu betrachten, sondern als gestaltende Akteurin im Urbanitätsdiskurs.

Die tieferliegende Komplexität des Fallbeispiels erwies sich in den festgefahrenen Stereotypen, die, trotz beidseitigem guten Willen, in den verfestigten Positionen von Entscheidungsträger/-innen und freier Szene sowie der Diskrepanz zwischen Selbstverständnis und Fremderwartung alternativer Kulturarbeit zu Tage traten. Der kritische Charakter alternativer Kulturarbeit und ihre hohe Förderabhängigkeit schaffen vor den nicht automatisch deckungsgleichen Ansprüchen von Gesellschaftswandel und kulturpolitischer Verwertungslogik eine sensible Ausgangslage. Um die Auseinandersetzung auf die Sachebene von Gesellschaftswandel und Innsbruck spezifischen Potenzialen von gesellschaftskritischen Zugängen, wofür die freie Szene steht, zu heben, wird die Sinnhaftigkeit dieser summativen Evaluation zum einen in der Kontextualisierung mit Florida zum anderen in der erfolgten Veranlassung für weitere Ausverhandlungsprozesse erachtet. Der Fokus wurde so auf die in einer Veränderung liegenden Potenziale gelenkt. Evaluator/-innen als „Diskursbegleiter" (FÖHL/WOLFRAM 2013) zu begreifen verhalf in diesem Fall außerdem dazu „kontextuelle Aspekte" wie „gegebene Machtstrukturen" (ZEMBYLAS/OSWALD 2016) sowie Selbst- und Fremdansprüche als Einflussfaktoren zu thematisieren. Ob dadurch Prozesse eingeleitet werden konnten, die weder den Status quo zementieren noch der Austerität den Boden aufbereiten, wird sich zeigen.

Autoren
Verena Teissl, Professorin für Kulturwissenschaft und Kulturmanagement im Studiengang Sport-, Kultur- und Veranstaltungsmanagement an der FH Kufstein Tirol, seit 2016 stellvertretende Vorsitzende des Fachverbandes Kulturmanagement.

Klaus Seltenheim, absolvierte das Sport-, Kultur- und Veranstaltungsmanagement an der FH Kufstein Tirol, eh. Verbandssekretär der Sozialistischen Jugend, Mitarbeiter bei diversen Kulturprojekten.

Literatur
ALTON, Juliane (2011): *Kulturnutzung und Kulturvermittlung in Vorarlberg. Eine Studie von IG Kultur Vorarlberg und FH Vorarlberg. Interpretation und kulturpolitische Folgerungen.* <http://www.igkultur-vbg.at/attach/docs/doc/f335e8c6688953 80c449e217e334ca90/Kulturstudie2010JAL.pdf>.

ALTON, Juliane/BENZER, Sabine (o.J.): *Creating the change – Frauenstudie der IG Kultur Vorarlberg.* Feldkirch: IG Kultur Vorarlberg.

BIRNKRAUT, Gesa (2011): *Evaluation im Kulturbetrieb.* Wiesbaden: VS.

BLUMENREICH, Ulrike (2016): Förderung der Soziokultur und der Freien Szene. Akuelle Entwicklungen in den Bundesländern. – In: *Kulturpolitische Mitteilungen* 153, 12-14.

BUNDESVEREINIGUNG SOZIOKULTURELLER ZENTREN, e.V. (2016): *Soziokultur.* <http://www.soziokultur.de/bsz/node/17> [09.08.2016].

FLORIDA, Richard L. (2005): *Cities and the Creative Class.* New York u. a.: Routledge.

FÖHL, Patrick S./WOLFRAM, Gernot (2013): Meister der Zwischenräume: Anmerkungen zu einem zeitgemäßen Kulturmanagement im Raum kulturpolitischer Maßnahmen. – In: *Kulturpolitische Mitteilungen,* 42-45.

HESSE, Bernd (2016): Zukunftsweisendes Pilotvorhaben. ‚Modellprojekt Soziokultur' in Hessen. – In: *Kulturpolitische Mitteilungen* 153, 10-11.

IG KULTUR ÖSTERREICH (2016): *Leitbild der IG Kultur Österreich.* <http://igkultur.at/ueber/leitbild/leitbild> [11.06.2016].

KIRCHBERG, Volker (2016): Künste, Kultur und Künstler im Verständnis der Stadtentwicklung – ein vergleichende Stadtforschung. – In: *Aus Politik und Zeitgeschichte* 2016/20-22, 14-22.

KNOBLICH, Tobias J. (2016): Kulturförderung zwischen Anspruch und Wirklichkeit. – In: *Aus Politik und Zeitgeschichte* 2016/20-22, 7-14.

LINGITZ, Angelika (2015): *Alternativer Kulturbericht. Basisdaten österreichischer Kulturinitiativen 2014.* Wien: IG Kultur Österreich.

LUNGSTRASS, Anja/RATZENBÖCK, Veronika (2013): *Fair Play. Umfrage zur finanziellen Situation freier Kulturinitiativen und -vereine.* Wien.

MELDEREGISTER INNSBRUCK (2016): *bevölkerung 2016.xlsx* [10.06.2016].

MOKRE, Monika (2005): Kann und soll ein demokratischer Staat Kultur fördern? – In: Zembylas, Tasos (Hg.), *Der Staat als kulturfördernde Instanz* (=Diskurs, Band 5). Innsbruck, Wien, Bozen: Studienverlag, 81-100.

PHILIPP, Thomas/STIEBER, Julius (2011): *Der neue Kulturentwicklungsplan für die Stadt Linz.* <http://kep.public1.linz.at/wp-content/uploads/2011/10/KEP-neu_Kurzfassung-Grundlagenpapier_110930_FINAL.pdf> [10.06.2016].

SCHEYTT, Oliver (2008): Aktivierendes Kulturmanagement. – In: Lewinski-Reuter, Verena/Lüddemann, Stefan (Hgg.), *Kulturmanagement der Zukunft. Perspektiven aus Theorie und Praxis.* Wiesbaden: VS, 121-134.

TEISSL, Verena (2015): Dispositive der Kulturfinanzierung. – In: *Zeitschrift für Kulturmanagement, Kunst, Politik, Wirtschaft und Gesellschaft.* Bielefeld: transcript, 15-28.

UNIVERSITÄT INNSBRUCK (2016): *Universität Innsbruck in Zahlen.* Innsbruck.

VESELY, Rainer (1993): *Eine Szene im Wandel. Österreichische Kulturinitiativen Anfang der 90er Jahre* (=Schriftenreihe der Österreichischen Kulturdokumentation, Internationales Archiv für Kulturanalysen, Band 1). Wien: Österr. Kulturdokumentation Internat. Archiv für Kulturanalysen.

ZEMBYLAS, Tasos (2007): Kunst ist Kunst und vieles mehr. – In: *SWS-Rundschau – Zeitschrift der Sozialwissenschaftlichen Studiegesellschaft,* 260-283.

ZEMBYLAS, Tasos/ALTON, Juliane (2011): Evaluierung der Kulturförderung der Stadt Graz. Endbericht <http://personal.mdw.ac.at/zembylas/Texte/Studie_Evaluierung_der_Kulturfoerderung_in_Graz.pdf>.

ZEMBYLAS, Tasos/OSWALD, Kristin (2016): Wie kann sich Kulturmanagement messen lassen? Interview zur 9. Jahrestagung des Fachverbandes Kulturmanagement. <http://kulturmanagement.net/beitraege/prm/39/v__d/ni__3026/kind__0/index.html> [09.08.2016].

REZENSIONEN
REVIEWS

Irene KNAVA und Thomas HESKIA: ISO for Culture.
Qualitätsmanagement als Führungsinstrument.
Wien (Facultas) 2016, 462 Seiten.

Die Publikation *ISO for Culture – Qualitätsmanagement als Führungsinstrument* von Irene Knava und Thomas Heskia vom Beratungsunternehmen *Audiencing* stellt das Normierungsmodell ORN 41000 für die praktische Anwendung in Kulturbetrieben vor. Neben einer Einführung in Zweck und Theorie des Qualitätsmanagement präsentieren die Autoren eine kursorische Zusammenfassung wichtiger theoretischer Positionen des Qualitätsmanagements sowie Erfahrungsberichte ISO-zertifizierter Kulturbetriebe.

Der bewusst leicht gehaltene Ton der Publikation mit ihren zahlreichen, heiter stimmenden Visualisierungen soll Berührungsängste mit dem Thema reduzieren, darf dabei aber nicht über den wissenschaftlichen Anspruch hinwegtäuschen. Knava/Heskia haben *ISO for Culture* am Austrian Standards Institute, dem früheren Österreichischen Normungsinstitut, in einem partizipativen Entwicklungsprozess mit sechzig Führungskräften in den Jahren 2015/16 entwickelt. Es setzt sich aus dem Standard ONR 41000 *Qualitätsmanagement für Kulturbetriebe* und der unterstützenden Systematik zur wirksamen Führung von Kulturbetrieben zusammen. Im Zentrum der Publikation steht die theoretische Darstellung des Konzepts *ISO for Culture* und dessen prozessorientierter Charakter. Knava/Heskia haben eine prototypische Prozesslandkarte vorgelegt, die als Modell und Arbeitsinstrument Gültigkeit für alle Formen von Kulturbetrieben beansprucht und auf deren Basis jeder Kulturbetrieb im Sinne der Wertschöpfung eigene unterentwickelte Bereiche identifizieren kann. *ISO for Culture* zielt darauf ab, ein Steuerungsinstrument für als defizitär identifizierte Arbeitsgebiete zu bieten. Im Resultat sollen lernende Systeme entstehen, in denen gemäß der neuen ISO-Norm das Wissen der MitarbeiterInnen Kernelement ist. Es werden Handlungsanleitungen und Checklisten vorgestellt, über die Kulturbetriebe die Zertifizierung von ausgewählten Geschäftsbereichen (bspw. Verkaufsprozesse, Personalrekrutierung, Ausstellungsmanagement, Wissenstransfer etc.) nach dem Standard ISO 9001:2015 erreichen können. Die ISO 9000 Norm ist die am meisten akzeptierte Norm im Qualitätsmanagement und enthält Grundlagen und Begriffe, Aufgaben (ISO 9001) und einen Leitfaden zur Leistungsverbesserung (ISO 9004). Die österreichische Normierung ONR 41000 (gesprochen: O-N-R einundvierzigtausend) erfüllt die Vorgaben der ISO 9001 von 2015 und folgt ihr in der Kapitelstrukturierung. Die Publikation beschließen Empfehlungen von Auditoren und die Dokumentation der Projektevaluation, die vom Institut für Kulturmanagement und Kulturwissenschaft der Universität für Musik und Darstellende Kunst/Wien durchgeführt wurde.

Die Publikation empfiehlt sich für Führungskräfte von Kulturbetrieben, die defizitäre Arbeitsbereiche gleich welcher Art langfristig verbessern wollen – und dies unabhängig davon, ob sie im ersten Schritt bereits eine Zertifizierung anstreben. Sie versteht sich als umfassende Behandlung des Themas Qualitätsmanagement für Kulturbetriebe, die den aktuellen Stand der Literatur im Qualitätsmanagement wie auch die praktische Umsetzung des Themas vorstellt. Dies alles leistet die Publikation vollumfänglich. Allerdings legen Knava/Heskia mit *ISO for Culture* nicht nur ihre Forschungsergebnisse im Qualitätsmanagement vor, sondern präsentieren mit dem Standard ONR 41000 auch ihre Geschäftsidee. Dies mindert die Qualität der Publikation nicht, sollte aber gedanklich bei der Lektüre präsent sein. Das Herzstück der Publikation bildet die Prozesslandkarte. Sie steht der wissenschaftlichen Gemeinschaft als ‚copyleft' zur Verfügung, d. h. die Modelle dürfen unter der Bedingung, dass Bearbeitungen anderen Kulturbetrieben zugänglich gemacht werden, weiterverwendet werden. Als äußerst hilfreich für die Einschätzung der eigenen Potentiale im Kulturbetrieb erweisen sich die Erfahrungsberichte ISO-zertifizierter Kulturbetriebe. Es ist äußerst bemerkenswert, dass hier so viele einschlägige Kulturinstitutionen bereit waren, ihre Erfahrungen, die auch fehlerbehaftet und entsprechend schmerzhaft gewesen sein mussten, der wissenschaftlichen Gemeinschaft zur Diskussion zu stellen. Als besonders wertvoll erweist sich, dass die Publikation sehr nachdrücklich deutlich macht, welche Herausforderungen im Change Management wirklich stecken: Um hier Ergebnisse zu erreichen, ist konsequente und kleinteilige Arbeit mit den Menschen und am Prozess – und das langfristig – nötig.

Julia Glesner[*]
FH Potsdam

[*] Email: glesner@fh-potsdam.de

Thomas SCHMIDT: Theater, Krise und Reform.
Eine Kritik des deutschen Theatersystems.
Wiesbaden (Springer VS) 2016, 480 Seiten.

Eine Krise wird konstatiert, und zwar die Krise einer Institution, die mit „archaischen" Strukturen und „Organisationsprinzipien" von „absolutistisch und streng hierarchisch" geprägten Produktionsweisen charakterisiert wird. Die Rede ist vom Theater, sie stammt von einem der besten Kenner des Systems, welcher – ein seltener Glücksfall – sowohl aus der Erfahrung des Theatergeschäftsführers und Intendanten als auch aus der des Wissenschaftlers Kompetenz beanspruchen darf. Thomas Schmidt, Professor für Theater- und Orchestermanagement in Frankfurt/Main, hat eine fulminante Studie zum Theater, seinen Krisen, aber auch möglichen Reformen vorgelegt, die man als Pflichtlektüre für alle Theaterakteure, vor allem aber für Intendanten und Kulturpolitik empfehlen möchte.

Als Indikatoren der Krise und zugleich Ausdruck eines fundamentalen Systemumbruchs nennt Schmidt die sinkende Legitimation der deutschen Theater in der Gesellschaft, tendenziell sinkende Zuschauerzahlen, die chronische Unterfinanzierung, das eklatante Ungleichgewicht im Verhältnis zwischen öffentlichen und freien, reichen und armen Bühnen, die Tendenz zur Überproduktion, die zu hohen Personalkosten im administrativen und technischen Bereich, der starke Rückgang des festangestellten künstlerischen Personals zugunsten freiberuflich Beschäftigter, die unflexiblen und wenig nachhaltigen Theaterstrukturen und Produktionsbedingungen und die unzureichende Partizipation der Ensembles an künstlerischen und strukturellen Entscheidungen sowie die höchst prekären Arbeitsverhältnisse des künstlerischen Personals. Dabei geht es dem Verfasser nicht um eine ‚Skandalisierung' der Verhältnisse sondern um ein neues Gleichgewicht im System.

Schmidt wendet sich zunächst dem Auftrag des Theaters zu und thematisiert hier Unterhaltung, Bildung, die künstlerische Entwicklung neuer Repertoires, neuer Inszenierungsstile, Formensprachen und Formate (S. 50), aber auch Fragen der Standortentwicklung oder der Umwegerentabilität. Ausgehend vom kultur- bzw. bildungspolitischen Auftrag des Theaters erfolgt ein erster Versuch, die Leistungsfähigkeit der Häuser mithilfe von Indikatoren wie Mitarbeitereffizienz, Effizienz beim Ressourcenaufwand, Effektivität der eingesetzten Mittel bezogen auf die erreichten Zuschauer (Ausgabe je Vorstellung, Reichweite) bzw. Einspielquote zu messen (S. 61). Als Ergebnis erhält man eine Gruppe von kleinen, effizienten Theatern mit hohem Einsatz und geringem Ressourcenverbrauch; eine Gruppe mittlerer und großer Stadttheater, bei denen Überproduktion und ‚Überhitzung' vorlägen (S. 71); schließlich eine Gruppe sehr großer Staatstheater und Opern, die im Vergleich zu den kleinen allerdings nur ein Zehntel der Effizienz erreichen (S. 71).

Über die Konzeption einer Krisenmatrix (S. 74) gelangt Schmidt zu zwei strukturellen Krisenindikatoren: dem Modell des Intendanten „als alleinigem, absolutistischen Leiter des Theaters" und dem Phänomen der Überproduktion als „schleichender Krankheit" und „Symptom der strukturellen Krise" (S. 102). Schmidt plädiert für die Abschaffung des hierarchischen Intendantenmodells zugunsten eines „teamorientierten Leitungsmodells" und sieht hierin die Möglichkeit auch strukturelle Ungleichgewichte zu lösen (S. 81). Das von ihm vorgeschlagene Leitungsmodell basiert auf einer Matrixorganisation. In ihr ließen sich nach Schmidt eine ganze Reihe von Reformen realisieren: erweiterte Mitbestimmung, eine Verbesserung der internen Kommunikation, die verstärkte Berücksichtigung des Publikums, ein Abbau von Überproduktion und ein Übergang vom Repertoire zum Semi-Stagione-System, eine Aufhebung der Teilung zwischen administrativen und künstlerischem Denken, die Entkoppelung vom öffentlichen Dienst, der Aufbau professioneller Netzwerke, die Umwandlung der Stadt- und Staatstheater in Stiftungen sowie ein modernes Produktionsmanagement (S. 118ff.).

Darüber hinaus setzt sich Schmidt mit der Handlungsfähigkeit der Kulturpolitik auseinander und beleuchtet die Krise der öffentlichen Finanzierung, für die er eine Risiko-Matrix (S. 153f.) mit „strukturellen Vorschlägen für einen systematischen Weg aus der Finanzierungskrise der Theater" entwickelt (S. 166). Legitimation erhielten Theater „durch Funktionalität, also Nützlichkeit, Qualität und Ausstrahlungskraft der Arbeit und ererbtes Existenzrecht" (S. 166), aber auch durch Entwicklung eines kulturellen Raumes zur Erfüllung von Erwartungen wie Unterhaltung, Illusion, Bildung, Distinktion und Utopie (S. 169). Werden diese Erwartungen erfüllt, sieht Schmidt die Legitimationskrise überwunden.

Des Weiteren sieht der Autor eine Krise auf der organisationalen Ebene von Theatern, die er in einer unzureichend entwickelten Unternehmenskultur erkennt. Demnach seien bei den einzelnen Häusern eine mangelhafte Zusammenarbeit, ein mangelnder Zusammenhalt, eine fehlende Teilhabe, eine unzureichende Ressourcen-Allokation, mangelnde Innovationsfähigkeit sowie fehlende Zukunftskonzepte und Sicherungsstrategien zu erkennen.

Im zweiten Teil des Buches setzt sich Schmidt mit dem Theater als Organisation in Transition auseinander. Es müsse eine neue Balance gefunden werden, die mehr auf Team als auf Regentschaft setze, mehr Ausgleich und Gerechtigkeit zwischen den Mitarbeitergruppen befördere, mehr auf künstlerische Impulse achte, Produktionsdruck minimiere sowie mehr finanziellen und personellen Ausgleich zwischen den Sparten realisiere (S. 245). Schmidt fordert letztlich eine Demokratisierung und partielle Entprofessionalisierung der Institution. Seine Vorschläge zu einer organisationsinternen Reform werden von äußerst konkreten Vorschlägen zum systemischen Umbau der Theaterlandschaft begleitet. So empfiehlt Schmidt die Konzentration auf ein Landestheater je Bundesland als Hauptstandort, während ein zweites als Produktionsstandort für die freie Szene zur Verfügung gestellt werden solle (S. 259). Zu diesem Zweck schlägt Schmidt eine Umverteilung der Mittel von den Low-Performern – „finanziell überausgestatteten Theatern" mit geringer Reichweite (Köln, Stuttgart, Frankfurt, Bonn, Oper Leipzig, Staatsoper Berlin, Schauspiel Hamburg, Staatstheater am Gärtnerplatz in München) – vor, indem deren Budgets um 10 % gekürzt werden sollten (S. 260). Zudem solle eine Abkehr vom Modell kontinuierlicher Zuwendung (S. 261) zugunsten eines dynamischen Fördermodells (S. 263) erfolgen, nach dem Theater nicht nach Größe oder Reputation zu fördern seien, sondern nach Leistungsfähigkeit. Verbunden mit der Gründung einer Nationaltheaterstiftung (u. a. Mannheim und Weimar) sowie einer Stiftung der Landestheater und einem einheitlichen Tarifvertrag ergibt sich so das Bild eines fundamentalen Umbaus der Theaterlandschaft.

Neben diesen kulturpolitischen Reformvorschlägen werden auch manageriale Neuerungen vorgestellt: So wird ein systemisches Theatermanagement in den Bereichen Personal, Leitung und Steuerung gefordert, das einen Übergang zu Nachhaltigkeit, Zukunftsfähigkeit und Change Management realisieren soll und das System der Theater so auf eine neue, sichere Grundlage stellen könne. Zusammenfassend werden acht große Reformkomplexe entwickelt (S. 375-386), für deren Umsetzung Schmidt einen 40-Punkte-Plan konzipiert.

Schmidt hat mit dieser Publikation die bisher umfassendste Studie zur Situation des Theaters in Deutschland vorgelegt. Die Studie diskutiert die gegenwärtige Krise des Theaters auf allen relevanten Ebenen schlüssig und scheut hier keine Tabus. Sicherlich wird man dem Verfasser nicht in allen Details zustimmen wollen, so findet bspw. das von ihm massiv propagierte Demokratisierungsparadigma sicherlich dort seine Grenzen, wo es um künstlerische Exzellenz geht bzw. Arbeitsteilung –

wie etwa im Orchester – streng hierarchisch aufgebaut ist. Gespannt darf man sicherlich auf die Reaktionen des Theater-‚Systems' sein. Dürften die Vorschläge zur organisationsinternen Reform in Ansätzen noch auf Zustimmung seitens der Betroffenen treffen, so werden die gleichwohl überlegenswerten Vorschläge zum Umbau der gesamten Theaterlandschaft sicherlich auf massive Ablehnung stoßen. Dies ist vor allem dem Umstand geschuldet, dass hier erstmalig Erfolg bzw. Misserfolge quantifizierend angesprochen werden und – ein durchaus erfrischender Tabubruch – konkrete Namen genannt werden. Allein dies lohnt die Lektüre.

Steffen Höhne*
Hochschule für Musik FRANZ LISZT Weimar

Wolfgang ULLRICH: Siegerkunst. Neuer Adel, teure Lust. Berlin (Wagenbach) 2016, 150 Seiten.

In mehr als einem Dutzend Büchern hat Wolfgang Ullrich in den beiden letzten Jahrzehnten die Textform des langen Essays perfektioniert. Das Thema ist meist zugespitzt zur strittigen These, die Argumente werden in überschaubar langen Kapiteln vorgeführt, mit Verweisen auf nicht allzu viele Gedanken- und Belegquellen, und mit konkreten, meist überraschenden Beispielen. *Siegerkunst*, 150 kleinformatige Seiten kurz, ist das neueste Werk in dieser beeindruckenden Serie. Der in München und Leipzig lebende Kunstwissenschaftler hat diesmal ein besonders heftig diskutiertes Thema gewählt: die jüngere Entwicklung der Werke und ihrer Preise im globalen Bildkunstbetrieb. Seine Beschreibungen und Interpretationen geben diesem unscharfen Phänomen erstaunlich präzise Konturen.

Kunstwerke eignen sich zur Darstellung von sozialem Status, von Macht, Reichtum oder Gelehrtheit. Bilder und Skulpturen verwenden physische Materie, deshalb kann man sie kaufen und besitzen. Diese Gegebenheiten haben in den vergangenen 400 Jahren florierende Kunstmärkte entstehen lassen. Seit der Jahrtausendwende sticht ein Teilmarkt mit immer neuen Preisrekorden hervor – der „Markt für Siegerkunst", wie Ullrich ihn nennt. Er besteht aus einigen hundert Points of Sale, also Messen, Auktionshäusern, Topgalerien. „Allein hier sind Preisrekorde, Hypes und enorme Gewinnspannen möglich. Allein hier wird die „Su-

* Email: steffen.hoehne@hfm-weimar.de

perreichen-Ware vertrieben" (S. 11). Die Rede ist also von einer Sonderentwicklung, einer Devianz, die allerdings durchaus Rückwirkungen auf das Geschehen im gesamten Kunstbetrieb hat.

Sieger nennt Ullrich diejenigen, die über die größten Vermögen verfügen. Sie sind in der Lage, unfassbar hohe Preise für einzelne Werke zu zahlen. Die Werke bekommen so ihre Ausnahmestellung, ihre öffentliche Beachtung: „Die Erhabenheit ist umso größer, je weniger der Preis zu dem Werk zu passen scheint, je weniger er sich nachvollziehen und begreifen lässt" (S. 10). Die Willkür der Entscheidung, die Übertreibung, die Zumutung, die Verunsicherung Dritter, all das ist Teil der intendierten Machtgeste. Ullrich zeigt das schlagend am Beispiel des politischen Siegers Gerhard Schröder, der Markus Lüpertz mit Skulpturen im Kanzleramt beauftragte, die ästhetische Konventionen persiflieren und gleichzeitig vormoderne höfische Inszenierungsformen aufgreifen.

Die Künstler, welche die „Superreichen-Ware" herstellen, sind gleichfalls Sieger. Auch sie treten mit dem Gestus des Unternehmers auf, der die Ausführung seiner – oft auch ihrer – Schöpfungen Teams von Mitarbeitern überlässt. Die Komplexität und Monumentalität der Kunstwerke ist dabei eine zusätzliche Stärke. Siegersammler versuchen, „in einem Wettbewerb um technische Komplexität und Perfektion vergleichbare Werke zu überbieten" (S. 104). An die Stelle des selbst produzierten Bildes tritt dann – etwa bei Jeff Koons – die Endabnahme des Werks nach „Standards, die [...] aus den Skulpturen etwas irrational Aufwendiges [...] werden lassen" (S. 112).

Der hohe Prestigewert der Siegerkunstwerke ist Ullrich zufolge einer besonderen historischen Konstellation zu verdanken. Seit der Mitte des 19., verstärkt dann im 20. Jahrhundert „verströmte" die bildende Kunst „einen Geist der Opposition, des Protests" (S. 13). Die diversen Avantgarden der Moderne beanspruchten eine reinigende soziale Wirkung. Dank dieses eingeübten Kunstverständnisses werden Gesten der Übertreibung als Opposition verstanden, und Chiffren der Kommerzwelt werden als Gesellschaftskritik gelesen. Am Beispiel einiger Werkserien von Anselm Reyle zeigt Ullrich, wie „glamouröser Materialismus" und „asketisch-strenge Vergeistigung" zu einer Wertform verschmelzen können (S. 16), und anhand von Bildern der Fotografin Josephine Meckseper zeigt er, wie explizit politisch inszenierte Werke zu „Trophäen der Vereinnahmung" in der Villa von Ferdinand Piëch umgenutzt werden können.

Der kritische Gestus des Kunstdiskurses, wie er vornehmlich in Katalogbeiträgen gepflegt wird, kommt in dieser Situation der Valorisierung von Siegerkunst zugute. Ullrich wählt als Beispiel Texte zum Werk von Andreas Gursky. Gursky wird von Ullrich als paradigmatischer Siegerkünstler gesehen: Er wählt exklusive Sujets (es gibt Ausnahmen, aber die bleiben unerwähnt), einen erhöhten, „gottgleichen" Standpunkt und überbietet dann konventionelle Perspektiven durch digitale Bearbeitung. So vermittelt er seinen Sammlern das Gefühl, „es könnte eine so privilegierte Perspektive auf die Welt geben, dass selbst all ihr Reichtum nicht genügt, um sie für sich einzunehmen" (S. 84). Daraus wird bei einer Katalogautorin „dekonstruierte Perfektion" und bei Udo Kittelmann „das subversive Aufzeigen von Machtstrukturen". Kittelmann ist Direktor der Neuen Nationalgalerie in Berlin, das Zitat stammt aus dem Vorwort zu einer von ihm kuratierten Gursky-Ausstellung beim Privatsammler Frieder Burda.

Mit der Moderne ist auch das Auftauchen einer neuen Figur des Kunstrezipienten verbunden gewesen. Dem Kunstbetrachter – kantianisch geschult – gelang durch Erkenntnis und Gefühl eine „sekundäre Aneignung", die sein Zugangsrecht zur Kunst legitimierte. Der Nicht-Besitz der Werke wurde ergänzt durch deren Besitz in Form öffentlicher Museen, also steuerfinanzierter Sammlungen. So wurde „das Nicht-Besitzen von einem Defizit zu einer Auszeichnung erhoben". Dieser „Rezeptionsstolz" ist es auch, der die „heutigen Vorbehalte gegenüber Siegerkunst und ihren Eigentümern" nährt (S. 25). Weil aber nun der selbst verantwortete Kauf und der dann folgende Umgang mit Kunstwerken stärker in den Blick geraten sind, sieht Ullrich fruchtbare Möglichkeiten künftiger ästhetischer Theorie. Er berichtet Beispiele der „daseinssteigernden Erfahrungen", die Kunstsammler erlebt haben. Dazu gehört auch die Erfahrung des Verschwendens, „weil Sinn und Wert des Erworbenen nicht wirklich nachvollziehbar sind" (S. 31). In einer solchen, sehr viel weiteren Erfahrungswelt bewegt sich der Großteil der Sammler, Galeristen, Liebhaber und Künstler im heutigen lokalen und regionalen Kunstgeschehen, jenseits der grell ausgeleuchteten Schauplätze der Siegerkunst.

Siegerkunst ist allerdings kein zwar teurer, aber harmloser Plutokratenspaß. Sieger sind Sieger geworden durch Kontrolle, und durch Deutungshoheit. Kontrolle und Deutungshoheit beanspruchen sie auch für die erworbenen Werke, und sie erstreckten sich weit hinein in den Raum der öffentlichen Meinung. Ullrich führt an dieser entscheidenden Stelle sein Argument auf zwei Ebenen. Auf der Ebene der Beispiele zitiert er einen Fall, bei dem das Fotoporträt der Auftraggeberin mit einer frühen Werkgruppe des Künstlers verknüpft werden sollte – „man fühlt sich dann an die Praktiken mittelalterlicher Stifter erinnert, die sich [...] in Gemälde hineinmalen ließen" (S. 126). Auf einer zweiten Ebene dient Ullrichs Essay selbst als Beispiel: bei 8 der 19 vorgesehenen Abbildungen wurde die Abdruckgenehmigung für eine schwarz/weiß-Reproduktion verweigert. An den entsprechenden Stellen im Buch befinden sich graue Rechtecke – die Künstler und Sammler, denen die Rechte auch an den Reproduktionen gehören, behalten sich also deren Einsatz und deren Deutung vor. So wird Ullrich zum aktiven Spieler im Geschehen. In seinem Blog *Ideenfreiheit* (<https://ideenfreiheit.wordpress.com>) dokumentiert er die Hintergründe der jeweiligen Verhandlungen, kommentiert aber auch das eigene Verhalten:

> Selbstkritisch muss ich somit anmerken, dass die um sich greifenden Kontrollversuche von Künstlern bereits Wirkung zeigen, ich also gerade dann, wenn eine Konfrontation drohen könnte, lieber um sie herum schreibe. Je häufiger es zu solchen Einflussnahmen kommt, desto stärker ist der Diskurs über Kunst insgesamt gefährdet.

Ullrichs Essay unterscheidet sich vorteilhaft von anderen Beiträgen, die das Geschehen am zeitgenössischen Kunstmarkt zu erklären versuchen. Er weiß nicht schon von vorneherein, dass es dort ja doch nur um Formen der Machtausübung geht, oder aber um einen weiteren Fall von kapitalistischer Fressgier. Er kommt auch ohne lange verschriftlichte Interviews mit Sammlern, Galeristen und anderen Teilnehmern am Kunstmarkt aus. Stattdessen zählt er nüchtern die Triebkräfte und die Konstellationen auf, die zur Blüte des Teilmarktes für Siegerkunst geführt haben. Wenn er Kritik übt, dann belegt er sie mit prägnanten Beispielen. Sein Urteil über das Verhalten der Künstlerinnen und Künstler, die sich den Erwartungen der Siegersammler anpassen, fällt gelegentlich etwas derb aus, etwa wenn er Josephine Mecksepers Strategien wahlweise als „naiv" oder „dreist" einschätzt. Aber genau diese kleinen Grenzüberschreitungen machen die Lektüre auch noch unterhaltsam.

Michael Hutter[*]
Wissenschaftszentrum Berlin für Sozialforschung

[*] Email: michael.hutter@wzb.eu

Judith SIEGMUND, Daniel Martin FEIGE (Hgg.): Kunst und Handlung: Ästhetische und handlungstheoretische Perspektiven. Bielefeld (transcript) 2015, 262 Seiten.

Gegenwärtig kommen aus den Künsten verstärkt Impulse, die Handlungen als wesentliche Aspekte künstlerischer Arbeit beschreiben. Vor diesem Hintergrund möchte der Sammelband die Frage nach der Rolle, Logik und dem Sinn künstlerischen Handelns als philosophische Frage neu anstoßen und beleuchtet diese aus historischer, theoriegeschichtlicher, zeitdiagnostischer und systematischer Perspektive. Herausgegeben wird der Band von der an der UdK Berlin arbeitenden Künstlerin und Philosophin Judith Siegmund und den Philosophen und Jazzmusiker Daniel Martin Feige von der FU Berlin.

Die ersten vier Beiträge des Bandes thematisieren Formen des Handelns in verschiedenen Künsten und binden diese an etablierte historische Debatten zurück, der nächste Block von Beiträgen widmet sich der Frage, inwiefern der Begriff „Handlung" als Grundbegriff zur Erläuterung künstlerischer Arbeit geeignet erscheint. Die Beiträge der dritten Sektion entwerfen in jeweils unterschiedlicher Weise eine Praxeologie der Künste.

Angesichts der Entgrenzung der Künste plädiert Bernadette Collenberg-Plotnikov in ihrem Beitrag zu *Kunst als praxis* dafür, im Rückgriff auf die Anfang des 20. Jahrhunderts entstandene Forschungsbewegung der Allgemeinen Kunstwissenschaft, Kunst als kommunikative Praxis zu bestimmen. Im Anschluss an die Positionen der beiden Hauptprotagonisten der Allgemeinen Kunstwissenschaft – Max Dessoir und Emil Utitz – spricht sie sich dafür aus, Kunst als entgrenzte, spezifische Form der Kommunikation zu fassen und damit als gesellschaftlich wirksame Praxis jenseits von Interesselosigkeit bzw. Autonomie. Eva Schürmann veranschaulicht anhand von Velázquez' *Las Meninas*, dass Handeln „wesentlich eine Dimension der Freiheit" (S. 56) umfasst. Im Rückgriff auf Joas, argumentiert sie, dass Intentionalität im kreativen Handeln dem Vollzug des Handelns nicht voraus, sondern aus diesem erst hervorgehe. Schürmann schlägt daher vor, neben der Handlungsdimension des Darstellens, auch dessen mediale Dimension zu betrachten, da Kunsthandeln „vermittelt, was es erzeugt" (S. 68).

In einem nachfolgenden Beitrag geht Johann Kreuzer der Frage nach der Gesetzlichkeit der Hervorbringung von Kunst nach. Hierbei knüpft er an Hölderlins Überlegungen und Adornos Bezugnahme auf

Hölderlin an. Ziel ist es, anhand von Hölderlins Schriften die „Grammatik" ästhetischen Tuns bzw. ästhetischen Handelns zu erhellen. In Anschluss an Hölderlin bestimmt Kreuzer die Verfahrungsart poetischer Kreativität als die eines reflexionsfähigen Handelns, das „sowohl die Seite produktiven wie die Seite rezeptiven Vermögens" (S. 90) beträfe und diese belebe.

Der Beitrag von Niklas Hebing arbeitet anhand der Ruine Pergamon die These heraus, dass sich in Kunstwerken geschichtliche Handlungsprozesse materialisierten, und so die Möglichkeit zu Selbstreflexion böten. In Anschluss an Walter Benjamin und Peter Weiss zeigt Hebing auf, dass sich aus der Auseinandersetzung mit Kunst die Möglichkeit ergibt, ein kritisches Verhältnis gegenüber der Gegenwart und der hier wirksamen Machtverhältnisse einzunehmen. So sei „die jetztzeitige Aneignung" eines Produktes künstlerischer Handlung

nicht Nachvollzug klassischer Bildung, sondern Stiftung eines Bewusstseins, das sich in die Kontinuität der Geschichte stellt und seine eigene Situation als eine der im Kunstwerk verdichteten Situation analoge erkennt (S. 112).

Künstlerische Handlung gebe „Materie geschichtlichen Zweck", lasse „teilhaben an der Erfahrung mit der Welt und gegen diese Welt" (S. 113).

Im ersten Beitrag der zweiten Sektion der Publikation, in dem über systematische Zusammenhänge zwischen Kunstphilosophie und Handlungstheorie nachgedacht wird, untersucht Judith Siegmund, inwieweit sich die philosophischen Konzepte von Robert Pippin, John Dewey und Hans Joas für die Untersuchung der von Siegmund beobachteten wachsenden Integration der Kunst ins Gesellschaftliche nutzbar machen lassen. Als diesbezüglich besonders gewinnbringend identifiziert Siegmund John Deweys Unterscheidung von internen und externen Zwecken. Diese stelle eine wesentliche Differenzierungsstrategie zur Unterscheidung instrumentellen und nichtinstrumentellen Handelns zur Verfügung, mit deren Hilfe sich eine Instrumentalisierung der Kunst im Sinne ihrer Indienstnahme zurückweisen ließe: „Der Verzicht auf eine strenge handlungstheoretische ‚Autonomie' der Kunst führt also nicht zwingend zu einer Affirmation ihrer Instrumentalisierung" (S. 139f.).

Fabian Borchers anschließender Beitrag untersucht Fragen, die häufig unter den Schlagworten der „‚ästhetischen Autonomie' oder der ‚ästhetischen Differenz' diskutiert werden" (S. 143) und zeigt am Beispiel von Gottlob Frege, dass Logik, Ethik und Ästhetik durch Wahrheit, das Gute und Schönheit erläuterbar wären. Als alternative, für ästhetische Überlegungen bedeutsame Sichtweise schlägt er vor, Schönheit nicht als „positive, wenn auch formale, Charakterisierung" zu denken, sondern als „eine Charakterisierung, in der etwas über die Art und Weise, wie wir denken oder handeln, aufgetan wird" (S. 171f.).

Im anschließenden Beitrag fragt Daniel M. Feige nach der Besonderheit künstlerischen Handelns und argumentiert, dass sich in künstlerischem Handeln die Essenz des Handelns überhaupt zeige. Demnach unterscheide sich künstlerisches Handeln kategorial von sonstigem Handeln, da es in der Kunst keine vorgängigen Kriterien gebe, anhand derer das Produkt evaluiert werden könnte. Vielmehr etabliere jedes Kunstwerk zugleich die Kriterien, an denen es gemessen werden will. Damit aber mache künstlerisches Handeln explizit, was es überhaupt heißt zu handeln. Denn im künstlerischen Handeln sei die Offenheit von Sinn explizit, während sie im außerkünstlerischen Handeln implizit sei (S. 189):

> Der handlungstheoretische Witz der Kunst wäre somit insgesamt darin zu sehen, dass im künstlerischen Handeln anders als im außerkünstlerischen Handeln die Unbestimmtheit und Offenheit dessen, was es überhaupt heißt zu handeln, offen zutage tritt (S. 190).

Die Beiträge der dritten Sektion zielen darauf ab, in je eigener Weise eine Praxeologie der Kunst zu entwerfen. Anna Kreysing fragt, welche Form der Erkenntnis durch ästhetische Erfahrung möglich ist und inwieweit es sich bei Kunst um Forschung handle. Sie argumentiert, dass ästhetische Erfahrungen vor allem in dem Sinne als erkenntnistheoretisch relevante Erfahrungen zu verstehen seien, als sie zeigten, dass „ein Erschließen oder Erfassen von etwas nicht immer mit der Sprache beginnt" (S. 210). Kreysing insistiert nun darauf, dass Kunst jedoch zu keinen wissenschaftlichen Ergebnissen führe, sondern in hohem Maße persönlich und individuell bleibe (S. 212). Die These, dass Kunst Forschung sei, überstrapaziere vielmehr die ästhetische Erfahrung, die zu freier Reflexionen einladen wolle und hierbei nicht zu eindeutigen Ergebnissen komme: Ästhetische Erfahrungen

> sind ergebnisoffen und haben damit ein Potential, das uns im Entwerfen neuer Welten, im Generieren neuer Blicke und dem Verständnis von Möglichem und Wirklichem helfen kann. Diese Prozesse sind weniger für die Wissenschaft als vielmehr für das Verständnis der Welt und des Lebens abseits von Wissenschaftlichkeit relevant (S. 213).

Der zweite Beitrag in diesem Block von Anke Haarmann unternimmt es aus der Theoriegeschichte der Kunstphilosophie eine argumentative Grundlage für eine Praxisästhetik zu entwickeln. Die Kunst werde in der Philosophie seit der Antike tendenziell von den Werken bzw. den ästhetischen Erfahrungen des Publikums her gedacht. Erst die Kunsttheorie des 21. Jahrhunderts scheine eine praxeologische Wende zu vollziehen und reagiere damit auf das zeitgenössische künstlerische Selbstverständnis. Um Kunst als Praxis zu bestimmen, setzt sich Haarmann in ihrem Beitrag intensiv mit Hegel, Fiedler, Hantelman und Gadamer auseinander. Als besonders anschlussfähig für eine praxeologische Ausrichtung der Kunstphilosophie sieht Haarmann Gadamer, dessen Ästhetik „die Materialität der Kunst im Kontext eines ephemeren Geschehens verortet, das auf Weltverstehen und Weltverändern ausgerichtet ist" (S. 231). Hieran anschließend könne praxeologische Asthetik „die Handlung im Kunst-Machen als konstitutiven Prozess beschreiben, der ein „tätiges In-Beziehung-Setzen und ausdrückendes Einsehen etabliert" (S. 231).

Abschließend stellt Eberhard Ortland in seinem Beitrag Überlegungen zur Relevanz von Kopien bzw. Kopierhandlungen für die Kunst an und geht hierbei von der Behauptung aus, „dass ohne Kopien alle Kunst nichts wäre" (S. 233). Sein Beitrag mündet in die Frage nach der Ethik der Kopierens: Wer hat unter welchen Bedingungen ein Recht, etwas Bestimmtes zu kopieren – oder auch unter Umstanden nur ein Recht, es in einer bestimmten Weise zu kopieren (S. 254)?

Der Sammelband thematisiert mit der Bearbeitung der Frage nach einem Verständnis von Kunst als Handlung bzw. Praxis eine hochaktuelle Thematik, die gegenwärtig im Kunstfeld durchaus Konjunktur hat. Es werden unterschiedlichste Perspektiven aufgezeigt und entwickelt und so ein äußerst interessanter Beitrag zur Theoretisierung des künstlerischen Schaffens vorgelegt. Vor allem die Beiträge von Judith Siegmund, Daniel Martin Feige und Anke Haarmann, präsentieren sich als äußerst anschlussfähig für ein Nachdenken über die Spezifik künstlerischen Handelns und die hieraus erwachsenden Anforderungen und Anregungen für das Kulturmanagement. Ein sehr lesenswertes, anregendes Buch, das für das Kulturmanagement sowohl einen Anschluss an aktuelle Fragestellungen der Ästhetik bzw. Kunsttheorie bietet, als auch zu einem vertieften Verständnis und Nachdenken über aktuelle künstlerische Praktiken einlädt, hierbei allerdings ein ausgeprägtes Theorieinteresse voraussetzt.

Nina Tessa Zahner[*]
Universität Leipzig

[*] Email: zahner@uni-leipzig.de

Kulturmanagement

Birgit Mandel (Hg.)
Teilhabeorientierte Kulturvermittlung
Diskurse und Konzepte für eine Neuausrichtung des öffentlich geförderten Kulturlebens

September 2016, 288 S., kart., 27,99 € (DE),
ISBN 978-3-8376-3561-4
E-Book: 24,99 € (DE), ISBN 978-3-8394-3561-8

Oliver Scheytt, Simone Raskob, Gabriele Willems (Hg.)
Die Kulturimmobilie
Planen – Bauen – Betreiben.
Beispiele und Erfolgskonzepte

Mai 2016, 384 S., kart., zahlr. farb. Abb., 29,99 € (DE),
ISBN 978-3-8376-2981-1
E-Book: 29,99 € (DE), ISBN 978-3-8394-2981-5

Maren Ziese, Caroline Gritschke (Hg.)
Geflüchtete und Kulturelle Bildung
Formate und Konzepte für ein neues Praxisfeld

September 2016, 440 S., kart., 29,99 € (DE),
ISBN 978-3-8376-3453-2
E-Book: 26,99 € (DE), ISBN 978-3-8394-3453-6

Leseproben, weitere Informationen und Bestellmöglichkeiten
finden Sie unter www.transcript-verlag.de

Kulturmanagement

*Björn Lampe, Kathleen Ziemann,
Angela Ullrich (Hg.)*
Praxishandbuch Online-Fundraising
Wie man im Internet und mit Social Media
erfolgreich Spenden sammelt

2015, 188 S., kart., farb. Abb., 9,99 € (DE),
ISBN 978-3-8376-3310-8
als Open-Access-Publikation kostenlos erhältlich
E-Book: ISBN 978-3-8394-3310-2
EPUB: ISBN 978-3-8394-3310-2

Andrea Hausmann (Hg.)
Handbuch Kunstmarkt
Akteure, Management und Vermittlung

2014, 480 S., kart., zahlr. Abb., 29,99 € (DE),
ISBN 978-3-8376-2297-3
E-Book: 26,99 € (DE), ISBN 978-3-8394-2297-7
EPUB: 26,99 € (DE), ISBN 978-3-8394-2297-7

Steffen Höhne, Martin Tröndle (Hg.)
**Zeitschrift für Kulturmanagement:
Kunst, Politik, Wirtschaft und Gesellschaft**
Jg. 2, Heft 2

Oktober 2016, 190 S., kart., 34,99 € (DE),
ISBN 978-3-8376-3568-3
E-Book: 34,99 € (DE), ISBN 978-3-8394-3568-7

Leseproben, weitere Informationen und Bestellmöglichkeiten
finden Sie unter www.transcript-verlag.de